#《陕西通史》编纂委员会

主　　任　张岂之

副 主 任　萧正洪　黄留珠

编　　委

（按姓氏笔画排序）

王大华　尹夏清　尹盛平　甘　晖　石兴邦　田培栋

史红帅　吕卓民　任大援　刘东风　杜文玉　李　浩

杨亚长　张岂之　张呈忠　张改课　张新科　陈战峰

周伟洲　侯海英　秦　晖　黄正林　黄留珠　萧正洪

梁星亮　雷永利

20 世纪 90 年代版《陕西通史·原始社会卷》

主　编　石兴邦

分　撰　石兴邦　王社江　周春茂　杨亚长　秦小丽　段清波

主编 张岂之

执行主编 萧正洪 黄留珠

陕西通史

史前卷

石兴邦 杨亚长 张改课 编著

陕西师范大学出版总社 西安

图书代号 SK24N2309

图书在版编目（CIP）数据

陕西通史．史前卷 / 石兴邦，杨亚长，张改课编著；
张岂之主编；萧正洪，黄留珠执行主编．-- 西安：陕
西师范大学出版总社有限公司，2025．1．-- ISBN 978-
7-5695-4872-3

Ⅰ．K294.1

中国国家版本馆 CIP 数据核字第 202477KD38 号

陕西通史·史前卷

SHAANXI TONGSHI · SHIQIAN JUAN

石兴邦 杨亚长 张改课 编著

出 版 人 / 刘东风
策划编辑 / 侯海英 曹联养
责任编辑 / 王 森
责任校对 / 熊梓宇
出版发行 / 陕西师范大学出版总社
（西安市长安南路 199 号 邮编 710062）
网 址 / http://www.snupg.com
印 刷 / 中煤地西安地图制印有限公司
开 本 / 710 mm × 1000 mm 1/16
印 张 / 21.25
插 页 / 7
字 数 / 330 千
版 次 / 2025 年 1 月第 1 版
印 次 / 2025 年 1 月第 1 次印刷
书 号 / ISBN 978-7-5695-4872-3
审 图 号 / 陕 S（2020）002 号
定 价 / 180.00 元

读者购书、书店添货或发现印刷装订问题，请与本社营销部联系、调换。
电话：（029）85307864 85303629 传真：（029）85303879

陕西省重要旧石器时代遗存分布图

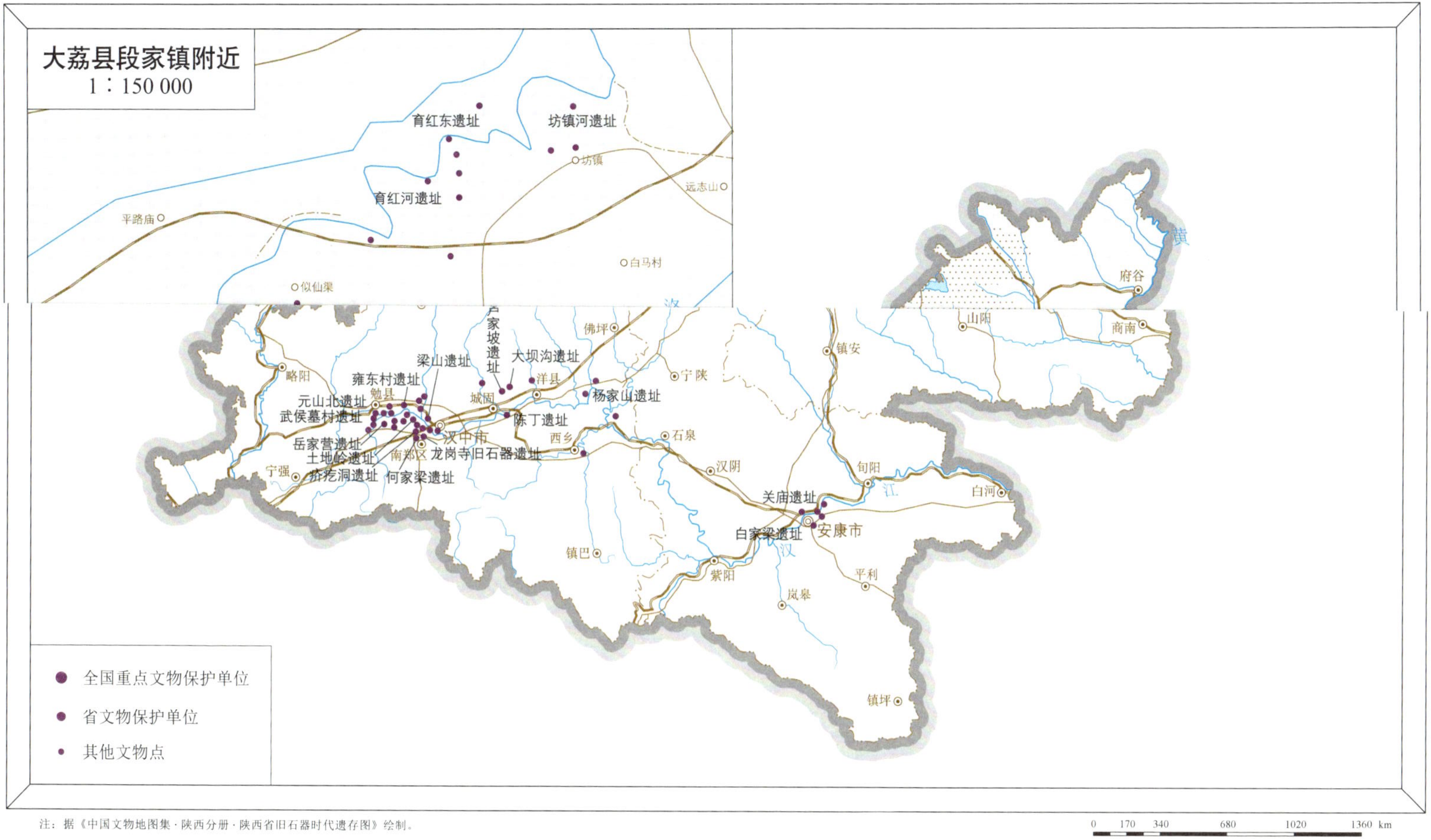

注：据《中国文物地图集·陕西分册·陕西省旧石器时代遗存图》绘制。

编写说明

❶ 1993至1998年，陕西师范大学出版社陆续出版了14卷本《陕西通史》。该版《陕西通史》立足时代背景，突出西北地域，尤其是各个历史时期陕西地区的政治、军事、经济、文化艺术、社会生活等内容，填补了陕西无通史的空白。2001年，该套书荣获陕西省第六次哲学社会科学优秀成果一等奖。

❷ 在20世纪90年代版的基础上，本版特别注重体系重新建构、内容推陈出新，增补了新史料、新成果、新视角，使得陕西历史的叙述更为饱满、完善。

❸ 本套书分断代史9卷、专史6卷，共15卷。

❹ 断代史分别为《史前卷》《夏商西周卷》《秦汉卷》《魏晋南北朝卷》《隋唐五代卷》《宋金元卷》《明代卷》《清代卷》《民国卷》。

五 专史分别为《历史地理卷》《革命根据地卷》《民族卷》《社会经济卷》《思想文化卷》《文学艺术卷》。与 20 世纪 90 年代版相较，增设《文学艺术卷》。

六 本套书在地域上以现今陕西省区划为限，与邻省有关而必须写到的事将有所交代，主要活动不在陕西的陕西籍名人亦有所提及。

七 本套书在时间上起于更新世早期，断代史截止年代为 1949 年，专史不设统一截止年代，依内容实际做相应处理。

八 本套书纪年方法：清代以前（含清代）一般用历史纪年，必要时注以公元纪年；《民国卷》用公元纪年；各专史卷做相应处理。历史纪年书写用汉字数字，公元纪年书写用阿拉伯数字。

九 地名沿用历史时期地名称谓，必要时注以今名。

十 历史时期使用的计量单位如里、亩等，因叙述需要沿用，必要之处注明法定计量单位。

十一 本套书断代史各卷前均增设了相关历史时期地图，各卷末设置大事年表。

十二 本套书各卷末设置索引以备查。

总序

人类的历史发展以文明的创造为主题。时至公元21世纪，我们回顾以往的历史，可以很清楚地看到这一点。从全球视野看，显而易见的是，中华民族以自己的勤劳和智慧创造了悠久且延绵不断的历史和光辉灿烂的文明，而大部处于黄河中游的陕西，于其中承载了重要的传承文明的历史使命，具有无可替代的文化意义。

就今日陕西论，这片土地并不是一个很大的空间，在国土总面积中所占不过2%。其地居于中国中部，南北较为狭长，东西并不十分开阔。秦岭山脉横亘于中部，将陕西大致分为分属于黄河流域和长江流域的两个部分：北为关中平原和沟壑纵横的黄土高原，南为秦巴山地和居于其间的汉水谷地。总体而言，陕西自然环境条件复杂，自北而南，地貌、气候类型较多且层次分明，为文明进步和文化发展提供了丰富的资源和多样的选择。至于周边地区，亦属于差异较大的环境类型：省境之东为以平原为主的河南，东南为鄂西山地，西为陇右，地接青藏高原，北则毗连内蒙古高原，而南越大巴山区可至成都平原。

这片土地，是中华民族重要的发祥地和古代文明的摇篮之一，早在一百万年以前，这里就有了远古人类活动生息的踪迹。考古发现的早期人类如蓝田人、大荔人、河套人、沙苑人，展示出中国境内北方直立猿人到晚期智人的发展脉络。西安半坡和姜寨、宝鸡等地数以百计的新石器时代遗址的发掘，则揭示了中国黄河流域原始社会的概貌，在中国多元性远古文化研究中具有典型的意义。陕北秃尾河北侧所发现的石峁遗址，属于新石器时代晚期至夏代早期遗存，被誉为“中国文明的前夜”，是中国早期文明发展历程中极其重要的一环。

进入有文字符号和早期城市的文明时期以后，陕西较早地成为古代中国政治、经济、文化的中心，在中国历史上占有重要的地位。从公元前 11 世纪西周建立，经过秦汉，直到隋唐，前后千余年，陕西作为中国古代 13 个王朝（不包括 2 个农民起义政权）国都的所在地，对中华民族的形成和中国古代文明的建设与传播均产生过巨大影响。概而言之，西周之时华夏族的发展壮大和礼乐文明构建，秦统一六国，融各地区多元文化为一体，奠定古代中国多民族统一国家政治、经济和军事的格局，汉唐高度发展的物质文明和精神文明，中华民族凝聚核心——汉族的正式形成和发展，特别是体现中华民族对不同文化的包容性的丝绸之路与中外文化交流，如此等等，大多是以当时国都所在的陕西为中心和基点的。至于古代陕西盛极一时的农业和手工业，众多的科技发明，亦对中国古代经济与文化的发展起了极为重要的作用。源远流长的陕西古代文化，成为中华优秀传统文化重要的组成部分。

古代陕西，堪称人杰地灵，有推动历史前进的明君贤相，有运筹帷幄、决胜千里的谋臣名将，有技艺卓绝、极富创新精神的大国工匠，有引领一时风骚又风流千古的文学、史学大家，有忧国忧民、视死如归的仁人志士。洎乎近代，陕西又成为中国革命的重要策源地之一。1911 年辛亥革命首义后，首先响应并光复的即是陕西。在艰苦的抗日战争和新中国诞生的过程中，以毛泽东为首的中国共产党中央，正是在延安十三年里，团结和带领全国各族人民，打败了日本侵略者，并为建立新中国制定了宏伟蓝图。回顾历史，无数的风流人物，为伟大的中华民族文明的发展做出了巨大贡献，其立德、立功、立言，足为民族之宝，自当永垂青史而为后人所景仰、所传承。

多年以前，我曾经提出，关于古代中国的文明与文化，似可有一个基于哲学思想的论断，大致可用“守正、兼和、日新”六字加以概括。于陕西历史论，所谓“守正”，是说，在中国历史上起过非常重要的作用的传统政治理论如“正统”“天下”之论，经常是以陕西特别是长安为基点进行系统解读的，而中国古代的礼法制度与礼乐文明，也多在陕西制定并推向全国，进而成为文化体系的制度性基础。在这个意义上说，陕西的历史，体现了中华民族对精神家园与文明根本的坚守，尽管它具有特定的时代性。所谓“兼和”，是说，历史上以长安为核心的文化体系所体现出的兼容并包，其对历史上中国不同地区多元文化的整合与吸收，无论就内涵还是形式论，皆表现得极为显著与典型。我以为，中华民族文明与文化发展历程的重要特点之一，是基于理解与包容的和不同文明与文化的融合。陕西的历史发展，是这一特点的一个明证。至于“日新”，则是说，历史上以长安为中心的陕西，所展现的民族进取心、与时俱进的变革精神以及制度性创设，都表现出传承与创新的密切联系。

本通史正是为阐明上述主旨而作。早在1989年，陕西师范大学出版社在出版《陕西五千年》一书的基础上，发起编纂多卷本《陕西通史》，当时由郭琦、史念海和我共同主持。其编委会会集多方贤能，成员有张勃兴、郭琦、史念海、张岂之、孙达人、石兴邦、斯维至、赵炳章、周伟洲、李振民、房成祥、秦晖、周天游、黄留珠、王大华、任大援、邵宏谟、韩敏、田培栋、李峰、朱永庚、韦建培、张军孝、高经纬。同人共襄盛举，不惮劳烦，其情其景，迄今仍历历在目。由此奠定了《陕西通史》的根基，更是本版的源头所依，在此致以深切的谢意。

然至今已三十年矣，旧作实有修订之必要。惟郭、史二位先生已然作古，我自当承此重任。所幸的是，陕西学界新人辈出，大家慷慨踊跃，我亦因此备受鼓舞。现在，各卷撰写工作已基本告成，其规模与学术境界似远超旧作。至于具体各卷的安排，出版社另有编写说明，于此不再赘述。不过有一点我仍想特别提及，即各卷作者在写作中，对陕西的历史与文化灌注了极为深厚的家乡情感。细究起来，本通史各卷的作者，本土人士当然居多，然其中亦不乏异乡之客而久居于此者。惟各卷作者将陕西视为民族文明与文化发展的重要根本之地，而本通史之写作关乎中华文明与文化的解释与传承，其体大而事重，故超越地域之大爱之情，溢于笔端。读者若能同心共情，则不难于阅读之中产生共鸣。若此，则我亦感幸甚。值此套书出版之际，草此数言，以为总序。

张岂之

2021 年 5 月 1 日

目录

Contents

Contents

插图目录

Illustration Catalog

绪论

陕西地区人类文化历史发展的自然历史背景

人类的历史，全面地说，应包括人类自身发展史、文化发展史和自然发展史（或称生态环境变迁史）。只有将这三者有机地结合起来考察、研究，才能探知历史发展的过程、规律和真谛。特别是人类早期历史，更加受到自然环境的制约。

陕西这块宝地，之所以能够形成史前人类以及历史时期人类文化发展的一个完整的剖面，展现人类自身发展和文化发展的各个阶段的全过程，其条件之一，就是具有得天独厚的自然条件，不论在地质地理，或气候生态方面都能够显示出来。

人类的发展史，植根于地质史的第四纪时代。第四纪在地质史上分为更新世和全新世。与之相应，考古文化学把这一时期分为旧石器时代和新石器时代，时间大体是从距今 200 多万年到 4000 年期间。这个时期，与人类文化发展关系密切的自然界的变化，是冰期和间冰期的更替，即气候的冷暖变迁。

陕西地区的自然环境形成于地质史长期发展演化的过程中。到第四纪人类出现后，我们的祖先就充分地利用了这一优越的条件，创造并发展了中华远古文化。

一、陕西构造地貌的形成

陕西今日的构造地貌格局，由北向南分为三个大的地质单元，即陕北高原、关中平原与秦巴山地。这种三分格局，是在燕山运动，特别是第四纪以来的新构造运动后形成的。

新的构造运动发生在距今 6500 万年至 2330 万年期间。那时，陕北作为鄂尔多斯地块的一部分，整体随之抬升，抬升幅度达 300—500 米。第四纪以来又堆积了巨厚的黄土，构成了今日陕北黄土高原景观的雏形。高原南缘与关中平原交接的地带，是由奥陶纪石灰岩构成的低矮的北山山地，构造上属于翘起带，且北山石灰岩山地有溶洞发育。

关中为渭河地堑所在地，地堑是南部秦岭及北部山地相对抬升，而渭河谷地相对下沉形成断层，并积水成湖，沉积层厚达 2000—5000 米。关中盆地是在地堑的基础上发展起来的，盆地内沉积了 2000 多米厚的湖相堆积。

秦巴山地为断块隆起的山地；高峻的秦岭与南部的巴山，是地壳大幅度上升地带；夹持于两山之间的汉中和安康盆地，则是两个相对下降的断陷盆地，其下沉幅度比渭河断陷盆地要小。

横亘于关中以南，东西绵延的是由于新构造运动急剧上升而形成的巍峨雄壮的中、高山地形（秦岭），成为中国南北自然地理的分界线。

陕西地区这种构造地貌格局，是陕西第四纪人类历史发展与第四纪地质环境演变的基础，也是古人类及其文化产生和发展的依据。

二、陕西生态环境的特点及演变

在第四纪时期，陕西生态环境的诸多要素，如地貌景观、气候条件和生物界的演化等，在不同发展阶段都发生了显著的变化，并且彼此之间也有密切关联。它们与人类文化的发展息息相关。

陕西第四纪的地貌景观，继承了第三纪时期的格局，当时关中地区为广阔的湖盆，地质史上称为“汾渭古湖”。它的范围，东起潼关一带，北部为现汾河盆地部分，西到宝鸡的汧河，南界秦岭，在陕西北缘靠北山，东西 300 公里，面积达数万平方公里。

在早更新世，距今 200 多万年前后，巨大的汾渭古湖，湖相堆积在中心地区厚达 300—700 米。汉中、安康两个盆地也是湖相环境，陕北高地也有零星的小湖盆存在。那时，秦岭和巴山的高度远比现在低，在两地之间来往也较为方便。在渭河盆地边缘，开始了午城黄土堆积过程，此后黄土陆续堆积，最终形成今日渭河盆地两岸黄土塬的特殊结构地貌。

到中更新世时期，距今 70 多万年，断陷带继续下沉，汾渭古湖水域逐渐消失，代之而起的是渭河水系及汾河水系。陕南的小湖泊也消失了。在陕北及秦岭北坡，离石黄土开始堆积，形成黄土塬。断陷地带的边缘黄土与河流相沉积交互堆积。这时陕北和关中的黄土地貌轮廓基本定型。

到晚更新世，继续下沉的渭河盆地广泛堆积了河流相沉积，这时马兰黄土也开始沉积，覆盖在阶地上。

根据环境考古学的研究，陕西在更新世时期曾发生过多次大的气候波动。在全球气温普遍下降的背景下，出现了几次大的冰川运动。这时，不论冰川地区，还是非冰川地区，都受到了气候波动的影响：冰川期来临，气候变冷，到间冰期，气候随之转暖。在最后的冰川时代，即玉木冰期，秦岭太白山上曾存在小型山岳冰川，这在地层剖面上看得很明显。从地层中植被孢粉和动植物的分布也可看出寒暑交替的状况。气候波动的特征是：干冷时期，黄土高原为干旱草原气候；温暖时期则变为森林草原环境。

在早更新世初期，气候湿热，河流湖泊开始发育，灞河雏形出现，并且开始下切，形成河床相的砾石层，以及河漫滩相的沉积层；而在塬区则存在强烈的片流作用，沉积物较粗。当时灞河中下游由于骊山和秦岭翘升，遭受了强烈的剥夷作用。而在其以北的渭河地堑，是接受沉积区，堆积了百米厚的河湖相沉积层。

到了早更新世后期，气候变得干燥，灞河水量减少，在塬面和阶地上堆积了类似黄土的沉积物，气候由半干旱、温润的间冰期类型，逐渐变得干燥，后期进入冰期。

中更新世初期，气候又变得湿润，侵蚀加剧，河流下切，灞河正式形成，呈间冰期类型，后期气候又趋于干燥。这时是关中地区和黄土高原的黄土地层的主要生成时期，风成黄土加积在不同的地貌单元上；同时灞河水由大变小，河流由宽变浅。蓝田人这时就生活在河流两岸。

在中更新世黄土堆积之后，河流又侵蚀下切，堆积了中更新世的冲积物，形成了早、中更新世之间的不整合。可能是由于侵蚀基准的变化，引起支沟的强烈下切，灞河的较大支流这时开始发育。不久，又出现了一次黄土堆积的旺盛期。

晚更新世初期，气候湿润，后期出现冷杉及云杉林，年平均温度比现在低8℃，重新进入冰期。蓝田地区的林木少，植被差，雨量变差大，往往形成洪水暴涨暴落，造成晚更新世的沉积物分选和磨圆度差。

到晚更新世后期，气候又再度干燥。这时正是马兰黄土堆积形成期，距今约 7 万年。冰期后，接踵而至的是又一个温暖期。针阔叶混交林重现，气候由湿冷再度变为干温。

在第四纪期间，随着气候寒暖交替，生态环境也在变化，生物群落也随之变化以适应生存的环境。陕西地区动物群落的变异也遵循了这一规律。干冷时，陕北以草原动物为主，关中及陕南以森林动物为主。气候变暖时，一些喜温暖的动物的分布范围就有所扩大，并向北迁徙。如长鼻类动物在陕北也有分布，陕南、关中则更为丰富，秦岭以北还出现了东洋界分子，除象类外，还有大熊猫、苏门羚羊等。气候变冷时，一些耐寒型动物向南发展，典型的如披毛犀等古北界动物群成员。在干旱环境下形成的黄土上生存着如今非洲沙漠地区的鸵鸟等动物。动物种群的迁徙和变化，是生态环境变化的反映。

三、陕西地区地貌特点的形成与古文化发现的联系

陕西地处黄河流经的黄土高原地区。黄土高原独特的土质结构与黄河一起，为原始文化的发展和人类文明的孕育提供了特有的自然生态条件。

自然力的造地运动，使陕西形成了以以下三种地形地貌为主的生态特点，为不同时期人类文化的发展提供了适宜的环境。

1. 陕北高原

陕北高原上古时还是一个陆湖盆地，气候温和湿润，到处是茂密的林木和繁盛的植被。后来因地壳运动和随之而来的气候变化，这个葱郁的内陆盆地在黄土堆积中消失了，形成了特有的黄土高原地貌特征，成为早期人类垦殖畜牧的场所。这种黄土塬的土质结构疏松，透水性和保水力好，但其颗粒间的胶结物主要为碳酸钙，遇水容易被溶解，土壤离散大，一旦被水冲刷，极易流失，加之植被被破坏，失去保护层盖，随着时间的推移，在雨水的冲刷和河水的切割下，原来的地形被切割得支离破碎，形成“长岭连绵，圆峁起伏，沟壑纵横，泉流交汇”的川塬相间的独特的黄土地貌。

在这种自然力的作用下，陕北高原最终形成了三个独特的地貌区，即塬区、梁峁沟壑区、丘陵沟壑区。延安以南为塬区，梁、峁较少，沟谷发育，塬面宽阔平坦，适于人类生存发展，史前和历史时期均为生态宜居区。延安及其周围地区为梁峁沟壑区，以梁为主，峁次之，历史时期人们在这里居住。延安以北

为丘陵沟壑区，以峁为主，沟壑较多，适于农牧业发展。

2. 秦岭以南的秦巴山区

因地壳运动比较剧烈，造成了地层的断裂和错动，因而形成了以秦岭为中心的层峦叠嶂的山脉群。在崇山峻岭间，多有溪流汇出，两岸形成断片宽窄不等的河峡谷地。在这种山河相间的自然地貌中，有不少幽谷是人们生活和栖息的良好处所。

3. 渭河盆地

渭河盆地是陕西主要孕育文化的生态环境区。它是我国最大的一个封而不闭的盆地，中间低平，四面环山。南有秦岭，北有北山，西有陇山，东有中条山。渭河源自陇东黄土高原，流经陇山峡谷，进入关中盆地。盆地南北两侧呈阶梯状升起，在南北两侧的阶梯之中，分布着一些垂向阶梯地形的支干短促的水系，汇成数十条急湍的小河，分别纳入纵贯盆地中的渭河干流，酷似一片羽毛，我们称它为“羽状水系”。这种水系的典型性在全国罕见，真是自然界的“鬼斧神工，塑造天成”。这种水系由于支流密集，河流渠道纵横交错，所经流地区多形成肥沃的谷地。同时，渭河断陷，由于河流冲积和地壳的间歇性变动，形成多级阶地，所以河流两侧有大小不同块片的黄土台塬分布。这些谷地和塬地，由于河流的滋润和冲积，形成腐殖质堆积，土地肥美，接近水源，成为早期人类生息繁衍的良好选择。

渭河断陷盆地地貌的又一特点，是在南北两山山地的前缘分布有山麓冲积扇群，特殊的黄土塬地貌，占渭河盆地总面积的一半。这种黄土台地和塬，是从上新世末到更新世初，随着断陷内断块差异运动和黄土的堆积形成的。它的特点是：塬面坦荡，前缘陡坎受断裂控制，高数十米至 300 米，一级一级向盆地中心倾斜、下降。

黄土塬可分为高台塬和低台塬。高台塬是在晚更新世时期，黄土覆盖在波状起伏的侵蚀面上，或覆盖在由后期受侵蚀而形成的局部起伏较大的塬、梁、峁等地貌上，海拔高，如骊山塬。低台塬是数米黄土覆盖在连续而平坦的塬上。

渭河北岸，由于北山断陷断块翘起幅度小，塬面宽阔而较完整，塬间高差较小，一般差几十米至百米。按高度，可分两级：较高靠近北山的一级，断续分布，有合阳塬、贾村塬、石家塬等；较低远离北山的一级，有凤翔塬、扶风塬、礼泉塬、富平塬、蒲城塬等，这些塬由于受地基地堑和地垒控制，塬面上呈现长条状洼地和垄冈状高起。

渭河南岸，由于秦岭向北强烈翘起，盆地显著凹陷，故塬面较窄，塬面缺断和高程差大，如骊山塬和渭南塬，相差200米。

渭河南北两岸发育有三级阶地或四级阶地，受制于断裂活动的强弱，与黄土塬发育保持一致。

这些高程不同的塬面，在史前和历史时期不同的时代，都有人类的活动，它是人们生产和生活最基本的条件。陕西的历史就是在这里一幕一幕上演的。

四、人类及其文化在适应自然界变化中发展

人类及其创造的文化，是与自然环境的发展密切相关的，是在自然界严酷的制约下，经过艰苦的斗争而发展起来的。陕西地区保留着极其丰富而有价值的这方面的史迹。

陕西是我国发现古人类遗骸最多的省份，从直立人到晚期智人各个阶段的人骨化石和文化遗物都有发现。从20世纪20年代发现河套人化石起，至现在一百多年来，先后发现不同时代的人骨化石及文化地点600余处，其中包括属于直立人阶段的蓝田陈家窝和公王岭的蓝田人、早期智人阶段的大荔甜水沟的大荔人、晚期智人段的靖边小桥畔村的河套人和黄龙徐家坟山的黄龙人以及文化遗存。它们代表人类不同时期的体征和文化特点，在人类发展史上占有重要的地位。从直立人一直到晚期智人，再到新石器时代的现代人，陕西地区的遗存就可以将我们祖先的各个时期的体征和文化联系起来，组成一个较为完整的发展谱系。（见绪表1）

在直立人时代，公王岭直立人化石，发现自初步形成的砂质黄土层中。这种土层形成于温暖的气候中，这时正是黄土的主要生成时期，它代表了黄土盛期堆积中的一次更为恶劣的气候事件的发生过程，属于干冷荒漠草原之冰期气候生态型。这时灞河水量小，河流宽浅，所以蓝田人生活的环境是相

当酷烈的。

绪表 1 陕西古人类化石及旧石器文化谱系表

<table>
<tr><th colspan="2" rowspan="2">地质时代</th><th colspan="3">古人类化石及主要文化地点</th><th colspan="2" rowspan="2">考古时代</th><th rowspan="2">社会发展形态</th></tr>
<tr><th>人类演化阶段</th><th>代表性人类化石</th><th>主要文化地点</th></tr>
<tr><td rowspan="6">更新世（258 万—1.17 万年）</td><td rowspan="2">晚期
（12.9 万—1.17 万年）</td><td>晚期智人
（5 万—1.17 万年）</td><td>黄龙人
河套人</td><td>大荔育红河
宜川龙王辿
韩城禹门口
安康关庙
商洛黄龙架
河套人文化
南郑疥疙洞
（第 5—3 层）</td><td rowspan="6">旧石器时代</td><td>晚期</td><td>氏族公社产生时期</td></tr>
<tr><td rowspan="2">早期智人
（30 万—5 万年）</td><td>长武人</td><td>长武鸭儿沟
长武窑头沟</td><td rowspan="2">中期</td><td rowspan="2">氏族公社萌芽阶段</td></tr>
<tr><td rowspan="2">中期
（78 万—12.9 万年）</td><td>大荔人</td><td>汉水上游诸地点
洛南夜塬
（第 7—5 层）
洛南张豁口
大荔人文化</td></tr>
<tr><td rowspan="2">直立人
（180 万—30 万年）</td><td>陈家窝蓝田人</td><td>洛南龙牙洞
蓝田陈家窝
蓝田锡水洞</td><td rowspan="2">早期</td><td rowspan="2">血缘家庭公社萌芽时期</td></tr>
<tr><td rowspan="2">早期
（258 万—78 万年）</td><td>公王岭蓝田人</td><td>大荔甜水沟
蓝田公王岭
南郑龙岗寺</td></tr>
<tr><td>？
（212 万—180 万）</td><td>？</td><td>蓝田上陈（下部）</td><td>？</td><td>原始人群时期</td></tr>
</table>

锡水洞人生活于中更新世初期，此时生态环境十分宜人。当时气候温暖湿润，属亚热带森林气候环境，在河谷开阔地带，湖泊、沼泽密布。在动物群中，

一种是习惯栖息于森林的动物，又一种是喜水喜热的动物。这是一种对人类的生存和生活有益的生态环境。

陈家窝人，也生活于得天独厚的良好环境中。那时孢粉的性质，代表阔叶疏林草甸景观，气温较公王岭时期有所下降。森林由平原向高山退让，草原由平原向山麓地带推进，气候温暖湿润，恰好是黄土的成壤期。

早期智人阶段的大荔人，生活于中更新世晚期，与丁村人大体同时，处于温暖湿润的间冰期气候和环境类型中。在大荔人生活的10余万年中，气候有几次变化，干冷、温湿和温湿及短暂干冷型气候相交替。在大荔人生存的剖面所取得的八个孢粉带中，虽有干冷、温湿的几度变化，但大荔人一直生活在气候温暖和半温暖的环境中。

到晚期智人时代，河套人生活在萨拉乌苏河流域的马蹄形的沟湾地区。当时这里自然环境的特点是，冷暖和干湿多次变动。冷燥的荒漠草原景观与河湖发育、林木葱郁的温湿小气候并存，互相更迭。生活环境是以草原为主，兼有针阔叶混交林的生态类型，气候并不炎热，却比今天温暖湿润，是植物繁茂，水草丰美且宜于农耕与放牧的绝好环境。

进入全新世后，全球气候变得温暖而潮湿，在约12000年的时间里，大体经过了三个小的气候变化，即冷干—温暖—冷干三个发展阶段。温冷差在5—6℃。最大变幅在8—10℃，降水量也相应变化。陕西地区的气候也在这种大的变幅以内。

距今1.2万—1万年，是冰期过后的干冷时期，相当于旧石器时代末期到新石器时代初期之交。从这个时期以后，由于气温以温暖为主，生态系统在正常条件下向更佳的方向发展，并且最终形成与当时环境相适应的生物群落，处于稳定状态。环境的变化决定了这一地区生态环境的平衡发展。温暖湿润的气候与稳定适宜的自然环境，促使史前人类文化迅速发展，使关中地区成为我国史前文化最发达的地区之一。

距今1万—9000年，气候逐渐变暖，大荔沙苑地区开始出现小的氏族群落的活动，他们生活在气候较为适宜的地区。

距今9000—8000年，气温开始上升，一直到距今5000年期间，达到全新世最温暖的时期。这种宜人的气候，形成了最适宜人类生活的生态环境，为人类文化的发展开辟了广阔的地域并提供了优越的条件，使中国的氏族社会进入了空前发展的境域。

距今8000—7000年，进入前仰韶文化时代，陕西全境以老官台－白家－李家村文化为代表的氏族聚落文化发展起来，泾渭河谷、汉水两岸以及洛河流域，都有氏族聚落的分布。这时，人们以小的集群，经营定居的粗放农耕。这是我们的祖先首次实现了攫取经济到生产经济的转变，人们选择了最宜于生活的环境，从事生产和创造活动。

距今7000—5000年，主要属于仰韶文化时期，是全球气候最温暖湿润的时期，黄河中、下游地区，在针阔叶混交林带中，含有许多喜温的树种，并广泛发育为沼泽环境，年均气温比现在高2—3℃，雨水量达1000毫米。在河流两岸，森林广布，河湖毗连，百物繁生，非常适合人类文化的发展。这时以半坡、北首岭、姜寨、福临堡为代表的氏族部落文化，达到最繁荣、最发达阶段，是我国史前时期母系氏族公社和图腾崇拜的典型发展时期。

距今5000—4000年，是仰韶文化向龙山文化，即母系氏族公社向父系时代发展的转变时期。这时也正处于气候变化的第三个阶段，即由湿热转为干凉。与前期相比，气候趋于凉爽干燥，并有不稳定的旱灾雨涝。到龙山文化时期，即距今4500—4000年，自然条件较为恶劣，人类的生活比仰韶文化时期要艰苦。但古代先民没有被自然条件所限制，仍开拓前进，扩展了生存空间，发明了凿井，用石灰修建房屋，利用自然的能力大为增强。特别是北部地区的居民，利用黄土的特性和条件，创造了窑洞式的居室。气候的变化，成为这一时期的一大特点。古代先民在生产力发展的基础上，创造了新的文化类型，创造了简单的文字符号，开始冶炼金属，并从图腾崇拜转为祖先崇拜。礼仪器用和意识形态逐渐萌芽，为文明的出现奠定了基础。（见绪表2）

绪表 2　关中地区由氏族公社向文明过渡的演化表

<table>
<tr><th rowspan="2">地质年代</th><th colspan="5">考古学文化</th><th rowspan="2">社会发展阶段</th><th rowspan="2">距今年代</th></tr>
<tr><th colspan="4">分期</th><th>典型文化</th></tr>
<tr><td rowspan="9">全新世</td><td rowspan="6">新石器时代</td><td colspan="3">早期</td><td>沙苑文化（细石器文化）</td><td>氏族公社</td><td rowspan="9">10000
9000
8000
7000
6000
5000
4000
3000</td></tr>
<tr><td rowspan="3">中期</td><td colspan="2">前仰韶文化</td><td>老官台—白家文化
李家村文化</td><td>母系氏族公社</td></tr>
<tr><td rowspan="4">仰韶文化</td><td rowspan="2">早期</td><td>半坡文化类型</td><td>母系氏族公社发展繁荣阶段</td></tr>
<tr><td>史家文化类型</td><td></td></tr>
<tr><td rowspan="2">晚期</td><td>中期</td><td>福临堡早期（庙底沟类型）</td><td rowspan="3">母系氏族公社衰落时期并向父系氏族公社转变
父系氏族公社</td></tr>
<tr><td>晚期</td><td>半坡晚期（福临堡晚期）</td></tr>
<tr><td rowspan="3">铜器时代</td><td colspan="3">铜石并用时代</td><td>赵家来、浒西庄文化
客省庄二期文化　石峁文化</td></tr>
<tr><td colspan="3">青铜时代</td><td>先周文化族群</td><td>文明的形成阶段</td></tr>
<tr><td colspan="3">文明时期</td><td>西周时代</td><td>文明时代</td></tr>
</table>

陕西构造地貌格局的形成和发展，渭河盆地形成的历史，说明经过几千万年渭河断陷的隆升与沉降构造活动，自然界的伟力为我们奉献了一个难得的多级台地的活动舞台，密集的羽状河流，垂向穿插于多级台地中，给干涸的黄土以湿润。我们民族的先驱们，既可在靠河的阶地上发展农业，也可在广阔的黄土塬上畜牧和狩猎。而沿河流与湖泊的捕捞和山林中的采集，同样可以为他们提供衣食之源。因此，这里为生产力低下的原始人群和氏族公社时期文化的发展，提供了十分理想的条件。这样，100 多万—60 万年前，蓝田人才能在秦岭山麓的高阶地部位进行最早的文化创造活动；20 多万年前，大荔人在洛、渭之交的高台塬地创造文化；5 万—3 万年前的黄龙人、金鼎人等才能在马兰黄土浓郁的气氛中，战胜严寒而进入新人阶段。

到了新石器时代，先民们告别了艰苦的末次冰期，迎来气候明显较温暖的冰后期，进入了全新世。就像熬过严冬，春临大地，万象更新，先民们获得了空前良好的生息繁衍条件。白家、半坡、史家、福临堡和康家等氏族部落一代一代地延续发展下来，生产力获得重大的发展。农业兴起，制造陶器，饲养家畜，我们的祖先跨入文化飞跃的时代。大小河川，泉边塬畔，都有他们营建的聚落，这里奠定了文明发展的物质基础。

及至周秦盛世，渭河盆地最大的一片黄土塬，成为先民们聚生发迹和驰骋创造、施展才华的广阔天地。也正是从这里出发，我们民族的继起者开拓进取，迈向了汉唐的辉煌时代。

第一章

直立人时期陕西的人类文化

——旧石器时代早期文化

当我们追溯自身的历史时，寻找我们祖先生活的足迹，自然会常常发出这样的疑问：人类的祖先究竟是从何而来的？他们是如何发展到今天这个样子的？让我们穿越时间隧道，回到远古时代。在古老的三秦大地、秦岭北麓的灞河流域，100 多万年前的直立人[①]，以及其后的早期智人、晚期智人等先民都曾经在此生活。他们以自己的劳动，使自身的体质不断完善，而且创造了丰富多彩的旧石器文化，足迹遍及三秦大地。

① 直立人化石种是指有别于比它更早的各类古猿及以后的智人种而言的。它最初是由荷兰军医杜布瓦根据 1891 年和 1892 年先后在印度尼西亚东爪哇岛发现的原始人类化石而建立的，被杜布瓦命名为“直立猿人”，也就是俗称的“爪哇猿人”。这一名称以后被沿用下来，通过不断修订，现在和“爪哇人”处于同一发展阶段的人科化石均被称为“直立人”。

第一节　蓝田上陈遗址新发现的打制石器

2018 年 7 月 11 日，国际著名学术期刊《自然》在线发表了中国科学院广州地球化学研究所研究员朱照宇团队的研究文章，题目是“Hominin occupation of the Chinese Loess Plateau since about 2.1million years ago”，文章介绍了中国上陈遗址（陕西蓝田县玉山镇上陈村）发现的连续性较好的人工制品文化序列，时间可以追溯至距今 126 万年到 212 万年前。（见图 1–1 ）

目前，在非洲以外所发现的最早的古人类证据来自格鲁吉亚的德玛尼斯，该区域曾发现了 185 万年以前的直立人化石及其使用的工具。此前在印度尼西亚爪哇岛发现的早期人类化石可上溯至150万年以前，而中国云南元谋人的生活年代约为距今 170 万年。蓝田上陈遗址的最新发现表明，可能早在距今 200 多万年以前，古人类就已经生活在中国的黄土高原地区。

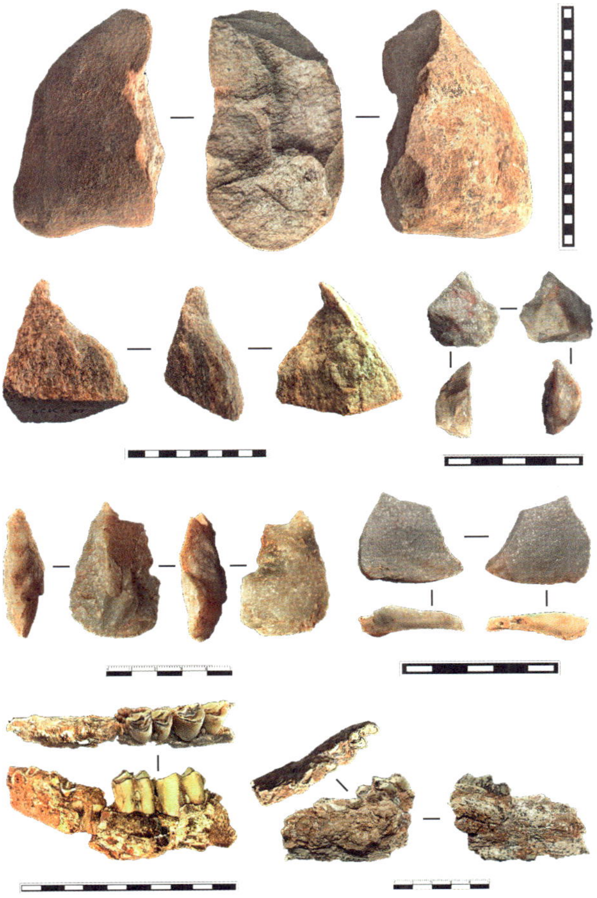

图 1–1　蓝田上陈遗址出土的打制石制品与动物骨骼
（据 *Nature* 杂志 2018 年 7 月 11 日报道）

据报道，在蓝田上陈遗址中，共发现打制的石制品 82 件，器类包括石核、石片、刮削器、凹缺器、尖状器、钻器和手镐等。此外，还有 2 件有打击痕迹的石锤。作者指出，这

图 1-2 蓝田上陈遗址外景
（据 *Nature* 杂志 2018 年 7 月 11 日报道）

些石制品分别出土于第 15 层古土壤（S15）至第 28 层黄土（L28）层中，这 17 个文化层的时间跨度长达约 85 万年。而这一旧石器文化序列的年代则主要是根据上陈地区发育良好的连续的黄土——古土壤地层剖面的研究，以及高密度古地磁测年技术所确定的。（见图 1-2 ）

第二节 蓝田直立人及其文化

一、蓝田直立人的发现

蓝田人发现于陕西蓝田县的公王岭和陈家窝两地。蓝田县位于西安市以东，作为地质单元的蓝田地区除蓝田外还包括东部的渭南以及西安市区的一部分。这个地质单元新生代以来接受了大量的黄土及河湖相堆积物。在第四纪早期，作为汾渭古湖的一部分，东部发育了一套完整的湖相堆积地层，即著名的三门系地层；在南部秦岭北坡，众多的渭水支流发源于秦岭，形成河相堆积物，渭水及其支流的两岸第四纪黄土堆积大面积连续暴露。

1963 年 6 月，中国科学院古脊椎动物与古人类研究所的科研人员在蓝田地区进行了广泛的古生物地质考察工作，7 月中旬，他们在县城西北 10 公里的泄湖镇陈家窝第四纪红色土堆积物中发掘出一个完整的直立人下颌骨化石，在同一层位，还发现有大量的哺乳动物化石，在距化石产地以北 1000 米的另一含动物化石层位中，还先后发现 10 件具有人工打制痕迹的石制品。

次年 3 月下旬，蓝田考察队又对这一地区进行了为期 3 个月的多学科综合考察活动。从公王岭遗址夹杂大量钙质结核的红色砂质黄土层中发现大批哺乳动物化石，随后在对化石的清理整修中发现了 1 个头盖骨、3 枚牙齿和 1 件上颌骨等人类化石材料。考古工作者在公王岭于 1965 年和 1966 年曾两度做了补充发掘，又获得一批动物化石，得到一批珍贵的资料，加深了对于蓝田人及其文化和生态环境的认识。（见图 1–3）

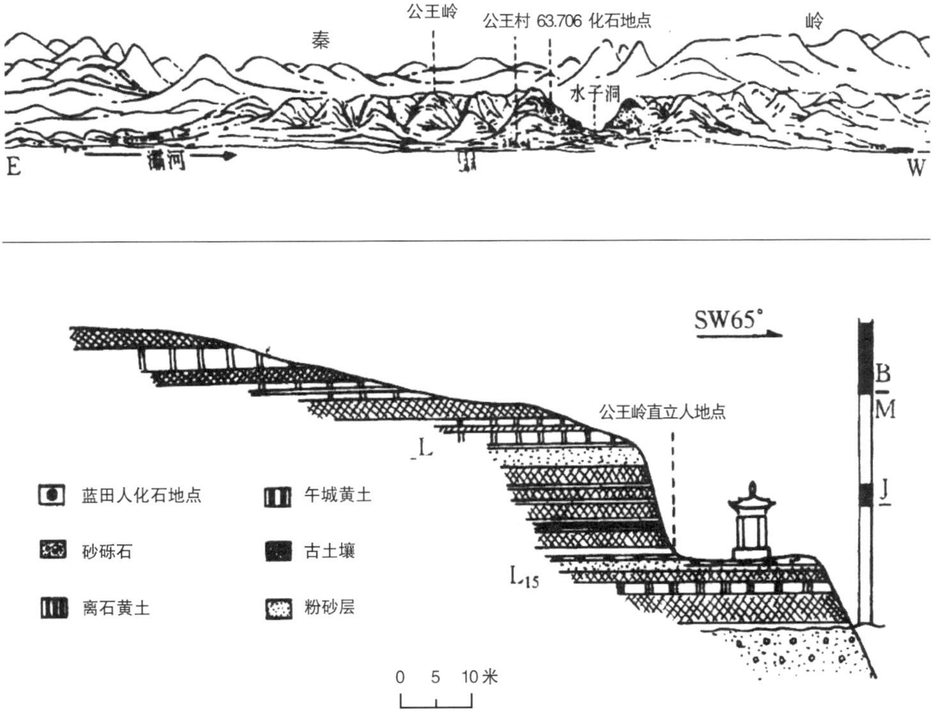

图 1–3　蓝田公王岭直立人遗址附近地貌及地层示意图
（王社江提供）

图 1-4 蓝田人化石出土地点

蓝田人的化石材料包括发现于公王岭的 1 个头盖骨、3 枚牙齿和 1 件上颌骨化石以及发现于陈家窝的下颌骨化石。除此之外，在化石出土地附近还发现了 37 处旧石器文化地点，包含 600 余件旧石器制品，并伴有大批哺乳动物化石出土。（见图 1-4）

二、蓝田人的体质特征及其在人类发展史上的地位

公王岭蓝田人的体质特征较为原始。其特点是额骨前部的眶上圆枕硕大粗壮，而且很厚，眉间部稍向前突，眶上圆枕两侧端向外明显延伸，因而眶后缩窄更为明显。额骨的鳞部明显向后倾斜，前囟点的位置远较现代人为后，大约在外耳门上方。隐约可见矢状脊和前囟隆突，但没有额窦。对比地看，缺失额窦这一特征和北京人相似。公王岭蓝田人颅穹窿很低，从耳部测量高为 87 毫米，比北京人平均值 99.6 毫米要低得多。公王岭蓝田人头骨骨壁极厚，达 12.4 毫米，超出了爪哇人（10 毫米）和北京人（9.7 毫米），而现代人的厚度仅 5 毫米左右。复原后的公王岭蓝田人头骨脑容量仅约 780 毫升，这一数据小于北京人（850—1300 毫升），接近爪哇人（775—900 毫升）的下限。现代人的平均脑容量在

1400毫升上下。在现生猿类中，雄性大猩猩的脑容量即可达752毫升，公王岭蓝田人脑容量如此之小，说明了其原始性的一面。

公王岭蓝田人鼻骨很宽阔，鼻很低，鼻骨也没有变窄的现象发生，额鼻缝与额颌缝的走向约在同一水平位置上，这和北京人类似。鼻骨的长度也较现代人短得多。上颌骨呈明显的齿槽突颌，具有明显的犬齿齿槽轭。上颌的牙齿很大，比北京人更粗壮。

综合观察公王岭头骨化石的形态特征：从头骨和牙齿粗壮程度看，似为男性，从骨缝的愈合（冠状缝、矢状缝已经愈合）和牙齿磨耗的情况观察，推测公王岭蓝田人的年龄约为30多岁。头骨和牙齿虽较粗壮，但上颌骨较纤细，可能是女性的遗骸。[①]（见图1–5）

图1–5　蓝田人头骨化石和复原图

一般认为，公王岭蓝田人生活的时代为距今115万—110万年以前。这一年代值在整个北亚迄今为止发现的所有直立人化石中是较早的。[②]

---

① 吴汝康：《陕西蓝田发现的猿人头骨化石》，载《古脊椎动物与古人类》1966年第1期。

② 安芷生、高万一、祝一志等：《"蓝田人"的磁性地层年龄》，载《人类学学报》1990年第1期。

陈家窝蓝田人只有一副下颌骨，除下颌枝后部缺损外，基本保存完整，牙齿全部原位附着。经比较研究，陈家窝下颌骨介于北京人女性的变异范围之内，根据门齿齿冠大部分磨损、磨牙全部磨平推测，很可能是一位老年女性个体，但考虑到原始人的食物构成很粗糙的因素，其本身的寿命预期值很低，年龄又不可能很大。

陈家窝蓝田人下颌骨有许多特征和北京人相似：下颌体粗壮度指数为58.1，与北京人女性接近；下颌齿槽弓类似于北京人，多颏孔（左侧有4个，右侧有2个），二附肌窝在下颌体前部下缘等。两者的差异是蓝田人下颌骨前部较高，前部倾角55°，比北京人的前部倾角（60°）小。这说明其向后倾斜的程度特别大，牙齿尺寸，特别是牙齿的宽度也大于北京人。

陈家窝蓝田人虽然被认为是年龄较老的个体，但第三臼齿——智齿未见萌生，一般认为，人类第三臼齿先天性缺失是一个进化的特征。从陈家窝蓝田人右前第一磨牙颊侧齿槽已萎缩，牙根岔暴露推断其曾患有牙周疾病，这是罕见的。在直立人中发现牙周病尚属首例。

陈家窝蓝田人的相对年代介于公王岭蓝田人和北京人之间，其绝对年代为距今65万—50万年前。

通过蓝田人化石的一系列特征，可以看出，公王岭蓝田人的原始性特征明显多于陈家窝蓝田人，而陈家窝蓝田人则较北京人表现出更多的原始性。

从整个人类演化系统看，直立人的共同形态特征是头骨扁平，而且骨壁很厚，为10毫米左右，眉部有一条粗壮的眶上脊。枕骨比颅骨更厚1倍，枕脊可向前延伸到耳孔上方乳突上脊直至面部颧弓，这条脊线连同眶上脊在头骨中部水平绕头骨一周，这种情况在直立人发展中一直没有多大变化。

直立人在发展中变化较大的是脑容量，从早期的800毫升左右增加到晚期的1200毫升左右，脑容量的增加使得颅骨高度、长度相应增加，颅底也得到加强，身材也逐渐增高。直立人直接来源于南方古猿，南猿身高约140厘米，平均约40公斤，而直立人身高的平均值可能达到160厘米，体重平均60公斤左右。在脑容量增加的同时，脑的结构更为复杂化，各部分功能臻于完备。重新改组后的脑结构导致了语言的产生。

此外，枕骨大孔的后移也是非常重要的变化，使得人类的面部特征进一步向现代人演变，如眼的扩大开阔了视角，这又反过来刺激了脑的进化等。枕骨大孔后移与直立行走密切关联，这时人类直立行走变得更加稳健。牙齿变化也很突出，后部牙齿尺寸减小是直立人和南猿的重要差别，随着食物结构的变化影响到面部肌肉，前部牙齿得到加强。

公王岭蓝田人的体质特征说明它处于直立人早期阶段，我们可以大致勾勒出其面貌轮廓：有着粗壮的头颅，额头很低，而且向前倾斜，吻部向前突，虽然是站立行走，但向前弯曲佝偻着身躯，慢步前行。由于脑容量小，智力要低一些，但仍能制造粗糙的石制工具，并能用简单的语言进行交流。男女两性的差别比较大，体形上男性更为粗壮高大些，而女性则显得矮小些。到了陈家窝蓝田人阶段，又大为前进了一步，这时直立行走更加稳健，而且随着大脑的进化，复杂的语言能力不断得到强化，语言能力的进化一般认为与大脑两半球不对称出现有关。陈家窝蓝田人发展时代与北京人处于同一个水平。

人类的重要表象——毛发在直立人阶段很可能是比较浓密的。蓝田人处于人类进化的早期阶段，他们身上应该覆盖着比较多的毛发，至少要比今天的人类要浓密得多。

三、蓝田人的生产活动和物质生活状况

根据遗址的情况推测，蓝田人的经济生活应该是以广谱性的采集为主的经济类型，这一经济类型的特征就是取食野生植物的果实、根茎，甚至叶子及花朵，捕猎一些食草类的动物或水生的鱼类动物，也许还吃一些肉食动物丢弃的捕猎物，但从根本上看，采集活动应是这一时期人类的主导经济类型。

蓝田地区，先后发现旧石器地点 37 处，出土石制品 600 余件，其中属中更新世的石器地点有 28 处，出土 200 余件石制品。①

公王岭附近发现的与蓝田人相关的石制品为数不多，石器主要是脉石英，其次为石英岩和石英砂岩等。石制品的类型有单面或基本上是单面加工的大尖

① 戴尔俭、许春华：《蓝田旧石器的新材料和蓝田猿人文化》，载《考古学报》1973 年第 2 期；戴尔俭：《陕西蓝田公王岭及其附近的旧石器》，载《古脊椎动物与古人类》1966 年第 1 期。

状器、大型盘状多边砍砸器、单边砍砸器、刮削器以及有使用痕迹的石片及石核等。石制品制作工艺上多以锤击法剥片。石核体积大，多是宽体的，利用自然台面。石核上打击点不集中，工作面短宽，石片疤多少不一，形状多不规则。总的来看，石核利用率不高，产片率低，这与其采用自然面剥片有关。石核的台面角为 66° — 99° 。石片一般尚规则，呈三角形或梯形，个别石片具有碰砧法产生石片的特征，表明可能用过此种方法生产石片。石片有的未经第二步加工即行使用，经第二步加工者很少。加工以单面为主，技术粗糙，加工出的器形不规整，有的器物还表现出一物多用的情况。由于器物埋藏地点分散，内涵不丰富，难以看出器物组合的规律。（见图 1-6）

总的看来，公王岭附近的石制品，器形简单，加工粗糙，个体较小，工具类型已有一定程度的分化，在剥片和修理上也显示出某种程序化的迹象，这表明其制作技术的进步。蓝田公王岭出土的这些石制品与周围其他旧石器文化表现出很大的相似性。

1. 由小石片修制的刮削器(脉石英,编号 P. 3462) × 1
2. 核状刮削器(脉石英,编号 P. 3465) × 1
3. 石核(石英岩,编号 P. 3466) × 1/2

图 1-6 蓝田人的石制品
（引自《古脊椎动物与古人类》1966 年第 1 期）

有关陈家窝直立人的化石地点及其附近发现的文化遗存较少，只有 10 余件石制品，而且分布很零散。这些石制品多半以石英岩砾石和脉石英碎块打制而成。石制品包括石核、石片以及砍砸器、刮削器等。用脉石英小石片制成的石器的特点是器形很不规则，工艺粗糙，多是一次打成使用，未见多次加工的例证。工具器形很不稳定，而且缺乏组合规律。

把陈家窝的石制品与公王岭的加以比较，可以看出它们基本类同，剥片方法上都采用锤击法，工具修理粗糙，加工方法以向劈裂面和交互打击法为主，两者的差异表现在陈家窝地点的石器小一些，陈家窝应是承袭了公王岭的文化传统。这两个地点的分布埋藏有类似性，即都是非常零散地垂直分布在附近的地层中。

在蓝田人遗址附近还发现了用火的痕迹。在公王岭遗址及其附近地层中，发现了被流水短距离搬运而来的炭屑。这些炭屑不是人类用火遗留下来的原生用火遗迹和灰烬层，考虑到比公王岭稍早、距离很近的蓝田辋川锡水洞遗址发现有灰烬层和烧骨，蓝田人也可能使用了火。火的利用带给人类极大的方便，有了火人类可以食用熟食、御寒。熟食对人类体质的改善是相当重要的，只有使用了火，鱼虾类动物才能做成完全可食的食物。发明用火是人类经济生活中具有划时代意义的大事，在以后的狩猎经济和原始农业中，火成为人类征服自然、谋取生活资料最重要的武器之一。火本身又可以防御野兽的侵害。目前有关直立人早期阶段确切的用火遗迹一般都是在洞穴遗址中发现的，定居才利于火种的保存，而蓝田人却是在露天宿营地燃起篝火的。

蓝田人遗址发现的石制品分布得较分散，从公王岭的石制品散布于水平方向 40 米、垂直方向超过 12 米的范围之内来看，蓝田人可能是过着游移生活的原始人群。

越是早期的人类，受自然的制约就越明显。迫于生存的压力，人类必须近水而居，因为他们没有容器，靠水而居可以解决水源、食物（野兽也离不开水），以至于石料问题（河滩砾石）。人类所处地区的气候、地貌等自然环境影响了动植物界，这必然会导致采集和狩猎有利或无利因素的出现。另外，是否是石灰岩溶洞发育地区，有无山洞与产生洞穴文化还是旷野游移性文化密切相关。

蓝田人遗址中发现有尖状器，尖状器具有挖掘或切割功能，用它可挖掘野生植物的块茎和穴居的啮齿类等动物。砍砸器可砍伐树木，并可配合刮削器将树木加工成木棒。木棒既可用于捕猎，又能用尖部挖掘。当然，限于木棒本身的特点，它无法保留至今，但木棒一定曾广泛为早期人类所使用。刮削器是最古老的构成工具组合的主体器物，其功能是切割和刮削，用于加工动物皮肉或除去植物的粗皮。蓝田人的工具组合还反映了野生植物的根茎等可食物是他们的主要物质生活资料。人类早期的采集多是先从野果、野菜起，块茎分布多而且营养丰富，也是原始人理想的食品。早期人类开始很可能以尖状石头和树干进行挖掘，到尖状器分化出来时，采集野生块根已是相当普遍的情况了。

对于蓝田人来讲，猎取大的野生动物是非常困难的，因为基本的狩猎工具这时并未完全分化出来。食用野兽的废弃物也不可能是人的主要食物来源。根据现在原始部落人的习惯和民族学资料，一般认为早期人类猎取大的动物采用穷追围捕和设陷阱的方式。（见图 1–7）

图 1–7　蓝田人的生活状况
（石兴邦提供）

狩猎活动对人类的影响是不可低估的，它要求人类不断改进狩猎工具，这利于脑的活动，并使脑、手与工具互相促进，而捕获的肉食又反过来补养了大脑。狩猎活动对人类的直立行走也有很高的要求。这一系列连锁反应，使狩猎活动对人类体质的演变产生了深远的影响。狩猎活动使人们能有组织地合作，加强了人群的团结和相互之间的交流。这时还没有出现性别分工，一切劳动都是男女共同完成的。狩猎活动还可改变人类的生态，使人种群移动，基因交换，加速了人类体质的进化。

蓝田人时代狩猎经济仍不是主要的生产活动，狩猎经济只能处于从属地位。在灞河流域如此优越的自然环境下，野生动物繁多，虎、豹、鬣狗等猛兽混杂其中，时刻威胁着人类，这极大地限制了人的狩猎活动，像蓝田人这样在旷野生活的游移性人群更容易受到伤害。因此，采集还是保障性的经济方式，采集和狩猎两者在生产方式上区别不大，都属于采集经济的范畴，但后者是依附于前者的。直到以后的陈家窝直立人时代，狩猎经济才变成人们经常性的经济活动，最终从以采集为主的经济形态中脱离出来，而蓝田人所处的只是一种游居不定的以采集经济为主导的时代。

四、蓝田人时代的生态环境

第四纪以来，由于受太阳黄道倾斜的周期性变化的影响，全球性气候一直处于周期性的波动之中，主要表现在第四纪出现了几次大的全球性冰期和间冰期气候波动。在冰期，气温降低引起高纬度地区植被和动物种群变化，喜暖性的动植物群落普遍南移，而喜冷的动植物群落则得到了优势发展。到间冰期，由于气候转向暖湿，南徙的动植物又向高纬度地区扩散。在这个过程中，地区性的新构造运动的影响，也加深了这一变化的程度。

公王岭和陈家窝蓝田人生活的时代分属更新世两个不同的阶段，根据目前科学发掘的资料可基本复原蓝田人生活阶段的生态环境。

与公王岭蓝田人伴生的哺乳动物化石，经过鉴定包括 8 个目的 42 个种属。动物的存在与所在地的气候、植被以及地貌有着直接的对应关系。公王岭动物群的一个突出特征就是强烈地表现为南方东洋界动物群成分占主要地位。我国南方大熊猫－剑齿象动物群中的主要成员大熊猫、东方剑齿象、中国貘、巨貘、爪兽、毛冠鹿、苏门羚、猎豹、豪猪等大量存在，另外还有蓝田猕猴、麝鼹等南方动物。这些动物除灭绝者以外，从今天的生活区域看，它们均生活于秦岭、淮河以南，有的甚至生活在长江流域以南，而我国更新世常见的喜冷动物披毛犀等如今已经看不到。这说明当时的秦岭北麓气候是相当湿暖的，它显然代表了一个很湿暖的间冰期气候阶段。①

动物群的组合不单反映了气候的冷暖，而且反映了植被的情况。在公王岭动物群中，喜欢林栖的动物占了相当的比例，如猎豹、虎、剑齿虎、蓝田猕猴等等。另外，草原型的动物也占有相当比重，所以，在公王岭蓝田人生活阶段，这里应该是一种以森林为主的亚热带气候类型。丽蚌等目前只生存于长江流域的软体动物的存在，也说明了公王岭直立人时代的蓝田地区要较今日湿热。

陈家窝蓝田人时代，动物群有了变化。此时的动物群包括 5 个目的 14 种动物，主要有丁氏鼢鼠、中华鼢鼠、李氏野猪、虎、葛氏斑鹿、象等。相形之下，公王岭动物群那种强烈的以森林为主，草原次之的亚热带、热带东洋界动物群色彩已然褪去，代之以我国常见的古北界动物群组合。从植物孢粉分析看，草本的孢粉颗粒比较多，主要是蒿属和禾本科、藜属等植物，而木本植物松、柏、桦则相对少一些，对比太白山现代的孢粉谱，陈家窝当时的植被为稀疏的阔叶林－草原景观，与公王岭阶段比较，气候的温湿度已经下降，森林已向山区退让，而草原面积进一步扩大。

所以说，公王岭蓝田人到陈家窝蓝田人生活阶段，气候和植被以及动物群组合发生了一次比较大的变化。引起这种生态环境变化的原因是在第四纪初期以前，秦岭的海拔高度不会超过 1000 米，但进入第四纪以后，由于受新构造运动的影响，作为喜马拉雅山东支的秦岭迅速抬升，与此同时引起气候波动。在公王岭直立人时期，秦岭上升的幅度尚未使其成为足以影响南北动物群迁徙的主要屏障，但到陈家窝直立人阶段，由于这一进程的持续，高山屏障形成，从

① 胡长康、齐陶：《陕西蓝田公王岭更新世哺乳动物群》（《中国古生物志》新丙种第 21 号），科学出版社 1978 年版。

而阻止了南北动物的迁徙和交流。随着秦岭北麓气候趋于干冷，森林减退，南方动物不能在这里生存。事实上，引起这一变化的主要因素恐怕是全球性气候冷暖交替的影响，其决定性因素是太阳辐射量的变化。另外，在新构造运动中，喜马拉雅山的抬升阻滞了印度洋暖湿气流的北侵，加剧了变化的过程。（见图 1–8）

图 1–8　蓝田猿人纪念亭

从上述看来，公王岭蓝田人生存时代，黄土堆积还很薄，其背靠的秦岭海拔还相当低，高度仅 1000 米左右，灞河水量充沛，水势也显得平稳些，植被条件很好，山前是准平原、谷地，河边是由蒿、藜等构成的草原景观，山上被茂密的丛林覆盖，在森林构成中，南方亚热带松、榆、栎、桦等阔叶林树种占有突出位置，南北动物群互相交流，公王岭蓝田人生活在一个森林草原景观、气候温暖湿润的时期。以后，随着寒冷期的来临，迫使许多南方动物群成员撤离北方向南迁徙，除少数种类外，大多数不再返回北方，这正是陈家窝蓝田人时代的动物群特征，森林减少，草原扩大，气候趋于干冷。

蓝田人的发现和研究是继北京人后古人类学及旧石器时代考古的又一次重大突破，公王岭蓝田人是迄今为止整个亚洲北部所见最早的直立人之一。旧石器早期人类由于活动年代距今已久，许多资料早已湮没无闻，山洞中一般破坏较小，容易得以保留，而蓝田人的资料却均出自第四纪中更新统土状及河湖相堆积层中，它为在我国分布广泛的华北黄土堆积地层中寻找早期人类文化遗存提供了可能性。

第三节　洛水下游甜水沟旧石器文化遗存

一、洛水下游的旧石器遗存

滔滔洛河，由西北流向东南，像一条巨蟒，蜿蜒切穿于黄土高原之中。到了大荔县北部的坊镇则折向西流，绕过解放村后，终于突破重重屏障，冲出了黄土高原区。然后再横穿大荔县中部，汇入渭河流入黄河，一泻千里，滚滚东去。大约在100多万年前，就有古人类陆续生活于这绵延曲折的洛河两岸。

20世纪70年代，在洛河下游地区的蒲城、大荔两县交界处，发现了著名的大荔人头骨化石后，在野外考察中，又连续发现了大批旧石器文化地点——以甜水沟地点为代表的大批的旧石器地点群，我们把这批旧石器早期的文化遗存称为甜水沟文化。甜水沟文化遗存发现于大荔人头骨化石出土地点附近，时代比大荔人早得多。（见图1-9）

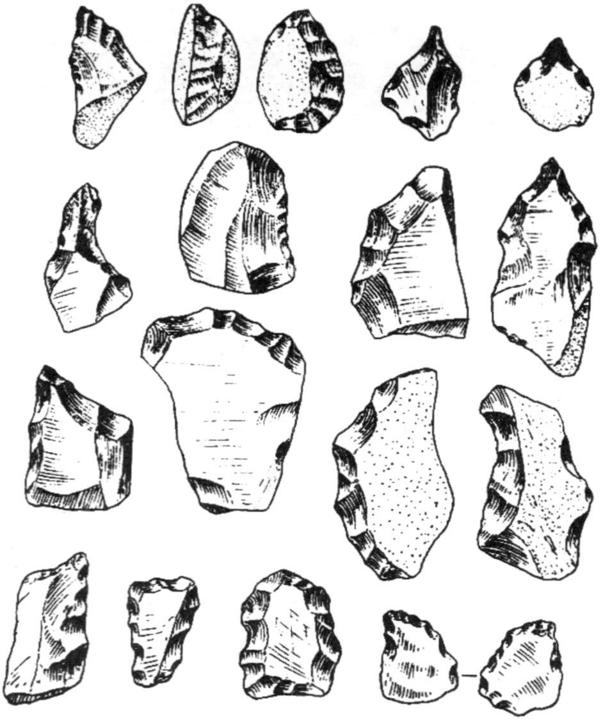

图1-9　大荔人地点和甜水沟出土的石制品
（周春茂提供）

大荔、蒲城洛河两岸已发现了19处文化地点群，处于黄土塬与渭河谷地的交接地带，即塬边斜坡向河谷阶地的过渡地带。地理坐标为东经109°43′—109°51′，北纬34°51′—34°56′。在大荔人地点群附近，洛河发育着三级基座阶地，各阶地的冲积层均为二元结构。其地层包含上新世、早更新世、中更新世、晚更新世及全新世各个不同时期的堆积。

洛河附近的阶地明显地分为三级，大荔、蒲城地区已发现的19处旧石器地点分布在这三级阶地中。各地点文化层所处的地貌单元、文化层之间的地层关系、所含动物化石以及石制品的性质不完全相同，表明它们之间有早晚的区别。大体上可把大荔、蒲城地区的古人类文化分为早期、中期、晚期三期，早期为甜水沟文化，中期为大荔人文化，晚期为育红河文化。[①]本章是谈旧石器时代早期的甜水沟文化。

二、甜水沟文化所处的时期

甜水沟文化是这里发现较早的人类文化遗存，埋藏于洛河左岸三级阶地底部基座堆积的三门组中的灰白色、灰褐色沙砾层中，它不整合于上新统之上和上中更新统地层之下。甜水沟文化应为旧石器时代早期的早一阶段，地质时代为更新世早期。

从甜水沟文化层中及与之相当的三门组地层中发现的动物化石有贺风三趾马、步氏羚羊等18类，其中有第三纪的残留种，更多的则是华北早更新世地层中常见的或典型的种类。这些动物化石能鉴定到种属者有16属14种，绝灭属占31.3%，绝灭种占92.9%。动物群的面貌与西侯度极为相似，但西侯度动物群中绝灭属占47%，绝灭种占100%，绝灭属与绝灭种所占比例均大于甜水沟。因此，甜水沟有可能略晚于西侯度。云南元谋人动物群中绝种动物占94%，略大于甜水沟，但元谋动物群中含有较多的上新世的残留种，因而可能略早于甜水沟。公王岭动物群中绝灭属占10.9%，绝灭种占63%。北京人动物群中绝灭属占11%，绝灭种占63%。甜水沟显然较二者更为古老一些。泥河湾动物群一直是中国北方早更新世动物群的代表，动物化石时代跨度大，情况较为复杂，其绝灭属占33.3%，绝灭种占93.6%，均略大于甜水沟。但甜水沟动物群中含有较多古老物质，故二者的时代应大体相当。从动物群兴灭所占的比例来看，甜水沟明显地早于蓝田人和北京人动物群的时代，可能略晚于元谋人和西侯度动物群，大体与泥河湾相当，距今100多万年。

---

① 陕西省考古研究所、大荔县文物管理委员会编：《大荔－蒲城旧石器——大荔人遗址及其附近旧石器地点群调查发掘报告》，文物出版社1996年版。

三、甜水沟文化的性质

甜水沟文化的遗物以石制品为代表，共计 2291 件，包括砸击石核 36 件、锤击石核 100 件、砸击石片 68 件、锤击石片 350 件、刮削器 1538 件、尖状器 196 件、砍砸器 2 件、石球 1 件。石核以单台面石核为主，还有少量的多台面石核和沿小砾石周缘向一面打击的石核。刮削器以单直刃、单凸刃为主，还有单凹刃、端刃、双刃、多刃等共八类。尖状器以正锐尖为基本类型，还有正扁尖、角尖、喙状、小三棱等共计五类。甜水沟文化以石片石器为主，是我国早期旧石器文化重要的一员。它与我国已发现的旧石器文化有许多相似之处，但也有其本身的特点。中国北方旧石器文化分为大石器文化传统和小石器文化传统两种。甜水沟文化的特点及其与国内已发现的旧石器文化的关系，表明它属于中国北方小石器文化传统。

第四节　汉水上游龙岗寺旧石器早期文化遗存

一、汉水上游的旧石器遗存

汉水上游是远古人类生存繁衍的另一主要地域，这里优越的自然条件，适于人类的生存和发展。汉水上游旧石器时代早期文化主要分布于汉中市南郑区龙岗寺附近及其周围地区。龙岗属大巴山北支脉梁山主体向汉中盆地过渡的山麓地带，平均海拔 500—700 米，为一长约 4 公里、宽 50—100 米的丘陵地区。龙岗寺是一处位于龙岗东南端的古代寺庙，自古即为汉水上游“云林翕翳”“游览佳胜”之所，史籍上不乏记载。

20 世纪 50 年代，梁山一带就发现了旧石器。80 年代，地质及考古工作者在龙岗寺至中梁山一带的丘陵和基岩裸露的地表采集到一大批旧石器时代石制品，随后又在汉中勉县、洋县以及安康城郊等地发现了 10 余处旧石器地点。2013—2019 年，汉水上游地区再次发现多处旧石器地点，通过对南郑龙岗寺第 1、第 2、第 3、第 4 地点，南郑疥疙洞，洋县金水河口，洋县范坝等遗址和地点的系统发掘与研究，初步揭示了该地区旧石器时代遗存的年代序列和石器技术演化特点。

图 1-10　南郑龙岗寺遗址远景
（张改课提供）

汉水上游地区处于我国南北地理分界线的南侧，地理位置上正好属于过渡地带，因此这一地区旧石器遗存的发现，对研究我国旧石器时代南北文化的分布、传播及交流具有十分重要的意义。

龙岗寺附近的汉江河流阶地明显地分为五级，这个区域发现的旷野旧石器地点主要分布在第二至第五级阶地部位。各旷野地点文化层所处的阶地部位、地层关系以及石制品组合特点各有不同，显示出它们的时代是早晚有别的。总体而言，龙岗寺周边地区的古人类文化遗存可以显著地分为早更新世晚期、中更新世早期至中期、中更新世晚期至晚更新世早期、晚更新世中晚期等不同的时期。本章主要介绍早更新世晚期和中更新世早期至中期阶段的遗存，他们的文化时代属于旧石器时代早期，是由生活在这里的直立人创造的。（见图 1-10）

二、龙岗寺旧石器早期文化所处的时期

龙岗寺遗址多个地点进行过多学科结合的年代学研究，基本构建起了该区域距今 150 万年至 7 万年期间的古人类活动史。

龙岗寺遗址第 4 地点的文化遗存，是目前所知汉水上游时代最早的人类文化遗存，它埋藏于汉江右岸第五级阶地上覆的黄土 – 古土壤地层中。遗址地层剖面采集的古地磁样品均呈负极性，通过结合已有的较低阶地上覆黄土堆积的年代数据，可知第 4 地点石制品的埋藏时代应属于早更新世，绝对年代很可能在距今 150 万年左右。

龙岗寺遗址第 3 地点和第 2 地点的文化遗存分别埋藏于汉江右岸第四级阶地后缘和前缘上覆的黄土 – 古土壤地层中。通过磁化率分析、黄土 – 古土壤序列对比和古地磁测年可知，此两处地点人类文化遗存埋藏地层的形成时代为早更新世晚期至中更新世早期，绝对年代距今 120 万—70 万年。

龙岗寺遗址第 1 地点是 20 世纪 80 年代调查工作开展的核心区域，该区域的旧石器文化遗存埋藏于汉江右岸第三级阶地上的河漫滩地层和黄土 – 古土壤地层中。由黄土 – 古土壤序列对比和光释光测年结果可知，古人类在该地点的活动时间从距今约 60 万年前延续到距今 7 万年前后。其中，下部地层（第 10—6 层）的地质时代为中更新世早、中期，距今 60 万—30 万年，属于旧石器时代早期；上部地层（第 5—2 层）属于中更新世晚期至晚更新世早期，距今 30 万—7 万年，可归为旧石器时代中期。

三、龙岗寺旧石器早期文化的性质与特点

龙岗寺地区的旧石器早期文化以龙岗寺遗址第 4 地点、第 3 地点、第 2 地点和第 1 地点的下部遗存为代表，年代跨度达 100 多万年。从早到晚不同时段的文化遗存，表现出很强的共性。同时，随着人类体质、心智的发展，石器技术也呈现出一种连续而缓慢发展的态势。

这一时期的石制品总量超过 6000 件，包括制作石器的工具——石锤，成品的工具——刮削器、凹缺器、尖状器、雕刻器、重型刮削器、砍砸器等，以及生产过程中产生的废料——石核、石片、断块、碎屑等。当时的人类主要在邻近汉江的岗地活动，各类河滩砾石是古人类制作石器的主要原料。石英、凝灰岩与石英岩是古人类主要利用的原料类型。人们主要使用简单锤击的方法从石

核上剥取石片，或直接使用，或将石片进一步修理成刮削器、尖状器、凹缺器、雕刻器等小型工具，有的时候还将采自河滩的砾石直接加工成个体较大的砍砸器，各种工具的修理制作都显得比较粗糙。就总的石器技术特点而言，还是属于中小型的石片石器系统，与中国北方地区长期存在的小石器工业具有很多相似的特点；大型砾石石器数量非常少，所占比例也很低，但也在一定程度上反映出南方砾石石器工业的某些特点。（见图 1-11）

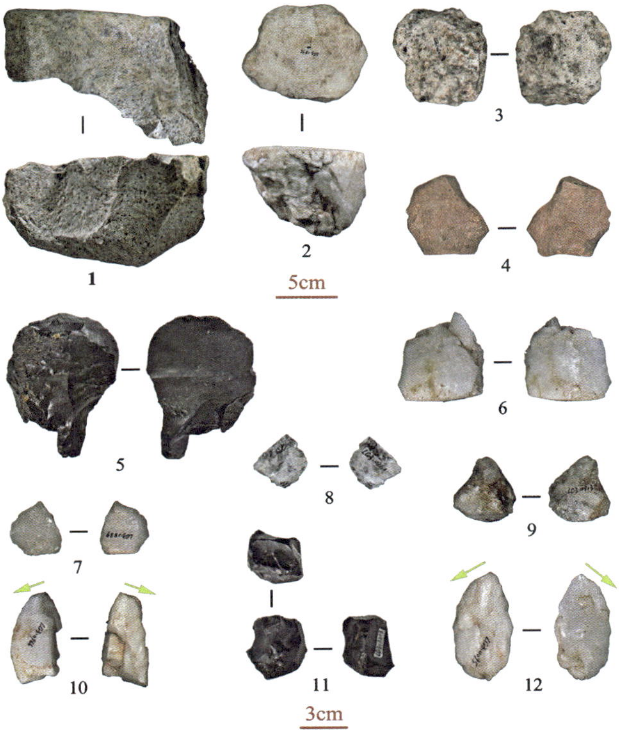

图 1-11　南郑龙岗寺遗址第 3 地点出土的石制品
（王社江提供）

如果仔细观察的话，还可以看出龙岗寺旧石器早期文化仍然存在着一些阶段性的发展变化。在早更新世时期，石英是制作各类石制品的主要原料，另有少量的凝灰岩和石英岩；锤击法是主要的剥片方法，剥片具有较强的随意性；工具组合简单，仅仅包括刮削器、凹缺器与砍砸器，砍砸器的尺寸也偏小；工具毛坯以石片为主，修理程度较低，具有较强的权宜性特点。到了中更新世早、中期阶段，在石英原料继续保持优势地位的同时，石英岩和凝灰岩的使用频率增大，反映出古人类利用原料的类型更为丰富；剥片方法虽然仍以简单锤击剥片为主，但转向剥片与向心剥片开始常见，表明石核的利用率和剥片的组织性有所提高；工具类型、毛坯类型仍与前一阶段基本一致，但在形态规整程度和修理精细程度方面，已经表现出了一些进步的因素。

四、龙岗寺旧石器早期文化时期的生态环境

汉水上游位于北纬 33° 上下，其在陕西境内北有秦岭，南有大巴山。北部巍峨高耸的秦岭，像一堵巨大无比的挡风墙，既阻止了冬季北方寒冷空气的南下，同时也拦截了夏季东南季风的北上，由此造就了汉水上游陕西段温暖湿润的亚热带气候环境。适宜的纬度、丰沛的降水和南北两侧巨大山系的存在，使得这一地区成了北半球同纬度地带自然生态系统最复杂、动植物资源最丰富的区域之一。

汉水上游是中国黄土的重要分布区，其黄土－古土壤沉积序列可以与秦岭以北典型黄土地区相对应，同时受地形地貌、气候与大气环流的影响，这里更新世时期的古土壤发育更为强烈。黄土和古土壤的交替出现，意味着汉水上游在更新世期间同样受到冰期－间冰期气候旋回的强烈影响，而古土壤的强烈发育，则表明其气候整体上相较秦岭以北地区更为湿热。诸多的研究也表明，即使在寒冷干燥的冰期，汉水上游的气候也并非保持着持续的干冷状态。此外，这一区域内还发现有指示温暖湿润气候环境的哺乳动物化石，也在一定程度反映了暖湿的环境特征。

植被类型方面，这里在早更新世和中更新世的大部分时间内，气候温暖、雨量充沛，存在接近于东南亚地区的亚热带森林环境。在良好的气候及地理环境下，植被茂盛，动物繁多成为常态，这些都为人类提供了丰富的生活资源，非常适宜古人类的繁衍生息。而环境的稳定性又使不同时期动植物资源的波动幅度并不大，古人类的生存压力也就比较小，进而导致即使在保持简单技术的情况下，人们也能够获得足够的热量以维持生存，无须通过发展复杂的石器技术来实现资源的强化利用。这也是汉水上游从早更新世到中更新世中期长达百万年的时间内，古人类石器技术缓慢发展的重要原因。

当时的人们，大多就近在河流附近采集石料，制作简单的刮削器、尖状器、砍砸器等工具，在山麓和河滨地带从事采集狩猎活动以维持生计。由于这里的

黄土大多呈酸性，植物遗存难以保存，因此目前对于古人类植物性食物的了解还十分有限。在一些特殊的情况下，部分动物遗存得以成为化石而留存，其中可以辨识的主要是水牛、水鹿、羚羊、犀牛等，不少标本上还残留有古人类敲砸的痕迹，这说明这些食草类和杂食类动物很可能是当时人类最重要的动物性食物来源。

第五节　锡水洞、花石浪龙牙洞等洞穴文化遗存

旧石器早期人们的活动场所除上述几处旷野类型遗存外，还有以洞穴作为生活场所的文化遗址。就目前的资料所及，这种遗存多分布于秦岭山地，具有代表性的主要是蓝田辋川锡水洞和洛南花石浪龙牙洞两处洞穴遗址。

一、锡水洞遗址

锡水洞遗址位于蓝田县秦岭北麓山区的辋川河支流左岸的大理石陡基上。由于这里是石灰岩地区，所以大大小小的溶洞比较发育，锡水洞洞底海拔高程810米，高出现今辋川河阶地100米，洞呈水平延伸。它是一条古地下暗河道，其中堆积了地下河砾层和红色黏土以及人类文化堆积层。（见图1-12）

图1-12　锡水洞遗址外景

（张明惠摄）

就现在的地形特点看，锡水洞是不利于人类生活的：洞口高，难以攀缘，地形险峻。但在数十万年前的更新世，该洞的地形并不复杂险要，那时新构造运动还未使秦岭抬高至现在的高度，洞口高出河床并不多，在辋川河两岸有广阔平坦的地面，河水又不至淹到洞内，有洞穴作为栖息场所，这十分有利于早期人类的生存和生活。

锡水洞洞内面积较大，洞体可分为上、下两洞，中间有竖井相通，人类文化堆积在下部地层中。洞内宽敞明亮，通风好，洞口背山向阳，视野开阔，洞内有泉水，作为早期人类的居所，条件优越。溶洞是人类最早利用的“房屋”，在人类还未学会构筑房屋之前，洞穴对人类无疑具有重要的利用价值。

锡水洞遗址经过发掘，出土的能够鉴别到种的哺乳动物化石种类有猕猴、豪猪、西藏黑熊、中国犀、水鹿、羚羊、葛氏斑鹿、短角水牛、蝙蝠等。这个动物群的生态特征表现在以下几个方面：水牛和中国犀习惯栖息于森林沼泽地，它们是喜暖湿的动物；猕猴、豪猪、水鹿、西藏黑熊也是林栖动物，这几种动物均为东洋界动物群成员，仅葛氏斑鹿属古北界动物群成员。锡水洞动物群是一个和公王岭动物群近似的动物群，锡水洞动物群里属于古北界动物群的动物很少，它是一个以林栖为主的、喜暖的动物群。锡水洞遗址中见不到剑齿虎、猎豹等大型肉食动物，其原因应是洞内的动物骨骼化石是人类狩猎取食后的遗留物，由于生产力的限制，人类狩猎的对象仅限于那些草食动物，而大型肉食动物则很难猎取。因此，这个动物群严格地说并不能代表当时生活于秦岭北麓的所有动物群成员，但其反映的生态和时代特征无疑是令人信服的。另外，植物孢粉分析结果也是以亚热带、热带植物成分为多。

锡水洞文化时期人们所处的生态环境属亚热带湿润的森林型气候类型，温暖湿润，森林茂密，水源丰富，很利于原始人类的生存和生活。

锡水洞遗址发现的石制品有 500 件左右，多以附近的硅质大理岩、燧石、花岗岩和脉石英为原材料。石制品包括石核、石片和石器工具，其中加工痕迹和使用痕迹明显者共 30 件。工具类型有砍砸器、刮削器、尖状器和石球。石器大多采用单面反向加工，制作粗糙。

除石制品外，还发现有人为加工的骨制品，有些保留了明显的使用痕迹。还有用火遗迹，锡水洞遗址下部发现有灰烬层，而且厚达 1.5 米，呈黑色夹有灰色、红色、黄色或褐色的斑块和条纹，质地疏松，并含有大量肉眼可见的木炭屑，有人认为这就是人类用火的痕迹。

锡水洞遗址的发现对于蓝田地区直立人阶段文化的综合研究有很重要的意义，不但拓宽了在这一地区寻找早期人类活动遗迹的范围，而且加深了对该地区人类生活类型的认识。锡水洞遗址在时代上属中更新世早期，晚于公王岭蓝田直立人的时代，而早于陈家窝直立人时期。而其文化特征，从器物类型和制作工艺水平上都表现出我国北方早期旧石器阶段的共同性特征。（见图 1-13）

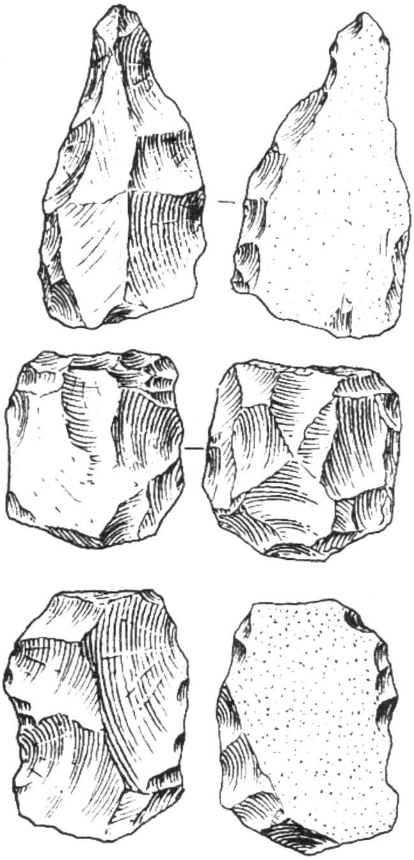

图 1-13　锡水洞洞穴出土的石制品
（王社江提供）

二、花石浪龙牙洞遗址

1977 年夏，科学工作者在洛南县进行地质古生物考察时，意外地从一批哺乳动物化石中发现了一枚可能属于直立人的牙齿化石和一些动物化石。化石出土于南洛河支流石门河左岸东河村花石浪山上一个名为龙牙洞的洞穴里。（见图 1-14）和洛南花石浪古人类牙齿化石共生的，有大熊猫和貘等的牙齿化石。该洞穴发育于寒武纪辋峪组灰岩层中，洞口高出河平面 40 余米，洞穴并不大，

图 1-14 龙牙洞遗址远景
（王社江提供）

洞内最大面积仅有 20 余平方米。人牙齿化石的齿尖有一定磨耗，牙根已断，而牙冠保存完好，前尖斜面上的中央有一较深的椭圆形小洞，呈褐黑色，估计生前患有牙病。从咬合面观，牙齿近中颊侧角向前突出，而远中舌侧角较圆钝，整个牙面呈圆菱形。牙的近中远中侧冠壁上有一横长方形与前后牙的相接凹面。次尖及后尖后侧壁釉质层腐蚀，原尖较大但已被磨耗低平，前尖略大于后尖，原尖与后尖之间有连脊。洛南人牙齿化石从测量尺寸上看大于北京人同类牙齿，而与安徽和县人、湖北郧县（今十堰市郧阳区）人的测量值近似，从牙齿构造看，同郧县直立人特征近似。

1995 年至 1997 年，考古工作者在花石浪龙牙洞中发掘出土了十分丰富的石制品和动物化石，以及一些与古人类生活有关的遗迹现象。

石制品总量达 7.7 万余件，原料的原型绝大多数为砾石，岩性以石英岩为主，其次为石英砂岩和石英，另有少量砂岩、细砂岩、燧石、火成岩、硅质灰岩、铁矿石等，这些原料主要取材于附近古老河漫滩或河流阶地的砾石层中。龙牙洞遗址的石制品由备料、烧石、石锤、石砧、石核、石片、二次加工修理的工具及断块和碎屑构成，工具所占比例很小，类型也很简单，仅有各类刮削器、尖状器、雕刻器和砍砸器，中小型的刮削器占绝大多数，砍砸器仅有个别发现。

动物化石数量也很多，属种包括大熊猫、剑齿象、鬣狗、鼬、熊、马、犀、貘、水鹿、斑鹿、水牛、野猪、松鼠、竹鼠、豪猪等 30 多种。许多动物化石上还见有古人类敲砸、烧烤的痕迹，从动物化石上残留的痕迹分析，当时人类猎取的主要对象是食草类动物。这个动物群中包含有较多的南方型动物，反映出当时的气候环境比现在更加温暖湿润，森林、水域的面积也更为广大。

除此之外，龙牙洞内还发现有因原始人居住而形成的踩踏面以及灰烬层，不少石块、动物骨骼也有被火烧过的迹象。这些现象反映出龙牙洞应是洛南盆地古人类长期生活的中心遗址之一，当时的人们已经能够利用和控制火，他们对自然环境的适应和改造能力相比公王岭和陈家窝直立人时期，有了很大的进步。

通过热释光测年，并结合动物群特征，研究认为古人类在龙牙洞中生存的时代为中更新世中晚期，绝对年代在距今 50 万—25 万年。其石器工业技术面貌以中小型石片和简单石片工具为主要特征，文化时代处于旧石器时代早期。

龙牙洞所在的洛南盆地位于秦岭东部，这个盆地东西长 70—80 千米，南北宽 20—30 千米，秦岭主脊以南唯一一条属于黄河水系的一级支流南洛河由西向东贯穿盆地。这里处在中国的南北过渡地带，北靠秦岭东部主脊华山，南依秦岭支脉莽岭，由此形成了一个南、北相对封闭，西部相对狭窄，东部较为开阔的山间盆地。

洛南盆地具有得天独厚的自然条件，这里水热条件良好，动植物资源丰富，河漫滩中富含适宜制作石器的优质原料，盆地内又有比较发育的喀斯特岩溶地貌，这些自然条件都有利于古人类的长期生存。也正因为如此，在龙牙洞这样一个不太起眼的洞穴中，才会留下如此丰富的古人类文化遗存。

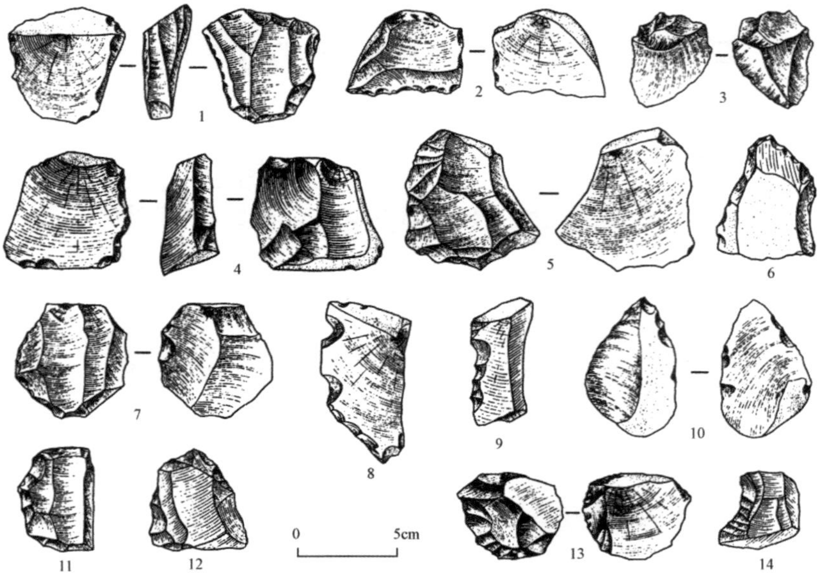

图 1-15 洛南龙牙洞遗址出土的石制品
（引自王社江、张小兵、沈辰等：《洛南花石浪龙牙洞 1995 年出土石制品研究》，载《人类学学报》2004 年第 2 期）

洛南龙牙洞遗址及古人类牙齿化石的发现，扩大了陕西境内古人类的分布范围，特别是完整的古人类生活居住面的发现，为研究早期人类的生产、生活提供了十分难得的资料。龙牙洞中出土的石制品数量惊人，大都属我国北方刮削器——雕刻器文化范畴，是我国南北过渡地带具有典型代表性的旧石器时代早期人类文化，对研究我国南北文化交流、演化的进程具有十分重要的价值。（见图 1-15）

从以上各节我们可以看出陕西地区旧石器早期文化发展的大致脉络。直立人阶段的人类活动遗存主要集中分布在秦岭南北两侧。发现较多的是秦岭北麓蓝田地区、洛河下游大荔人遗址附近，秦岭南麓汉水流域以及秦岭山间南洛河上游的洛南盆地。这一时期属于人类进化的早期阶段。面对严酷的自然环境，人类在生产过程中不断地发展自身以适应自然，并进行改造活动，利用各种手段，包括以手臂的延伸物——工具同自然界做斗争，改造自然。人类正是在生产斗争的过程中，提高了生产力，也改变着自身，这种进步是极其艰难和缓慢的。

总之，这一阶段在整个人类历史中历时极其漫长。

直立人群构成了一个血缘家族，这也是人类社会家庭史上的第一个社会组织形态。婚姻关系上，它排除了原始人群的杂乱性交关系。在此期间，最初的性别分工可能已经萌芽。集群内部共同劳动、共同占有生活资料。

人类的社会关系取决于生产力发展的水平。直立人阶段的文化面貌是使用粗糙的打制石器和木棍之类的简单工具，这是人类历史长河中最漫长的一段路程，在这期间生产的发展和社会的进步都是非常缓慢的。从各类遗址可以看到石质工具已渐次分化，而且技术进步的成分也较为明显，显然这已不是最早的石器了。

陕西境内的旧石器早期地点，蓝田人使用的石器刮削器的比重大一些，和以北京人为代表的旧石器文化属相同的系统。总的来看，它仍未脱离北方刮削器为主的传统文化的范畴，大荔甜水沟文化明显表现出石器的小型化。陕南汉水流域、南洛河流域的石制品同包括蓝田在内的北方文化系统也有很多相似的特点。

陕西的旧石器早期文化地点从人类生活的类型上看，可划分为洞穴生活型和旷野生活型两类。洞穴生活类型中，人类有洞穴作为依靠，这对生产、生活是十分有利的，加之人类长期生活于洞穴，洞穴得天独厚的自然条件有利于集中保存文化遗迹，所以有历史文化内涵的洞穴类型就丰富些，小型石器也较多，这也许还与洞穴类型较旷野类型狩猎成分更强一些有关。旷野生活型的文化面貌则显得单一，而且埋藏贫乏，类型也显得少一些，这可能与人类的流动性大及生存条件艰苦有关。旷野类型遗址除第一节、第二节述及的诸多地点外，还有潼关县的卧龙铺和张家湾两个地点。21 世纪以来考古工作者还在陕西南部的秦岭地区以及渭河以北的洛河流域、石川河流域发现了不少属于旧石器时代早期的旷野类型遗址，但无论是文化遗物的丰富程度，还是人群的活动强度，都相较洞穴贫乏。

总之，旧石器早期直立人发展阶段，人类几乎完全是在自然界的制约下生存的，环境对人类文化面貌及人类自身具有绝对性的制约作用，自然经济——采集和狩猎起主导作用，采集是人类赖以生存的保障性经济成分，狩猎则作为一种补充。随着时代的发展，生产力的提高，狩猎在经济成分中所占比重呈上升趋势。人类这时还只能去适应自然，对自然界的改造活动是极其有限的。尽管如此，人类社会毕竟是缓慢地向前发展着，而且速度越来越快。到了之后的早期智人阶段，即旧石器时代中期，人类体质得到了根本改观，文化也获得了进一步发展。

第二章

早期智人时期陕西的人类文化

——旧石器时代中期文化

我们的祖先经过漫长的直立人阶段的长足发展，无论是自身体质上还是生产技术上都进入了一个新的发展阶段。他们的手变得更加灵巧，头脑越来越发达健全，进而进化为智人，意即“有智慧的人类”。这时他们在体质上已经和现代人差别不大了，由他们创造的文化从最原始的旧石器时代早期步入旧石器时代中期，人类赖以生存的社会群体组织也发生了质的飞跃——由血缘家族时期发展到母系氏族公社萌芽时期。从绝对年代上讲，氏族公社萌芽时期开始于距今二三十万年前，终止于距今四五万年前。从一般的时间意义上来看这是一个极其漫长的阶段，但在人类发展的历史长河中它却是较短暂的一个时期。人类的进化是一个直线加速的过程，愈是往后速度愈快，这一阶段比起经历了上百万年之久的蓝田直立人发展阶段毕竟显得很快了。在陕西境内，早期智人阶段的文化遗存以大荔人及其文化为代表，南洛河流域、汉水流域也发现有较多这一时期的文化遗存。除此之外，还有长武窑头沟和鸭儿沟的石器文化及智人牙齿化石，岐山鱼家山旧石器地点、蓝田境内个别地点也出土了这时的文化遗物。在陕北地区，远在 20 世纪初期也发现了几处文化遗存。在我国北方发现的旧石器中期文化，不论人骨或文化物，多发现于马兰黄土底部砾石层或相当层位。我国早期智人的发展与马兰黄土的堆积紧密相关。今天地表上呈现粉黄色的土状堆积即为马兰黄土。马兰黄土的堆积时代从 7 万多年前开始并一直延续至距今 1 万年前后。

在马兰黄土底部，河流发育的地域均有一个厚厚的河流相的砾石或沙砾层堆积，我国北方目前所见的早期智人阶段的人类化石及旧石器材料，除洞穴居住者外，基本正是发现于这一期的砾石堆积中或同时期形成的古土壤层中。这说明当时的人类大多活动于河漫滩或河流阶地。那时由于气候温暖湿润、环境宜人、食物充足，人口不断增长，人类迅速扩充到旧大陆的许多地区。

第一节　大荔人及其文化

一、大荔人及其文化的埋藏

大荔人头骨及其文化遗存深埋于距地面达 20 余米的两条古红土壤层之下，并且散布在相当广泛的地域。在大荔人出土的地点周围，发现有包含大荔人文化的地点 12 处。这些地点的文化层均处于洛河左岸三级阶地下部冲击的橘黄色沙砾层，不整合于上新统或三门组之上。在大荔人化石地点洛河三级阶地上部有两层古土壤，第二层古土壤由两层间距很近的古土壤组成。第二层古土壤层，常称为“红两条”，它大约形成于距今 24 万—19 万年期间，在洛川、泄湖一带比较常见，大荔人文化的文化层则处于“红两条”之下。

与大荔人头骨化石伴生的和同时的其他地点发现的动物化石有德永氏象、披毛犀、梅氏犀、肿骨鹿等 19 类，能鉴定到属种者 11 种，绝灭种占 63.6%。动物群中多数种类可见于北京人动物群，绝灭属、绝灭种所占比例均大于丁村人动物群，而时代早于丁村人。关于大荔人的年代，学术界有不同的认识，铀系法测定年代为 23 万—18 万年前，晚于北京人周口店地点 1—3 层的 29 万—22 万年前，早于丁村的 21 万—16 万年前；黄土 - 古土壤序列对比结合电子自旋共振测年认为应早于距今 25 万年；光释光测年研究认为距今 26 万年前后；热释光测年认为不早于距今 30 万年；黄土 - 古土壤序列对比结合磁化率分析认为距今 28 万—33 万年。需要注意的是，这些测年数据大多只能反映大荔人文化层的形成年代，由于该地层为河流相堆积，因此并不能直接反映大荔人的生存年代。由地层关系、动物群和绝对年代测量来看，大荔人应晚于蓝田人和北京人，早于丁村人时代，属于旧石器时代中期早一阶段。大荔人文化层的地质时代应归入中更新世晚期。

二、大荔人生存的自然环境

上新世末期，这一地区堆积了厚层紫红色黏土，气候炎热而潮湿，雨量充沛，因此遍布水域的环境造成地层呈水平层理，中部夹砂。

在早更新世地层主要的发现有适于草原生活的三趾马、三门马、披毛犀、轴鹿、步氏羚羊、鼢鼠等；生活于森林的李氏野猪、豹、象、鼠兔；生活在水草丰美的丛林中的梅氏犀、麋鹿。动物化石对应的动物基本上都是华北暖湿带第四纪常见的种类，如三门马多分布于秦岭、淮河以北地区，贺风三趾马多出现于山西、陕西等地；大荔是科氏鼠分布纬度最低的地点之一。李氏猪、梅氏犀等有好多种都是华北更新世地层中常见的种类。附近早更新世地层为灰褐色砂质黏土、淡红棕色砂质黏土、灰白色灰黄色砂与砂砾等，属湖泊、河流相堆积。这说明当时洛河水量大，附近有湖泊、沼泽存在。由此推测，甜水沟文化时期，附近是森林草原环境，气候比较温暖、湿润。

中更新世晚期的大荔人文化期发现的动物群，生活于草原上的动物主要有马、披毛犀、羚羊等；生活在草原和森林、丛林中的动物有犬、斑鹿、大角鹿、肿骨鹿、纳玛象等；还有水陆两栖的河狸、鲤、螺、蚌等水生动物。动物化石对应的动物多数为华北温暖带的种类，但其中的披毛犀一般被认为是比较喜冷的动物，分布于北半球北纬 33°—72° 之间。在欧洲，披毛犀有时也被发现于温和的草原环境中，在丁村文化中披毛犀与喜暖的梅氏犀共存，在萨拉乌苏河与水牛共存，它适应的生态环境范围很广。所以，大荔人生活在森林、草原环境中，附近存在较大的水域，气候比较温和、湿润。

由动物化石和孢粉所反映的自然环境推测，甜水沟文化的主人和大荔人生活时期，大荔、蒲城洛河两岸属森林草原环境。渭河北岸是广阔的草原，草原上有茂密的野草，主要是旱生的和中生的蒿、藜、菊、婆婆纳、荨麻等等。马鹿、羊等草原动物成群地在草原上生活。草原附近有山有丘陵，其间绿树成荫，既有栎、桦、榆等落叶阔叶树，也有松树等针叶林。林中、林边荆棘丛生，有白刺、蔷薇、连翘等多种多样的灌木植物。野猪、豹子、象、鹿、犀牛等动物也经常出没于林中。洛河水量较大，附近有较大的水域和湿地，鱼、蚌在其中游来游去。水边和湿地上生长着莎草等植被，河狸时而在水中游泳戏耍，时而在岸边觅食。这里气候温暖，雨水适宜，是人类生活的较好的场所。到了晚更新世晚期的育红河文化时期，气候变干变冷，草原扩展，森林、丛林缩小，水域退缩或干涸。育红河文化的主人就生活于这种复杂多变的比较干冷的环境中。大约从 100 万年以前开始，甜水沟文化的主人、大荔人、育红河文化的主人就一直劳动、生息在洛河两岸。他们时而在千里草原上追逐鹿群和羊群，沿洛河北上直至于山脚下，或穿越子午岭逐鹿于六盘山东麓；时而沿洛河直下至黄河之滨，捕捞水中的鱼螺蚌虾；时而闯入森林采集各种各样的野果或追捕水牛、象和野猪。当时的自然环境为人们提供了必需的生活条件，但对于体质原始、设备简陋的古人类来说，生存条件仍然是极为艰苦的，他们不得不东奔西跑，靠采集、狩猎维持生活，无法定居下来。他们不断地和自然搏斗，经历了漫长而曲折的过程，不但改造了自身，还创造了丰富多彩的旧石器文化。

三、大荔人的体质特征

大荔人头骨化石属于一个30岁左右的男性，保存得十分完整。（见图2-1）大荔人头骨的特征是颅穹低矮，有矢状脊，颅骨壁厚，眉脊粗壮，颧弓位置低，有枕骨圆枕等特征，这些特征与直立人（如北京人）相似。颧弓较细，眶上结节，有鸡冠等特征则与现代人相似。头骨最大长、最大宽、颅高、额倾角、眉脊方位等多数特征介于直立人与现代人之间而与早期智人相似。头骨冠状轮廓图上的颅耳高、颅最大宽、耳门上点间宽、颅最大宽位置高度、颅宽位置指数、耳门上点颅高与颅耳高比值等均大于北京人，小于晚期智人及现代人的绝对值或平均值，并大于直立人与智人的界限值而在早期智人的变异范围之内。整个颅穹比多数早期智人低而接近北京人。眉脊粗厚的程度和颅骨壁的厚度都超过早期智人，前者甚至超过北京人而接近蓝田人，后者超过部分北京人。脑容量（1120毫升）比一

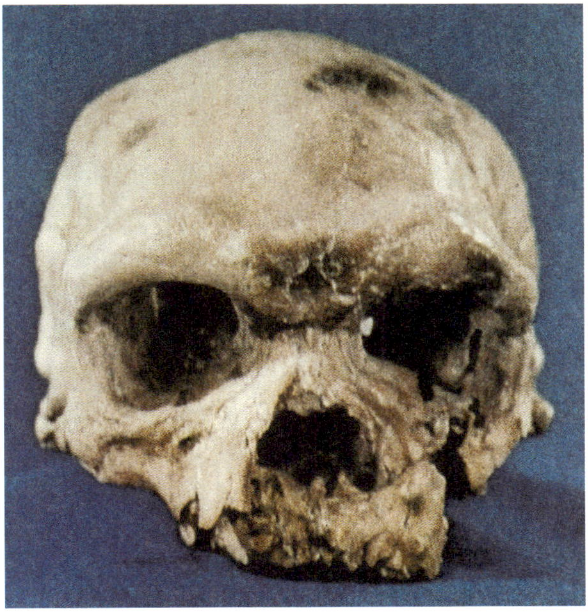

图2-1　大荔人头骨化石
（周春茂提供）

般早期智人小而在北京人变异范围之内并稍大于其平均值（1088 毫升）。大荔人头骨有枕骨圆枕，但不如北京人那样发达而形成枕脊。其上有圆枕上沟，也较北京人为浅。许多早期智人也有较大荔人短而弱的枕骨圆枕，但没有圆枕上沟。现代人既无枕骨圆枕，也没有圆枕上沟，只有枕外隆凸。大荔人有较北京人弱的角圆枕，有的早期智人也有角圆枕，但较大荔人弱，现代人则没有。

由以上大荔人的特征来看，它属于早期智人，但较其他早期智人具有更多的原始性而接近于北京直立人，因此，它还可能是早期智人中较早的古老类型。

从大荔人的体质特征可以看出他是向蒙古人种的特征发展的。面骨低矮，不很向前突出，鼻梁不高而较扁塌，鼻骨较垂直，眼眶呈长方形，鼻额缝、额颌缝相连续几乎处于同一水平上等特征，与尼人明显不同。大荔人颧骨高突，颧面较垂直且朝向前方，上颌骨向颧骨过渡处呈角形转折；而尼人的颧面朝向外侧方，由前上方向后下方倾斜，上颌骨向颧骨过渡处较圆钝。大荔人有印加骨和矢状脊，而印加骨在现代黄色人种中出现率最高，矢状脊也很普遍；尼人多数没有矢状脊，也少有印加骨。门齿呈铲形也是现代黄色人种的特征之一，大荔人目前还没有发现门齿，但上述一系列特征足以说明它与尼人不同而与现代黄种人相似。因此，大荔人可能代表了一个亚种，即智人大荔亚种。（见图 2-2）

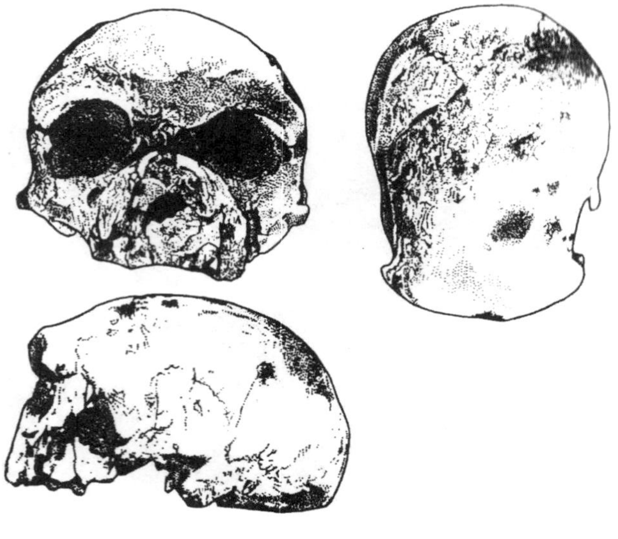

图 2-2 大荔人头骨正、侧、俯视图
（周春茂提供）

大荔人与现代蒙古人种之间的差异很小，二者之间有极为密切的亲缘关系，所以大荔人应该是在形成或发展中的蒙古人种。

我国古人类所共有的一系列特征，也是现代黄色人种的主要特征，据此，有人将黄色人种的历史上溯到 170 万年前的元谋人时代。从直立人发展到晚期智人，处于二者之间的早期智人化石在西欧、西亚地区发现较多，且都有较完整的头骨化石，但在整个东亚地区过去发现得不多，中国发现的丁村人、马坝人等化石多残缺不全，只能在个别特征上把我国早一阶段的古人类（如元谋人、蓝田人和北京人）和晚一阶段的古人类（如山顶洞人、柳江人）联系起来。大荔人头骨化石发现后，由于它保存完整，体质特征明显，在更多的特征上把我国早一阶段的古人类和晚期阶段的古人类紧密地联系起来，使人们信服地认为它为现代黄色人种的发展历史弥补了缺环。

在大荔人化石发现以前，我国发现的较为完整的早期智人化石要数马坝人头盖骨化石。它与大荔人在许多特征上较为相似，但也有不同之处，如马坝人的眉脊也很粗壮，最厚处在内侧端，其他地方较薄且厚度较为均匀，多少还保持着北京人的平直性。而大荔人眉脊最厚处在中部，呈倒八字形；马坝人眼眶属于高眶形，呈圆弧形，大荔人则属低眶形而接近于中眶形，呈长方形；马坝人头盖骨较大荔人蓬隆，前囟点的位置较大荔人靠后部，鼻骨较大荔人高宽，眉脊上沟较大荔人深，眶间宽较大荔人小；马坝人夹骨正中矢状弧三段弧长的大小顺序为额—顶—枕，大荔人为额—枕—顶。铀系法测定的马坝人的年代为距今 12.9 万年前，较大荔人为晚。二者在头骨蓬隆程度、前囟点位置的前后、三段弧长的大小顺序等方面的差异，可能与时代早晚有关，而鼻骨的高低、眼眶的形态及高低、眶间宽、额面上部的扁平程度等之间的差异，则可能是由于二者所生活的地理环境与自然环境不同而形成的。若果真如此，则在早期智人阶段，生活在中国华南和华北的古人类可能已经存在着地域上的差异了。

综上所述，大荔人既有与直立人相似的特征，又有现代人的特征，更多的是与早期智人相近。他较其他早期智人具有更多的原始特征而更接近直立人，属于早期智人中较早的古老类型，可以说是从直立人发展到智人之间的过渡类型。大荔人是我国古人类进化谱系中的一个重要环节，具有我国古人类化石及黄色人种的特征，把我国直立人与晚期智人紧密地联系起来，在体质特征上起着重要的传承作用，弥补了黄色人种发展历史中的缺环。

四、大荔人的文化性质与特点

大荔人文化的遗物以石制品为代表，共计 1221 件，包括石核、石片和工具三大类。石核中单台面石核 40 件，双台面石核 2 件，多台面石核 18 件，砸击石核 21 件。石片类有锤击石片 540 件，砸击石片 176 件。工具类有 400 多件，其中刮削器 320 件，包括单直刃、单凸刃、单凹刃、端刃（刃缘有直、凸、凹之别）、双刃圆头等九类；尖状器 87 件，包括正锐尖、正扁尖、角尖、喙状、小三棱等五类；还有少量雕刻器、石锤、砍砸器、石球等。

由石制品特点看，大荔人文化与甜水沟文化的关系十分密切，可能是一脉相承的，它们是以石片石器为主的工业，属于小石器文化传统。

大荔人文化石制品的一般性质与北京人文化晚期相似，也有一定的区别。这说明大荔人文化晚于北京人文化，而早于许家窑人文化和峙峪人文化，也可能有某些传承关系，在时间上、文化上起着承上启下的作用。

第二节 洛南盆地张豁口、郭塬等旷野地点旧石器文化遗存

一、洛南盆地旷野地点的旧石器文化遗存

1995 年以来，洛南盆地内不仅发掘了属于旧石器时代早期的龙牙洞洞穴遗址，还调查发现了 300 多处旷野类型旧石器地点。这些地点广泛分布在南洛河及其支流的第二至第五级阶地部位，绝大多数地点的石制品埋藏在阶地上覆的黄土－古土壤地层中。2004 年以后，考古工作者对其中的一些旷野地点进行了考古发掘和多学科综合研究，为科学认识这一区域旧石器遗存的年代序列与文化面貌奠定了重要基础。

一系列的调查、发掘和研究工作，揭示出洛南盆地的古人类活动历史不晚于距今 110 万年，并绵延发展至距今 3 万年前后。该区域早于距今 25 万年的石器技术面貌主要是以中小型石片和简单石片工具为主要特征，属于旧石器时代早期文化，他们以夜塬遗址下部地层和前文介绍的龙牙洞洞穴遗址出土的石制品为代表。距今 25 万—7 万年的石器技术面貌则明显不同于更早时期，他们往往具有比较浓厚的阿舍利工业技术特点，代表性遗址包括张豁口、郭塬、孟洼、

十字路口、槐树坪以及夜塬遗址上部地层，这些遗址和地点的文化遗存主要埋藏于第二条古土壤和第一条古土壤中，大多具有原地埋藏的性质。（见图 2-3）

图 2-3　洛南盆地郭塬地点 T4 原位密集分布的石制品
（王社江提供）

尽管洛南盆地内的旷野地点中还没有发现距今 25 万—7 万年期间的古人类化石，但考虑到中国境内在同时期已存在较多的早期智人，且洛南盆地这一时期的旧石器文化面貌与前一阶段存在较大的差异，表现出了许多进步性的因素，与旧石器时代晚期相比也体现出了不少承前启后的特点，因此大体仍可将这一阶段的人类文化归为旧石器时代中期。

二、洛南盆地旧石器中期文化的性质与特点

洛南盆地内属于这一时期的旷野地点逾百处，不仅集中分布于南洛河及其支流的二级阶地部位，同时在一些更高的阶地部位也有发现，这说明古人类的活动范围是非常大的。各地点采集和发掘出土石制品近十万件，尤其是在张豁口、郭塬、夜塬等地点的发掘中，均出土了数以万计的石制品。

各地点石制品的原料绝大多数为砾石，岩性以各色石英岩为主体，特别是优质的浅色石英岩占据了突出的地位，石英、石英砂岩的数量也不少。这些石料，特别是浅色石英岩往往个体较大，硬度较高，结构致密，颗粒细腻，结晶程度好，非常适宜制作石器。优质原料使用量的明显增加是这一时期原料方面的最大特点。所有用于制作石制品的原料在南洛河及其支流的河漫滩及古老河流阶地砾石层中都有大量分布，古人类可以随时随地、轻而易举地获得各种优质石料，这就为人们制作更加精致的工具，提供了重要的基础条件。

石制品类型包括备料、石锤、石砧、石核、石片、工具、断块、碎屑等。古人类在利用石核剥取石片时，以硬锤锤击法为主，砸击法和碰砧法有少量应用。石核中已存在数量较多的向心剥片石核，特别是两面向心剥片的饼状石核颇具特色，反映出古人类的剥片策略已具有复杂化的趋势，剥片的控制性、组织性显著提高。工具类型方面，既包含轻型的刮削器、尖状器、凹缺器、石锥、雕刻器，又含有砍砸器、重型刮削器、手斧、三棱手镐、薄刃斧、大型石刀、石球等重型工具，工具类型具有明显的多样化特点。在工具修理方式方面，也表现出复杂化、精细化的特点，特别是两面修理刃缘和交互修理的方式明显增多，修理把手的现象突出，反映出古人类的石器修理技术显著提高。（见图 2–4）

许多遗址出土石制品中，断块和碎屑的数量最大，一些地点还发现了原始

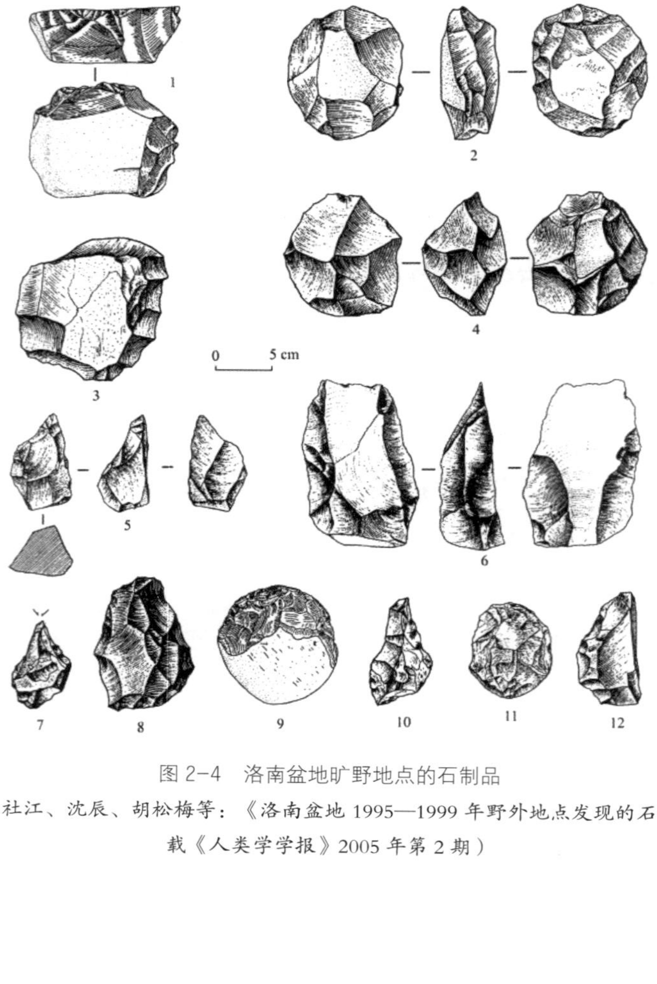

图 2–4　洛南盆地旷野地点的石制品
（引自王社江、沈辰、胡松梅等：《洛南盆地 1995—1999 年野外地点发现的石制品》，载《人类学学报》2005 年第 2 期）

人类打制石器时遗留的作业点，以及一些可以原地拼合的石制品，这些现象说明遗址中相当一部分石制品是在原位加工的，后来才被黄土沉积物缓慢地掩埋起来。

这一时期手斧、三棱手镐、薄刃斧、大型石刀等器物在洛南盆地旷野地点中普遍存在，与更早时期的石器工业存在着非常显著的差别，说明该地区的石器工业技术在中更新世晚期完成了一次重要的转型，可视为含阿舍利类型工具的石器工业。而这些类型的工具，最初是流行于非洲和欧亚大陆西部地区的，因此它们在洛南盆地的集中出现，可能是欧亚大陆东、西两部旧石器文化交流的反映。

三、洛南盆地旧石器中期文化时期的生态环境

在南洛河流经的洛南盆地，由于新构造运动和气候变化的影响，河流不断下切，形成了多级典型的河流阶地。这里低山丘陵和盆地错落有致、地形和缓，总体的地貌起伏并不大。大多数旧石器遗址均位于这些河流阶地之上，地势往往略高，说明当时人类主要的活动区域是在靠近河流、位置较高的岗地之内或周围。这些位置既可以提供人类赖以生存的水源，又能吸引动物前来饮水，人类便可以伺机猎食其中的一些动物，而河流附近富集的各种石料，也为古人类制作石器提供了取之不尽、用之不竭的资源。

洛南盆地还是典型的风尘黄土分布区，在盆地内的许多区域都发育有更新世的黄土沉积物，它们与黄土高原的黄土堆积具有基本一致的沉积过程。同时，由于北部华山山系的阻挡，粉尘只能通过较高的气流传输，粗颗粒的粉尘难以通过，因此洛南盆地的黄土堆积具有速率较慢、颗粒较细的特点。另外，由于纬度更低的原因，盆地内的黄土和古土壤对比不如典型的黄土高原（比如洛川）剖面强烈，这里的黄土层也有较强的风化和成壤作用，因此黄土－古土壤层的粒度变化规律不是很明显，红色的古土壤层往往明显厚于黄色的黄土堆积层。黄土的这些特点，揭示出该地区的气候比黄土高原地区更加温暖湿润。

洛南盆地在中更新世晚期至晚更新世早期，总的环境特征是亚热带湿润气候与温带半湿润气候相交替。在间冰期，喜暖湿的乔木和草本较多，乔木植被以松属－榆科占主导地位，土壤发育程度强，属于亚热带湿润气候，植被类型

为森林－草地景观，喜暖的大熊猫、剑齿象、犀牛、水牛、水鹿等动物数量众多。在冰期，喜暖的乔木成分减少，乔木植被以松属为主，土壤发育程度弱，属温带半湿润气候，植被类型为草地－森林景观，仍然存在较多的喜暖动物。同时，由于华山的屏障作用，北方的冷空气难以长驱直入，冰期和间冰期之间的温度变化幅度相对不大，这就为古人类活动提供了比较稳定的生存环境。

总体而言，中更新世晚期至晚更新世早期的洛南盆地处于亚热带和暖温带气候的过渡地带，这里地貌起伏适中、气候温和、水源充足，良好的水热组合使盆地内乔木茂盛、草木繁密、动物类型多样，不但是野生动植物的繁盛之地，也为古人类提供丰富的食物资源，非常适宜于古人类生存，因而成为古人类活动的密集之处，留下了非常丰富的文化遗存。

第三节　省内其他地点的早期智人及其文化遗存

陕西境内除大荔人及其文化、洛南盆地旧石器中期文化遗存外，早期智人阶段的重要人类化石和旧石器文化还有长武窑头沟和鸭儿沟，此外陕北地区、陕南汉水上游地区也发现有这一时期的遗存。

一、长武窑头沟与鸭儿沟人牙化石及文化遗存

长武窑头沟与鸭儿沟是陕西旧石器时代中期文化的重要地点，1972 年 10 月发现于关中西部黄土高原沟壑区的泾河上游泾河沟谷阶地堆积之中。动物化石、旧石器均出自马兰黄土底部的砾石层或砂质黏土层中，除动物化石及旧石器制品外，另有一枚出于鸭儿沟地点浅灰色砂质土层中的人类牙齿化石。[①]（见图 2-5）

这枚长武人的人牙化石属智人右上方臼齿，齿根缺失，牙本质完整，呈灰白色，原尖大、次尖小，前尖略大于后尖，为萌生出不久的左上第二臼齿，代表一个少年个体。

从窑头沟地点采掘到的石制品有 200 余件，用以制作石器的石料以石英岩

① 盖培、黄万波：《陕西长武发现的旧石器时代中期文化遗物》，载《人类学学报》1982 年第 1 期。

和石英为主，其次是燧石。石制品中石核和石片居多；工具类型简单，仅有少量的尖状器、砍砸器和刮削器。总的来看，窑头沟地点的石制品多以天然砾石为原料，石核、石片多不规则，以小型为主，制作工艺粗率，修理方法简单，仅尖状器修理得仔细一些。与石制品伴生的哺乳动物化石有多种，经鉴别有鼢鼠、披毛犀、野马、野驴、大角鹿、鹿、牛等，属晚更新世的典型种类，其中披毛犀延续时代稍长些。从地层堆积、动物化石和文化内涵及特点判定其时代应在旧石器时代中期。

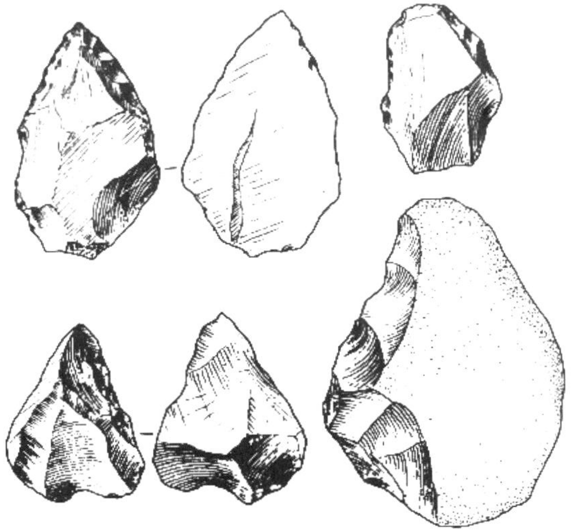

图 2-5　长武窑头沟出土的石制品
（引自《人类学学报》1982 年第 1 期）

二、岐山鱼家山旧石器文化遗存

岐山鱼家山旧石器文化遗存发现于 1979 年，鱼家山地点位于岐山县高店镇西南 7 公里同峪河东岸，正处于渭河平原与秦岭山地接壤带。旧石器及动物化石材料出产自黄土状亚黏土层之下砂砾叠压的亚砂土层上部，共发现石制品 22 件，其中石核 4 件、石片 14 件、工具 4 件，工具均为单面修理的刮削器。

鱼家山地点的旧石器加工简单、技术粗糙。发现的动物化石石化程度却较深，能鉴别到种属的有中更新世常见的梅氏犀、马和水牛等类。对水牛牙齿进行铀系法测年，结果显示其年龄为 20 万 ± 1.5 万年。这一年龄值表明其生存的时代和大荔人时代接近，其代表的旧石器文化应属旧石器时代中期文化前一阶段。

三、陕北地区旧石器时代中期文化遗存

陕北地区的旧石器时代中期文化遗存目前所见的资料仍仅限于 20 世纪 20—30 年代在长城沿线的发现。

1923 年夏在横山县油坊头发现了旧石器文化遗存，该地点位于无定河支流

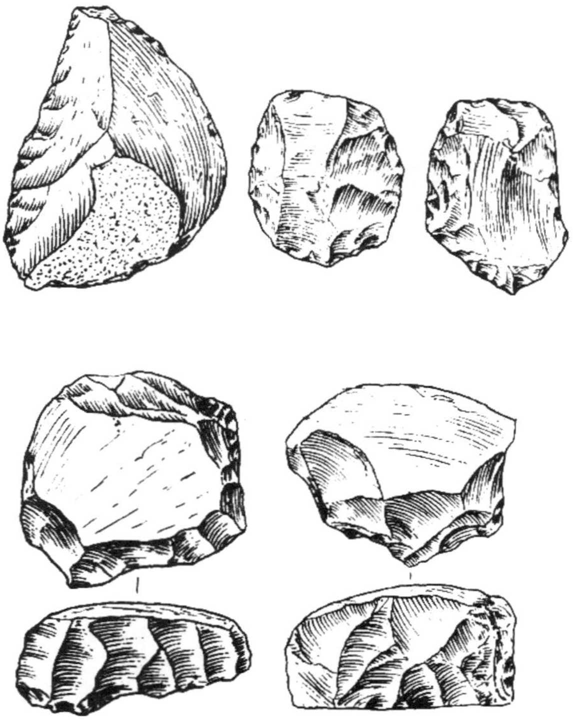

图 2-6 油坊头和发扫河河湾附近出土的石制品
（石兴邦提供）

大理河附近，石制品埋藏于黄土底部河相砾石堆积层中。在大理河两岸共获得了 6 件打制的石制品，包括石片 4 件，刮削器、尖状器各 1 件，它们是将石英岩砾石劈裂，沿边缘二次加工而成。

另外，1929 年，在府谷县麻镇与杨家湾之间发扫河河湾附近，发现了石英岩砾石打制而成的石制品。1932 年在该地又采得包括石英岩刮削器等类似器物数件，时代为旧石器时代中期。（见图 2-6）

在神木市东北的永兴堡黄土底部河湖相砾石堆积中，也发现了由石英岩砾石打制而成的粗糙石制品。于吴堡县宋家川黄土底砾层中也发现有包括刮削器在内的石制品数件。

黄土底砾层普遍发现旧石器时代人类的石制品，说明在马兰黄土形成之前，陕北地区仍处于雨量充沛、气候适宜的时期，故而留下了不少早期人类生活的痕迹。

四、陕南汉水上游旧石器时代中期文化遗存

21 世纪以来，随着旧石器考古工作的深入开展，陕南的汉水上游地区也发现了一些旧石器时代中期遗存，典型地点包括南郑龙岗寺遗址第 1 地点（第 4—2 层）和南郑何家梁等。

在龙岗寺遗址第 1 地点的发掘中，于其上部的第 5—2 层出土石制品 5000

余件，石制品的埋藏地层分别为第三条黄土（L3）、第二条古土壤（S2）、第二条黄土（L2）、第一条古土壤（S1），地质时代为中更新世晚期至晚更新世早期，根据光释光测年，绝对年代在距今 30 万—7 万年。石制品类型包括备料、石锤、石砧、石核、石片、工具、断块、碎屑等。河滩砾石是石料开发利用的重点，原料岩性以石英为主，凝灰岩与石英岩次之，另有砂岩、硅质灰岩等，古人类已在制作不同工具时对原料进行了区分利用。剥片技术仍以简单剥片为主，同时存在一些两面向心剥片的饼状石核，反映出古人类剥片的组织性有所提高。工具类型多样化，包含有轻型的刮削器、尖状器、凹缺器、石锥、雕刻器以及重型的砍砸器、手斧、手镐、大型石刀等器物，采集的遗物中还有较多石球。就工具修理技术而言，虽然以单面修理为主，但两面修理技术也颇具特色。总体而言，这个地点的石器工业内涵比较复杂，在中小型石片石器保持主导地位的同时，以砾石或大石片为毛坯的重型器物引人瞩目。

何家梁地点距离龙岗寺遗址第 1 点不远，石制品埋藏于第一条古土壤层中，地质时代为晚更新世早期，光释光测年结果为距今 7.5 万—8.6 万年。这个地点调查获得石制品 229 件，原料以石英为主，其次是石英岩和凝灰岩，同时也有少量的砂岩和硅质灰岩制品。石制品类型包括石锤、石核、石片、工具和断块五类。工具 40 件，分为砍砸器、石球、手斧、手镐、刮削器、尖状器等类型，其中石球达到了 10 件。何家梁地点的石制品与龙岗寺遗址第 1 地点（第 5—2 层）具有许多共同的特点，特别是在原料选择、工具组合、修理技术方面具有高度的一致。

就总的石器工业技术特点来看，汉中盆地几处中更新世晚期至晚更新世早期的地点与同时期洛南盆地张豁口、郭塬等地点具有较多共性，均表现出石核剥片组织性提高、阿舍利工业技术因素浓厚、两面修理技术较流行的特点。所不同的是，汉中盆地的石球的数量更多，所占比例也更高；同时，可能由于石料不及洛南盆地优质的原因，器物形态方面显得不及洛南盆地规整，修理技术也显得没有那样娴熟。

早期智人阶段是人类发展史上的一个重要时期，从形态上看，人类在这一阶段基本上已和现代人没有太大的差异了，脑容量进一步增加，大荔人的脑容量已达到 1120 毫升。大荔人在体质特征上和我国其他地区发现的早期智人化石一样，已显示出今天黄种人的特征，这表明种族的分化这时已更趋于明显化。在人类种族的形成过程中，地理环境起了十分重要的作用，在漫长的适应性发展中，其表象特征因为相互隔绝而趋于不同。到新人（晚期智人）阶段，终于分化为今天世界上不同的人种。

早期智人阶段，石器制作技术也获得了快速发展，随着人类生产技术水平的提高，生产经验的增加，工具制造水平也明显提高，工具类型呈现多样化，出现了分工和定型，文化面貌明显表现出较直立人发展时期进步的特征。大荔人及我国其他一些旧石器时代中期文化也呈现出比直立人阶段进步的特征。这时的石器类型包括刮削器、尖状器、雕刻器、石球、石钻、手斧、三棱手镐、薄刃斧、大型石刀等。人类不仅使用石器工具，而且还使用骨器。不难想象，木器工具也一定广为当时人类所使用。

技术的发展，伴随着工具的改善，直接影响到人类的经济生活。此时人类的采猎经济中，采集的作用已经降低，狩猎活动已由获取小动物发展到捕猎一些体型大的动物，逐渐成为人类主要的经济活动。在不少旧石器时代中期遗址中都发现有大量的大型动物遗骸。早期智人狩猎主要以矛、棍棒为武器，无疑他们也利用了陷阱和石球。在狩猎过程中人们合群协作，集体行动。早期智人阶段是原始人群的消亡阶段，也是早期氏族公社的萌芽时期。由于劳动技术的进步，生产力的进一步提高，人类赖以生存的食物资源有了进一步保障，这产生的最直接的影响就是人类自身体质的不断改善，随之而来的是人口的大量增殖。原始人群进一步分化，人类逐渐在生活实践中意识到近亲婚配的不良后果。在分化的过程中，为了种族更好的繁衍，逐步排除了近亲之间的婚姻。起初排除的是血缘关系最近的母系的同胞兄弟姐妹之间的婚姻，以后推及旁系，并将这一规则固定下来，这个过程相当漫长。原始人群在分为几个小集团时，群体内的婚姻嬗变为小集团之间的婚配关系。当然，由于自然环境差异，群体大小不同，这一进程是不平衡的。

第三章

晚期智人时期陕西的人类文化

——旧石器时代晚期文化

距今四五万年前，我们的祖先在经过直立人和早期智人阶段连续不断的发展后，智慧愈来愈发达，达到了现代人的水平，即晚期智人时代。他们从体质上看，除细微处表现出一定的原始特征外，形态上已非常接近现代人了。

晚期智人的智慧和技术水平已能够加工复杂多变的石角制造的工具，以满足生产生活之所需。从整个人类发展而言，这时生产力水平大为提高，已能创造出雕刻、壁画等较高级的艺术品，人类地理分布更加广阔，社会生活也更加丰富多样，社会组织上氏族公社产生，出现了年龄、性别的分工。

我国发现的晚期智人以北京周口店山顶洞人最为著名，资料也最为丰富。在陕西，旧石器时代晚期的文化遗址也有大量发现，无论是关中还是陕北、陕南都留下了不少他们活动的遗迹。

第一节　关中地区的晚期智人及文化遗存

关中地区属于晚期智人的化石有黄龙人头盖骨，而旧石器文化遗存以育红河文化为代表，另外还有韩城禹门口旧石器洞穴遗址，乾县等地也发现了一些零星的文化遗物。

一、黄龙人化石

黄龙人头盖骨化石（见图 3-1）发现于延安市黄龙县东莲花山下尧门河水库坝址北侧的徐家坟山的南坡上，埋藏于次生黄土层底部与下覆的红色土层交界处，属晚更新世晚期的堆积，整个地层堆积属于山麓坡积土状堆积类型。

头盖骨保留有额骨和顶骨部分。从骨壁较厚、额部后倾、眶缘比较圆钝等特征及综合骨缝愈合情况来看，基本可断定该化石属 30 岁以上的男性。从颅穹隆起程度、眶上区和颞区发育程度及额鳞倾斜程度断定，在人类进化系统上黄龙人属晚期智人，这与黄龙人出土层位相吻合。但伴出的哺乳动物化石仅斑鹿

图 3-1　黄龙人头盖骨化石

（石兴邦提供）

一种，难以提供生态环境及时代的更多信息。

黄龙人化石与一般典型的晚期智人化石相比较，它的矢状脊较突出，头骨骨壁较厚，甚至达到和超出了部分北京直立人的厚度范畴。额结节较不发达，前囟点位置靠后，显得较山顶洞人更为原始，其头骨隆起没有充分达到一般晚期智人的水平。

黄龙人代表的很可能是早期智人向晚期智人过渡的中间类型。

二、育红河文化

大荔人地点晚期的育红河文化均处于洛河下游阶地堆积的杂色沙砾层中，它显然晚于甜水沟文化与大荔人文化。从文化层中发现的动物化石共 16 类，能鉴定到种的 10 种，绝灭种的动物占 30%。动物群以野马、野驴、普氏羊、古菱齿象、大角鹿、披毛犀等为主体，多数种类都是华北更新世晚期常见的种类，也是萨拉乌苏河动物群的主要成员，其时代应为更新世晚期。我国华北主要河流如渭河等及其支流二级阶地的沉积层，均为晚更新世中晚期的堆积，在距今 6 万—1 万年之间。育红河文化属于旧石器时代晚期，地质时代为更新世晚期。①

育红河文化发现的动物化石中没有德永氏象等原始种类，绝种动物和绝对年代均小于丁村人，故应晚于丁村人。峙峪绝灭种动物占 40%，距今 2.8 万年，较育红河为早。育红河文化明显早于山顶洞，山顶洞文化为距今 1.8 万—1 万年间。甜水沟动物化石的种类基本上包含于萨拉乌苏河动物群之内，后者绝灭种动物占 32%，与育红河基本相似。小南海绝灭种动物占 30%，与育红河相同，二者的时代大体相当，仍在距今 2 万年左右。总的来看，育红河文化晚于丁村、峙峪，早于山顶洞和下川，略晚于萨拉乌苏河而与小南海大体相当。

育红河文化的石制品以直接打制者居多，只有少许用间接方法打制，共发现 4080 件。其中石核 276 件，以单台面石核最多；其次是砸击石核；多台面石核最少；还有沿小砾石两面周缘制造的石核，漏斗状、圆锥形、半锥形、楔形、

① 陕西省考古研究所、大荔县文物管理委员会编：《大荔－蒲城旧石器——大荔人遗址及其附近旧石器地点群调查发掘报告》，文物出版社 1996 年版。

船底形石核等为数很少。石片1643件，有锤击石片、砸击石片、间接打制石片。经过加工的工具2161件，以刮削器为最多，有凸刃、凹刃和端刃刮削器，弧刃刮削器，半月形、双刃型、多刃和圆形刮削器，共11类，计1787件，占工具总数的82.7%；其次是尖状器，有正扁尖、角尖、喙状、三棱尖状器等5类尖状器共254件，占工具总数的11.8%；此外还有雕刻器、砍砸器、石锥、斧形器、石球和石镞等器物百余件。（见图3-2）

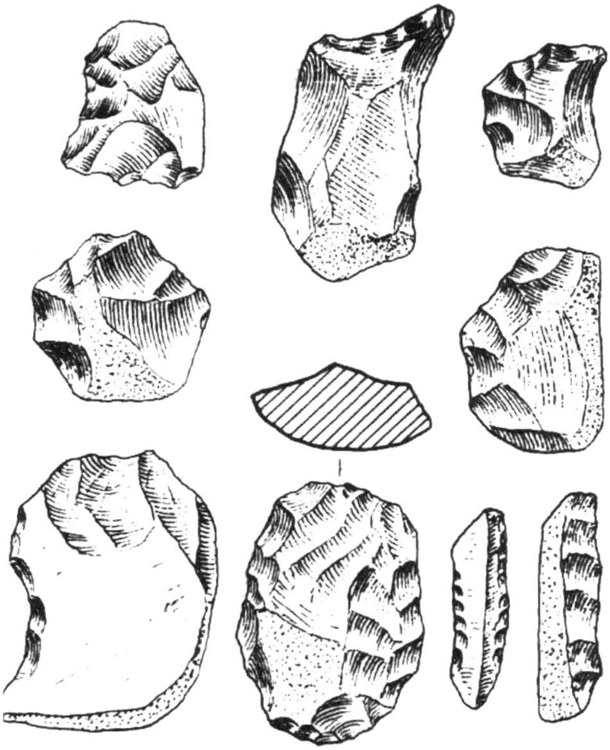

图3-2 育红河地点出土的石制品

（周春茂提供）

从育红河文化的主要特点可以看出，它属于石片石器的工业，是中国北方小石器文化传统中重要的一支。它与大荔人文化和甜水沟文化有较多相似之处，它们之间可能存在着密切的传承关系。

三、禹门口洞穴文化遗存

韩城市禹门口洞穴旧石器文化遗存是1972年11月在修建西侯铁路时发现的，它是继蓝田直立人遗址后在陕西境内发现的又一处重要的旧石器时代文化遗址，也是黄河中游沿岸距离黄河最近的滨河洞穴文化遗存。

禹门口洞穴发育于奥陶纪石灰岩上。禹门口是黄河峡谷的出口处，黄河从这里奔出峡谷河段，进入中游汾河和渭河冲积平原区。这里山高谷深，遗址东

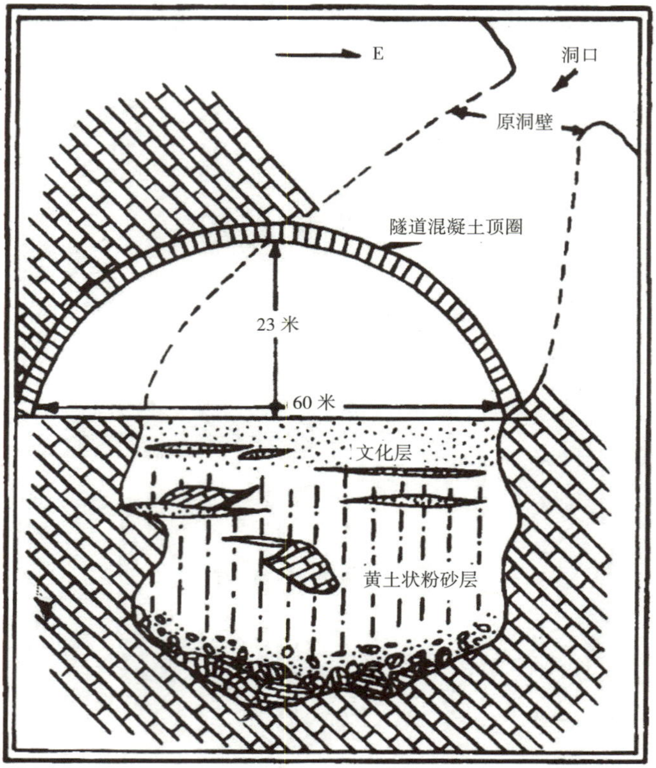

图 3-3　禹门口洞穴堆积示意图
（引自《史前研究》1984 年第 1 期）

面黄河，往南为开阔的高原和小盆地，西北两面傍依山区和黄土高原。

从禹门口洞穴堆积中发掘出 1800 余件石制品及人类用火遗迹和一些烧过的动物骨骼。用于制造石制品的原料均为采自黄河河床上的燧石、石英和石英岩砾石，其中燧石所占比例较大。发现的石核比较少，剥片率高。石片多以天然砾石面作为台面。台面一般不经过修整，见不到旧石器时代晚期常见的柱状石核、小长石片，说明其技术尚有一定的原始性。石片大多长大于宽，形制较为规整。石器加工方向以单面为主，从劈裂面向背面加工，加工技术粗糙。①（见图 3-3）

石器方面，禹门口遗址用石片制作的小型石器占大多数，以刮削器为主体，而且形制变化繁复，刃部形状可分为直刃、凹刃、凸刃、双刃和圆头刮削器等类型，而且其中又以半月形弧背直刃刮削器最具代表性。在工具中数量仅次于刮削器的是尖状器，但不见雕刻器。

① 刘士莪、张洲：《陕西韩城禹门口旧石器时代洞穴遗址》，载《史前研究》1984 年第 1 期。

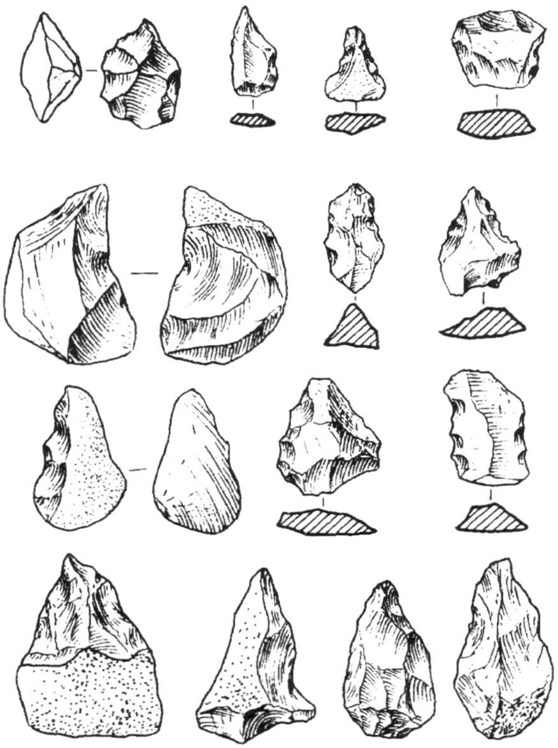

图 3-4 禹门口洞穴遗址出土的石制品
（引自《史前研究》1984 年第 1 期）

总的来看，禹门口洞穴遗址属于旧石器时代小型石器文化系统的范畴。（见图 3-4）

禹门口洞穴文化堆积中还发现有灰烬层，内含烧骨、炭屑、石块等物质，说明原始先民曾在该洞穴中活动了较长一段时期。

从伴生的动物群看，由于禹门口洞穴发现的动物化石较为破碎，能鉴别出种属的仅有犀牛、鹿、牛三种，从中可概括了解远古时期禹门口丛林遍布，水草丰美，气候适宜，动物繁盛，很利于早期人类栖息生存。依据地层堆积、石制品特征大致可断定其时代介于许家窑文化和峙峪文化之间，为旧石器时代晚期的洞穴文化，距今 3 万多年。

四、乾县大北沟文化遗存

乾县大北沟文化遗存 1963 年发现于大北沟水库拦河坝对岸及其下游东堡村附近，为旷野土状堆积类型。文化层位于马兰黄土层之下的由杂色黏土及沙子夹砾石的堆积层中。从出土动物化石的层位中发现石制品 8 件，另含 1 件采自黄土表层的“手斧”。伴生动物化石有掘鼹、中华鼢鼠、披毛犀、斑鹿、大角鹿、羚羊、田鼠、野马、狍等。乾县旧石器文化为旧石器晚期阶段的遗存。

第二节 陕南地区的晚期智人及文化遗存

一、南郑疥疙洞人类化石与文化遗存

南郑疥疙洞遗址位于梁山余脉、汉江右岸第三级阶地上，距离龙岗寺遗址仅数千米。（见图 3-5）

图 3-5 南郑疥疙洞遗址高空俯视（西—东）
（张改课提供）

这处遗址发现于 2017 年，2018—2019 年进行了发掘。（见图 3-6）

遗址地层堆积分为 13 层，其中第 3—10 层为旧石器时代文化层。根据地层关系、堆积特点及光释光测年结果，疥疙洞遗址的古人类文化遗存可以分为三个时期：

第一期遗存距今 10 万—7 万年。出土石制品、烧骨、动物化石 100 余件，遗物分布较稀疏。石制品原料以石英砾石为主，工具多是以石片为毛坯修理而成的中小型刮削器。动物化石多为碎骨，以鹿科、牛科动物较常见。这一时期人类仅偶尔在洞穴活动，大体可归为旧石器时代中期。

第二期遗存距今 7 万—4 万年。出土石制品、烧骨、动物化石 1400 余件，

图 3-6　南郑疥疙洞遗址近景（西北—东南）
（张改课提供）

遗物分布比较密集。石制品 600 余件，原料以石英砾石为主，其次为石英岩和凝灰岩砾石；类型包括石核、石片、工具、断块和碎屑；工具多是以石片为毛坯加工而成的中小型刮削器，其次为尖状器和雕刻器。石器工业面貌属于小石片石器工业。动物化石多为碎骨，主要为鹿科和牛科动物。这个时期人类在洞穴的活动逐渐频繁，从文化时代上看，已属于旧石器时代晚期。

第三期遗存距今 3 万—1.5 万年。发现人类活动面 1 处、石器加工点 3 处、火塘 2 处；出土人类化石、石制品、烧骨、动物化石等遗物万余件，遗物分布十分密集。人类活动面位于第 4 层下，具有明显的踩踏痕迹，活动面上的遗迹和遗物分布较有规律，其中石制品集中发现于洞口区域，有制作石器的作业点，显示出洞口区域曾作为石器加工的场所；火塘位于洞口东侧，其旁有较多烧骨和石制品，应该是人类日常生活、取暖和消费的区域；动物化石则多集中分布在洞内近洞壁处和洞口石柱下方的低矮处，这些区域应该是人类堆弃生活消费品的区域。第 5 层下洞口处也有 1 处火塘，火塘的周围分布有较多的石制品、动物化石和烧骨。疥疙洞遗址的原生地层中还出土了 2 枚人类牙齿化石，分别出自第 4 层和第

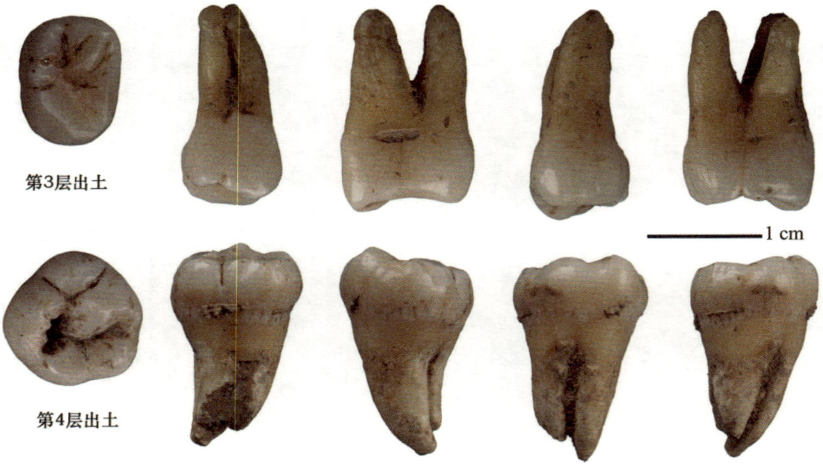

图 3-7 南郑疥疙洞遗址发掘出土的人类牙齿化石
（张改课提供）

3 层，可归为晚期智人。（见图 3-7）属于这一时期的石制品有 1500 多件，原料以石英砾石为主，其次为石英岩和凝灰岩砾石。类型包括石锤、石核、石片、工具、断块和碎屑，构成了石器生产和使用的不同环节。工具大多以石片为毛坯，多为中小型刮削器，存在少量尖状器、雕刻器、石锥，偶见个体较大的重型刮削器。石器工业面貌主体属于小石片石器工业。动物化石数量众多，总计有 8000 余件，大多为碎骨，许多可以观察到人工敲砸、烧烤的痕迹。初步鉴定有鹿、麂、牛、大熊猫、剑齿象、犀、野猪、熊、狼、最后鬣狗、黄鼬、豪猪等 10 余种动物，其中鹿科和牛科动物占绝大多数，总的属于晚更新世"大熊猫 – 剑齿象"动物群，动物组合反映出当时的水热条件要比现在好一些。从遗迹、遗物的种类、数量和分布情况可知，这个时段是人类活动的繁盛期，洞穴被作为居址长期利用。

疥疙洞遗址的地层堆积基本连续，层位关系清楚，出土遗物性质明确，对于研究中国古人类体质及其文化的连续演化、不间断发展和旧石器时代中 – 晚期的过渡提供了弥足珍贵的人类化石、文化遗存和地层年代、古环境证据。

遗址发现的人类化石具有典型的晚期智人特征，是中国南北过渡地带秦岭地区首次发掘出土的晚期智人化石，为研究秦岭地区晚更新世晚期的人类体质特征、晚期智人在中国境内的扩散与时空分布提供了十分重要的材料。特别是从中发现的共生关系清晰的小石片石器工业系统的石器，显示其制作和使用者应是生活在疥疙洞中的晚期智人。这处遗址不同时期的石器工业面貌具有一脉相承、连续发展的特点，从考古学上反映出该地区的晚期智人可能演化自本土古老的人群，这就为中国乃至东亚地区古人类连续演化、附带杂交的假说提供了重要的考古学证据。（见图 3-8）

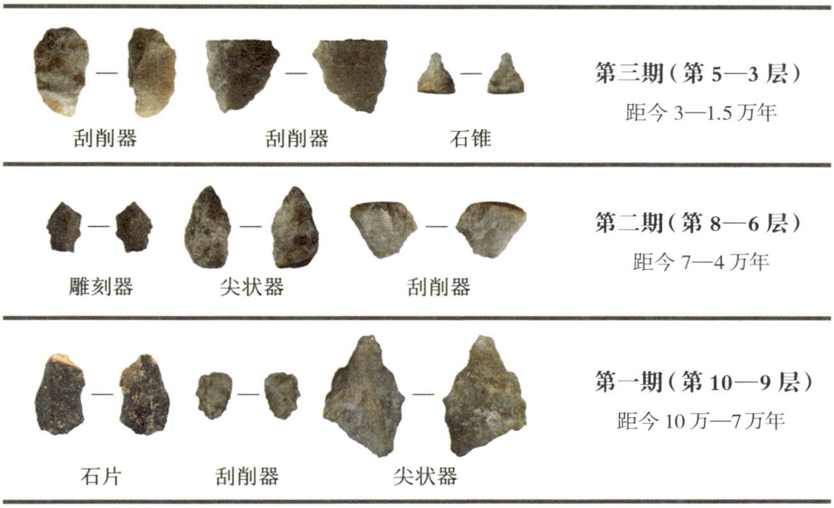

图 3-8　南郑疥疙洞遗址石器组合演化对比图
（张改课提供）

疥疙洞在旧石器时代晚期，无疑曾被古人类作为居址来利用，当时人类还对洞穴空间进行了一定的规划，这是人类思维和心智高度发展的结果。以往秦岭中西部地区仅有蓝田锡水洞、洛南龙牙洞等极少数旧石器时代早期洞穴遗址发现，而未确认旧石器时代晚期的洞穴居址。从这个意义上来说，疥疙洞遗址的发现和发掘，填补了秦岭中西部地区旧石器时代晚期人类洞穴居址的空白，为研究早期人类洞穴和旷野阶地两种类型的居址形态与生计方式提供了重要的资料。除此之外，秦岭中西部地区既往发现的晚更新世动物化石数量很少，疥疙洞遗址则出土有数量众多、种类丰富的动物化石，且与人类活动密切相关，这就极大地丰富了秦岭地区晚更新世的动物化石材料，为该时期动物种群演变、人类生存环境、生计方式等的研究提供了重要的素材。

二、安康关庙与商洛黄龙架旧石器文化遗存

陕南地区旧石器时代晚期的地点除南郑疥疙洞以外，还有安康关庙汉水二阶地上发现的旧石器材料和丹江流域的商洛黄龙架地点。

安康关庙地处秦岭山脉南缘的缓坡丘陵地带，1989 年在汉江二阶地褐色黏土层中发现石制品 67 件，制作石制品的原料以石英为主，其次为石英岩和变质砂岩。剥片多用锤击法，偶见碰砧法和砸击法；石核体积普遍较小，工具多用石片加工而成，个体多为 30 毫米左右的小型者，组合以刮削器为主，尖状器次之，另外还有雕刻器和石锥。工具修理以向背面为主，交互打击法比例也较大，其他有错向和复向，工具修理工作比较仔细。关庙的旧石器遗存代表了一种比较先进的文化面貌，绝对年代为距今 2—3 万年。[①]（见图 3-9）

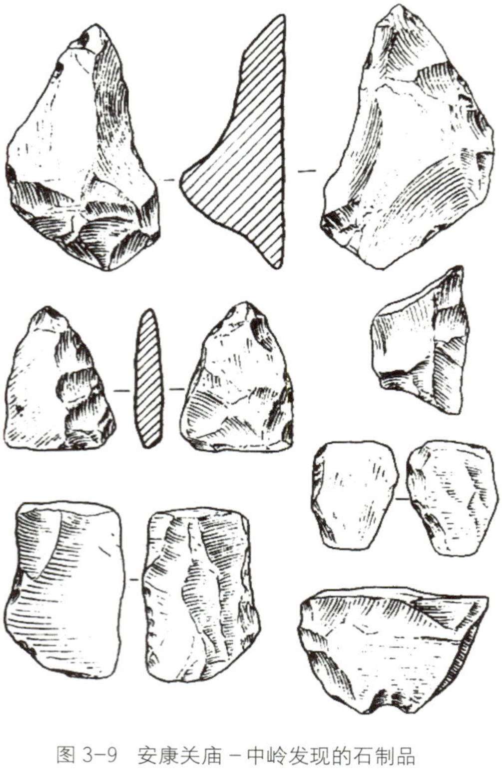

图 3-9　安康关庙－中岭发现的石制品
（引自《考古与文物》1992 年第 4 期）

黄龙架地点位于丹江上游的腰市盆地内，处在丹江三级支流沙河右岸第二级阶地前缘部位。1995 年该地点被发现后先后调查获得石制品 834 件，填补了商洛市丹江流域旧石器晚期文化的空白。石制品原料主要为石英，其次是石英岩，另外还有少量的石英砂岩、砂岩。石制品类型包括石核、石片、工具、断块和碎屑。工具数量较多，计有 114 件，分为刮削器、砍砸器、尖状器、

① 王社江、李厚志：《安康关庙旧石器地点》，载《考古与文物》1992 年第 4 期。

雕刻器、手斧、手镐、石球等，其中刮削器就有 82 件，占比达 72%。制作工具的毛坯主要是石片，也有用自然砾石加工砍砸器，工具个体大多是小型的。第二步加工方法多样，但以向背面为主。从工具组合看，与我国北方小石片石器为主的文化面貌更为接近。同时，该遗存存在制作技术精湛的石球以及用自然砾石两面加工的砍砸器和手镐，似乎表明继承了邻近的旧石器时代早期蓝田人文化以及洛南盆地旷野地点和南方旧石器早期旷野类型文化的遗风。（见图 3–10）

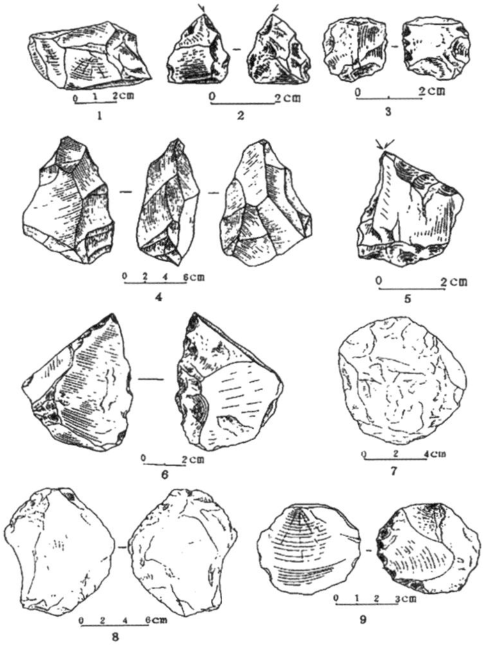

图 3-10　商洛黄龙架地点采集的石制品

（引自王社江、胡松梅：《丹江上游腰市盆地的旧石器》，载《考古与文物》2000 年第 4 期）

第三节　陕北地区的晚期智人及文化遗存

一、河套地区的人类化石及文化遗存

中国旧石器文化的发现和研究肇始于陕北河套地区人类化石及文化的发现。萨拉乌苏河是黄河中游支流无定河上游巴图湾以上部分的蒙古语称谓，汉族人称之为红柳河。在蒙古语中，“萨拉”是黄色之意，“乌苏”是水的意思。由于该河发源于黄土高原地区，在东流中河水沿河床下切侵蚀，挟带了大量泥沙而使河水泛黄，故得名。在河流两岸又有大量婀娜多姿的红柳树点缀，又得名红柳河。

河套地区从 20 世纪 20 年代到 80 年代在萨拉乌苏河流域靖边小桥畔等地共发现人类化石材料 20 余件，其中包括顶骨、额骨、枕骨、面骨、下颌骨、股骨、肱骨、腓骨、肩胛骨等。脊椎动物化石包括 30 余种哺乳动物化石和 10 余种鸟类动物化石。发现的人类文化遗物有 500 余件石制品以及灰烬、烧骨等遗迹。

从河套人的体质特征看，化石的左上外侧门齿保存完好，齿冠无磨蚀痕迹，舌面呈铲形，有底结节，齿根还没有完全长成，应属于8岁或9岁的儿童，从形态特征看可归于晚期智人。

河套人的顶骨厚度很大，脑膜中动脉分支的压迹前肢小于后肢；股骨体骨壁很厚，髓腔很小，呈现出一定的原始性质；顶骨矢状弧长度和弦弧指数较为细致，向前弯曲在中部，河套人化石代表智人种晚期类型。

河套人门齿舌面呈铲形，枕鳞上方有顶间骨，这些代表了现代蒙古人种的特征。

河套人所用石制品多以石英岩砾石打制而成，器物包括尖状器、刮削器等，其工艺过程是先从砾石上剥下石片或长石片，然后二次加工，以石核为毛坯制作的工具很少。

总之，萨拉乌苏河石制品同我国北方其他小石器文化类型的遗址表现出的特征是一脉相承的。

在大沟湾还发现了一个河套人用过的盒底形的灰烬坑及烧骨。

在萨拉乌苏河流域发现有大量的动物化石，其中以小桥畔和大沟湾两地居多。动物化石中哺乳动物有纳玛古象、披毛犀、野驴、野马、野猪、骆驼、羚羊、王氏水牛、河套大角鹿、普氏羚羊、原始牛、狼、洞穴鬣狗、獾，以及方氏田鼠等鼠类，共计30余种哺乳动物。另外还有鸵鸟、兀鹰、鹫等11种鸟类化石。在哺乳动物中，纳玛象、披毛犀、河套大角鹿、王氏水牛、最后斑鬣狗等为绝灭种，另外有些动物已离开河套地区，如普氏野马、虎等。从生态类型分析，萨拉乌苏河这个庞大的动物家族成分相当复杂，既有典型的古北界动物群成员如披毛犀、马鹿等，又有南方动物群的成员如水牛、纳玛象等，这些生物反映了当时气候的多样性。

河套人生活的时代，地理环境上气候和植被的发展变化具有明显的阶段性特征，既在不同期间先后出现过冷与暖、干与湿的多次变动，又在同一时期的一定范围内呈现出荒漠草原景观，有与河湖发育、林木葱郁的暖湿小气候并存的可能，但基本上以草原生态类型为主，兼有针阔叶混交林的生态类型，其气候并不炎热，但较今天又湿暖得多。动物群中，与最后斑鬣狗、王氏水牛、河套大角鹿和诺氏象相近的种属生活于热带南部，它们是喜暖动物，而鸵鸟则是热带干旱气候条件下生活的大型鸟类，原始牛、披毛犀则是喜冷动物。大体上看，温带动物所占成分比较大。由动物习性推测，当时的萨拉乌苏河一带湖泊众多，有些可能是半咸的，湖泊附近生长着针阔叶林，较远的地方则有广阔的草原，再远的地区则有沙漠。

有研究表明河套人生活时期河套地区有相当多的沙漠存在，同时沙丘附近有成片的绿洲以养育大型食草动物。在这种情况下，气候的变化可能是剧烈的，但对于鸵鸟、披毛犀、水牛而言均是可以适应的，它们很可能在寒热交替出现、气候交替变动中来回迁徙。

河套人和萨拉乌苏文化在时代上属于晚更新世，为距今 5 万—3.7 万年前。

另外，20 世纪 20 年代又分别在横山油坊头、榆林鱼河堡发现打制的石制品。这些石制品发现于红土层之上、厚约 2 米的砂土层中。

二、金鼎人化石

陕北的旧石器晚期人类化石除河套人外，还有金鼎人化石。

金鼎人化石发现于 1991 年 5 月，化石地点位于志丹县金鼎乡（今金丁镇）谢湾村广中寺的沟北侧，这里为北洛河上游，人类化石产自于距地表深约 11 米的马兰黄土层中，热释光测定其绝对年代为距今 53600 ± 5400 年。

金鼎人头盖骨化石包括额骨、左右顶骨、眉骨和部分鼻根部、颅骨两侧蝶骨及乳突，缺失枕骨部分，因风化骨质较疏松，根据冠状缝、矢状缝、人字缝均未愈合或仅局部愈合，说明其年龄为不足 20 岁的个体。（见图 3-11）

金鼎人颅骨中的额骨较低平、眉脊显著，眉脊后方浅沟明显、前额外凸、前囟点位置靠后等表现出较原始的特征，推测其时代与黄龙人和柳江人较接近，属晚期智人中较早的类型。它的发现扩大了陕西乃至我国晚期智人的分布范围，丰富了古人类的研究材料，对研究早期智人向晚期智人的演化有重要的意义。

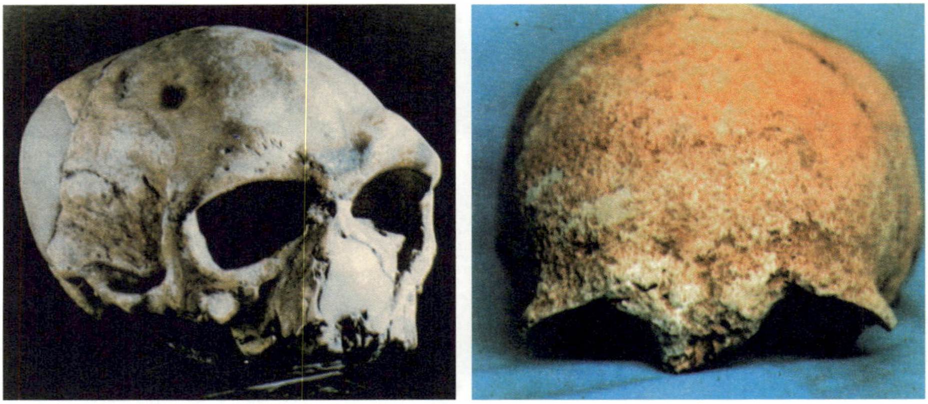

图 3-11　金鼎人头盖骨化石

（石兴邦提供）

三、宜川龙王辿旧石器遗存

宜川龙王辿遗址的发现、发掘和研究是 21 世纪以来陕北地区旧石器时代晚期文化研究的重大突破。龙王辿遗址位于黄河中游的晋陕峡谷南部地段，毗邻著名的壶口瀑布。

这处遗址包含有多个地点，其中第 1 地点处在黄河西岸二级阶地部位，坐落于惠洛沟与黄河交汇处三角地带的黄土台地上。该地点发现于 2002 年，2005 年起先后进行了多次发掘，出土了 3 万余件石制品、少量蚌器和动物骨骼，以及一些与人类生活相关的遗迹。经 C14 和系列释光年代测定，年代为距今 2.6 万—2.1 万年。

龙王辿遗址第 1 地点与人类生活相关的遗迹主要有烧土遗迹和石制品集中分布区。烧土遗迹多达 49 处，其内多夹杂碳粒、灰烬、烧骨、石片等，应是小型的临时用火遗迹。石制品集中分布区分为两类，一类是以一件大的石砧为中心，周边散布大小不同的、同一类石材的断块、废片、碎屑等，应是人类加工石器所形成的；另一类则是由大量砂岩集中构成的石块密集分布区，关于他们的用途不是很明确，但显然也是人类有意堆积而成的。

这个地点出土的遗物主要为石制品，原料多为河滩砾石，质地以燧石和石英岩为主，兼有脉石英、页岩、石英砂岩、泥岩等，基本上都是源自本地。类型方面，以加工石器过程中形成的石块、断块、废片、碎屑等废料为主体。此外还有石锤、石砧、砺石等石器制作工具，细石核、细石叶等剥片产品，刮削器、端刮器、尖状器、雕刻器、钻、锯等成型的打制石器，以及具有磨制痕迹的石铲、石磨盘，其中的磨制石铲是目前国内发现年代最早的磨制石器之一。除石制品外，遗址中还发现有蚌器，这种蚌器制作考究，顶部有穿孔，两侧有较规则锯齿状缺口，显然是可供系挂的装饰品，表明了人类思维、技术的高度发达与复杂多样。（见图 3-12）

图 3-12 宜川龙王辿遗址出土的文化遗物

（引自中国社会科学院考古研究所等：《陕西宜川县龙王辿旧石器时代遗址》，载《考古》2007 年第 7 期）

龙王辿遗址第 1 地点的石器技术属于典型的中国华北细石器工业，在制作技术上直接法和间接法并用，具有十分成熟的间接打制和压制修理技术，其细石叶的生产和加工已经成为细石器工业中稳定、独立的产品分支。同时，该地点细石核的强化剥片和节约行为十分突出，反映出石料相对较为紧缺的现象。两极打法的存在则说明人们为了节省原料，可能是将某些废弃的工具或小型石料进行强化剥片，以此来增加可使用的石料数量。

细石器微痕观察的分析显示，该地点细石器的使用功能复杂多样，既有维持日常生计的肉类的切割、动物的解体，也有开发资源的皮革和骨角质、木质工具的加工等。同时，每一类工具与使用功能之间没有单纯的对应关系，人们往往根据被加工物的质地，以最适宜的方式进行加工处理，表明当时的人们能够依据资源条件不同，灵活多样的选择工具。

这个地点出土的动物化石包括方氏鼢鼠、草原鼢鼠、沙鼠、野马、猪、梅花鹿、马鹿、恰克图转角羚羊、普氏羚羊、羚羊等，动物群反映出当时气候以寒冷干燥为主，遗址周围的环境以草原为主，有一定面积的疏林、森林存在，这与测年结果指示的处于末次盛冰期的时代背景相吻合。在当时寒冷的气候环境下，生活在黄河岸边的人们大量制作效率更高、用途更广、携带更方便的细石器，通过强化高度流动的采集、狩猎活动以维持生计。

总之，各种遗迹和遗物的构成，反映出龙王辿遗址第 1 地点应是一处相对稳定、延续时间较长的、以石料采集和石器初步加工为主要目的的生活场所。该遗址地层关系清晰，年代与环境背景可靠，遗迹遗物丰富，对于黄土高原东南部边缘地带旧石器文化的面貌和谱系、黄河中游地区旧石器时代向新石器时代的过渡以及华北地区的细石器起源和发展等重大学术问题的研究，都具有重要的意义和价值。

我们的祖先的体质发展到了晚期智人阶段后，随着人类智能的飞速提高，生产过程中经验的积累，制造工具的技术也趋于向多样化和专门化发展。人类的经济生活和艺术水平也有了很大的进步，社会组织上很快发展到母系氏族社会。陕西关中地区的黄龙人化石、育红河文化、禹门口文化、乾县大北沟遗存，陕南的南郑疥疙洞人类化石与文化遗存、安康关庙遗存、商洛黄龙架遗存，陕北的河套人文化、金鼎人化石、宜川龙王辿遗存，都属于这一阶段的文化范畴。在晚期智人阶段，随着生产力水平的提高，生活的改善，现代意义上的体质基础已经基本奠定，人类体质形态已和现代人没有大的区别。现代意义上的人类的形成过程正是晚期智人阶段在世界各地迅猛发展并向周边辐射的过程，并最终形成不同肤色的人种。在晚期智人阶段，蒙古人种的基本类型也已经形成。

晚期智人阶段，人类的生产力水平大为提高，制造工具的技术更加多样化，器物更加定型化，这直接带来了人类经济生活的进步。

第四章

旧石器向新石器过渡时期的沙苑氏族群落

距今 1.2 万年到 1 万年期间，全球性的最后一次冰期消退，气候日渐变暖，地质史的发展进入了全新世时代。人类及其文化的发展便开始了一个新的发展阶段，这就是考古学上的新石器时代。

新石器时代的初期，是人类从高级采猎经济向农业的转变时期，当时的人们还不会制造陶器，故称先陶时代。人们仍沿袭着旧的生活习俗和生产方式，小群落地活动于适于采猎经济类型的地方。

陕西发现的这一时期的人类群体就是洛渭之间沙苑地区的氏族群落。他们还使用着冰河时期简单的石制工具，从事生产以维持生存，时间距今约 1 万年。他们是陕西地区最早的新石器时代居民。

第一节　沙苑地区的生态环境

沙苑地区是位于大荔朝邑之南、洛渭之间的一块沙丘地带。沙苑之名由来已久。《水经注》记载："洛水东迳沙阜北，其阜东西八十里，南北三十里，俗名之曰沙苑。"《同州府志》记载："沙苑在州南洛渭之间，亦名沙海，亦曰沙泽，其中坌起者曰沙阜，东跨朝邑，西至渭南，南连华州，广八十里，袤三之二，其沙随风流徙，不可耕植。"从这些记述中可以看出，这里虽为沙丘地带，而能以海、泽、苑名之，就是因为它富有沼泽、水草。虽不能农耕，但为畜牧之良区。《元和郡县图志》记载："今以其处宜六畜，置沙苑监。"监即监管畜牧事务。《同州府志》记其因沙随风流徙，不可耕植，故"自隋唐至宋作牧地置监养马……明初为郭驸马草地，……近时居民多交牧其中，多树果蓏，佳于他产"，说明沙苑地区不宜农耕，但宜养马、种植瓜果之类作物，且能获得较好收获。（见图 4-1）

从这里的记载中可获知沙苑的生态环境形成很早，很可能早期为河系湖泊

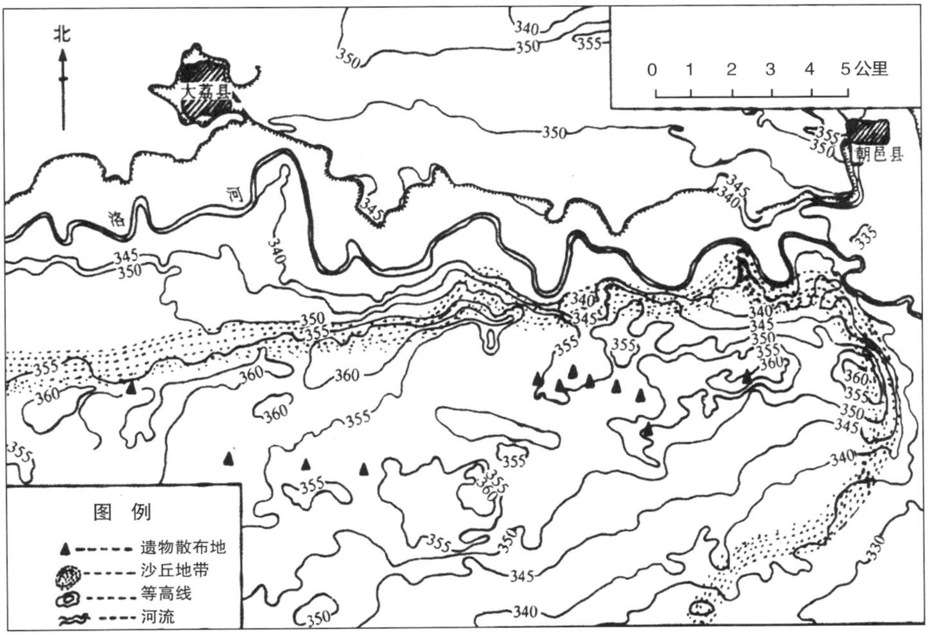

图 4-1　沙苑文化遗址分布图

（引自《考古学报》1957 年第 3 期）

干涸后所留积的沙淤积而成的。其间多布草木、水泽，宜于各类鸟兽生息繁衍。在史前时期，当为人们采猎活动的良好场所。所以，沙苑人在经历冰寒后，在这里找到了熟悉而适宜的生产生活的处所，生息发展达 2000 年之久，形成了与农业地区迥异的特殊的“原始文化岛”，留下了他们活动的遗存，为我们保存下追忆先民开拓耕植和驯养家畜前夕的珍贵史料。

第二节　沙苑人留下的文化创造品

在沙苑地区没有发现人类具体的群落或居址，只是发现散布在各个沙丘周围的石制工具。从出土层位看，其属于全新世时代的堆积。因此，它们应属于新石器时代早期的遗存。

从 20 世纪 50 年代起，考古工作者先后在这里做了多次调查，从 20 多个文化地址上采集到各种石制的工具、用具及半成品和原材料等 5000 余件，它们属于典型的细石器工业和打制的小石片工业系统的产品，都是从事采猎经济生产活动时使用的工具。①

沙苑人的文化类型品是典型的细石器工艺产品，属于下川文化系统，和华北地区细石器文化类型品的特点相同。这类工具都是用坚硬而带光泽的石料为原料，如火石、燧石、玛瑙、蛋白石、碧玉、石英矽化粉砂岩和淡色矽质砾石等，用精细的压制技术制成的。以其器类的形状和用途，可分为以下几种：

一、刮割类器具

刮割类器具指用以刮削、切割东西用的器物。有石核刮削器、圆头刮削器、方块形刮削器、边刃刮削器等类型。

石核刮削器，用较厚的石片为原料，周边加以修治成刃而成。使用时有的用一端，有的用两端，有窄棱形、圆头形、尖头形和斜尖形。

圆头刮削器，用较薄的石片做成，安在木柄或骨柄上，刮削木质和兽皮油脂时使用。有圆头端刮削器、圆形周刃刮削器、指甲盖状的圆头刮削器。最小

① 安志敏、吴汝祚：《陕西朝邑大荔沙苑地区的石器时代遗存》，载《考古学报》1957 年第 3 期；西安半坡博物馆、大荔县文化馆：《陕西大荔沙苑地区考古调查报告》，载《史前研究》1983 年创刊号。

的长 1 厘米，宽大约也是 1 厘米，大的长 3—5 厘米，宽 1—2 厘米。

方块形刮削器，有一端刃或周边刃两种。

边刃刮削器，长片形，一侧或两侧作刃使用，边刃均有整齐修治的痕迹。（见图 4-2）

图 4-2 沙苑文化的石制品（一）
（引自《考古学报》1957 年第 3 期）

二、刻画类器具

这类工具用来穿、刺、挖等，有一个锋利的刃锋，多为尖状器。

雕刻器用来在骨、木等物体上雕刻各种纹饰和图形。有中刃屋脊形、斜刃形和尖头形三种。屋脊形的雕刻器平面均作三角形，有小而平利的雕刻刃，只修整刃部和两侧，长 1.7—2.8 厘米，宽 1.2—1.8 厘米，厚 0.5—1.2 厘米。斜刃形雕刻器，是将石片的一端横截打击，使所留的尖头成一斜形刻刃，长 1.4—3.4 厘米，宽 0.7—2 厘米，厚 0.2—1.3 厘米。

刻画器有两种：一种是椭圆或弧边三角形，另一种是长条尖状。前者周身做了精细的加工，器形短小，长 1.2—1.4 厘米，宽 0.8—1 厘米，厚 0.2—1.4 厘米。后者是用小长石叶加工而成，有一个锐利的尖头，有的则用自然形成的锐利尖端，用来刻画东西。（见图 4-3）

斜尖两面尖状器，经过精细加工，尖端作弯曲状，周边可刮削，尖端可刻画，为两用器，长 2.3 厘米，宽 0.7—2 厘米，厚 0.2—1.3 厘米。

雕刻器和刻画器都是安在骨质或木质的柄上握持使用的，和我们今日刻刀

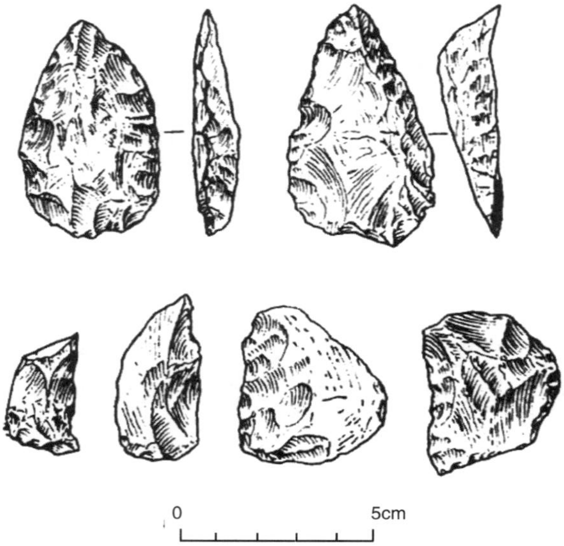

图 4-3 沙苑文化的石制品（二）
（引自《考古学报》1957 年第 3 期）

的功能相似。

三、投刺类工具和武器

这类工具有矛头、箭头，亦可当武器用。

矛头有两种，一种是用石刃片镶嵌在骨梗的两侧而成的刃锋锋利的复合矛头，一般长 10—12 厘米，宽 3—5 厘米。在新石器时代遗存中发现不少这样保存完整的矛头。

制作这样的矛头用的石刃片，多为两端平齐或一端较尖的长条形和长方形，两侧有特别锋利的刃部，嵌装在不同的器类上，作刺穿或切割用，这种石刃片是从柱状或锥状核体上剥下来的，每个长 2—3 厘米或 3—5 厘米，宽 1.2—1.8 厘米，厚 0.5—0.8 厘米。

另一种矛头是用长的石片，通体压剥修治成柳叶形或桂叶形的长条体。有一个钝短的柄和尖利的锋。保存下来的一件长 5.3 厘米，宽 1.3 厘米，厚 0.6 厘米，两面均有精细的加工痕，横断面呈棱形，是这类工具中制作最典型的制造品。

箭头也有两种：一种是通体经过细加工而成的小型箭头，作长体凹底形，是细石器文化中的典型制品。第二种是较粗大的三角形镞，周边和两面均做加工，有一个尖利的锋刃。

四、打制的石片石器

这类工具是用较厚的石片加工成需要的器形。石片是直接从石核上打下来的。这种加工较细石器为粗，多为单面加工，从劈裂面（石片从石核体上剥落的那一面）向背面加工，有的制作得较精细，有尖状器和刮削器两类。

尖状器有三种，作长边三角形，叶片状或厚尖形，都有一个可用的尖头，安上柄，可作挖、穿等用途。

长边三角形尖状器呈三角形扁宽状，通体加工细致，周边及尖端皆锋利，形制规则，为典型的工具之一，有刺、穿、刮多种功能，长 7 厘米，宽 4.2 厘米，厚 1.6—2 厘米。

叶片状尖状器为扁厚体，作三角形或梭形，两侧边缘及尖端加工，背部保留部分原石面，长 5.9 厘米，宽 2.8—3.1 厘米，厚 0.9—1.5 厘米。

厚尖形尖状器为厚长体圭形，两侧及尖端加工，制工粗糙，部分保留原石面，长 4.7—9 厘米，宽 2.3—4.5 厘米，厚 1.2—2.5 厘米。

后两种尖状器，可能用于挖掘地下块根等。

刮削切割类工具有三种：一种是宽圆头尖柄刮削器，与细石器中之圆头刮削器同，体较细石工具为厚重，两端有加工痕，长 5.4 厘米，宽 3.2 厘米，厚 1.3 厘米。第二种为三角形平刃刮削器，用自然石片制成，一边修成单刃使用，大多保持原石面，长 4.6—6.6 厘米，宽 1.3—1.7 厘米，厚 1.2 厘米。第三种为复刃刮削器，体作不规则形，多边有粗加工痕，均可作刃使用，长 4.4—5 厘米，宽 4—4.6 厘米，厚 1.6—1.8 厘米。

第三节　沙苑人的文化特点

沙苑人的制石工业是细石器文化和石片石器文化传统，是旧石器时代文化的继续。

细石器工艺是用间接打击法和压剥法制造工具。其法是在修好的石核体上，用一根骨鲠或木棒，顶住核体，再用质地较软的木槌头敲击鲠棒以增加压力，使石片剥落下来。这样剥落下来的石片，体薄而长。

剥落下来的石片要制作成器，需加一番修整工作。修整时多用压剥法，即将石片拿在手里，用鲠棒之类压制。其法有二，一种是一面修整，一般从劈裂面向背面（原石面）加工，使端边或一边成为可用之刃锋；另一种是两面修整，如果石片较厚，可从两面加工，使之成为便于使用的中刃。有些工具是部分加工（刃、缘），其他不使用的部分留有原石面。有的则通体细加工，如矛头、箭头之类，刮削器只重在刃部加工。

石片石器有些是用直接打击法从石核体打下石片，然后加以修整，使之成为可用之具。加工的方法，小型器用压剥法，大型器用直接打击法。

我们从史前人使用的工具中获知，当时人们多使用复合工具，现在所发现的这些文化类型品，除少数砍砸器等外，多是复合工具中之零部件。所谓复合工具，就是将这些石片和石刃片，嵌装在骨柄或木柄上，做成犀利而有用的工具。如带齿牙的石片，嵌装在骨鲠上或木板上，就可当锯子用，安上曲柄可作镰和勾镰用。将一片或若干片石刃片，嵌装在骨鲠上，可当刀削用，以切割兽肉。将圆头刮削器和长条石刀安上把柄，可剥离兽皮并除去皮上的油脂，在骨鲠两侧装上石刃片，就成了矛头或匕首，可有效地刺杀野兽。（见图 4–4）箭头安上箭杆，可射杀飞鸟，大型的砍砸器一类就拿在手里使用。还有一些球状工具，往往用掷杆远掷以击打鸟兽，或用绳索套猎猎物，等等。原始人在与自然界的接触中，积累了相当丰富的知识。从民族学材料中得知，嵌装在骨鲠上的石片，是用一种自然树胶粘接的，而且粘接得十分牢固，即使刃、锋崩断，杆柄损坏，刃、鲠也脱离不开。原始人利用他们掌握的技术和知识，有效地从大自然的仓库中获取他们所需要的东西，以维持生存和发展。

沙苑地势平坦，无高山和天然屏障，人们只能以小的群落，选择沙阜周围多水而高积的地方，搭盖简单的窝棚式的住室，借以栖身，经营原始的采猎生活。

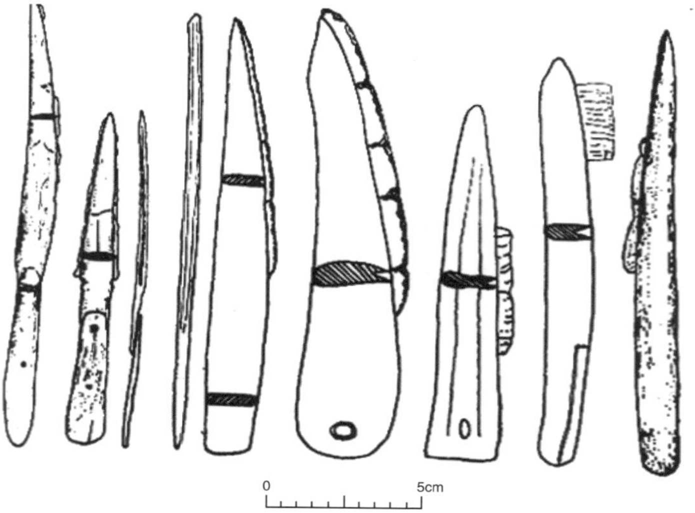

图 4–4　新石器时代人们用细石片做成的复合工具（刀、矛、削）

（石兴邦提供）

第五章

前仰韶时期的白家氏族聚落

经过旧石器时代的漫漫岁月，伴随着全球末次冰期的结束和气候逐渐暖化，到了距今 9000 多年时，陕西地区的人类开始迈入了新石器时代。新石器时代主要以使用磨制工具进行农耕，人类开始定居生活和烧制陶器为标志。从考古资料来看，陕西地区的新石器时代大致经过了前仰韶时期、仰韶时代和龙山时代几个重要的发展时期。前仰韶时期的年代距今 9000—7000 年，延续时长 2000 多年，早于仰韶时代。

大约在距今 8000 年，关中和汉中地区，和黄河中游其他地区一样，出现了早期农业氏族公社，他们在近水源的阶地平野或山脚下聚族而居。已发现的氏族公社有数十处，主要有渭南的北刘、白庙，渭南华州区的老官台、元君庙，临潼的白家村，宝鸡的北首岭，长安的鲁坡头，渭河上游的甘肃秦安大地湾。秦岭以南沿汉水流域有西乡的李家村、何家湾，南郑的龙岗寺，汉阴的阮家坝，商州的紫荆等处。由于这一文化在 20 世纪 60 年代初于老官台遗址被首次发现，故称为老官台文化。后来在西乡县李家村发现同一类型遗存，我们就把陕南发现的称为李家村文化。后来到 20 世纪 80 年代，在临潼白家村发掘出这一文化典型的遗存，因为白家村发现的资料既丰富又全面，最能反映这一文化的具体特点和内涵，因而我们也以老官台－白家文化称呼它。这里我们便以白家文化遗存所反映的种种迹象，来介绍这一时期人们的社会经济状况和意识形态方面的一些问题。（见图 5-1）

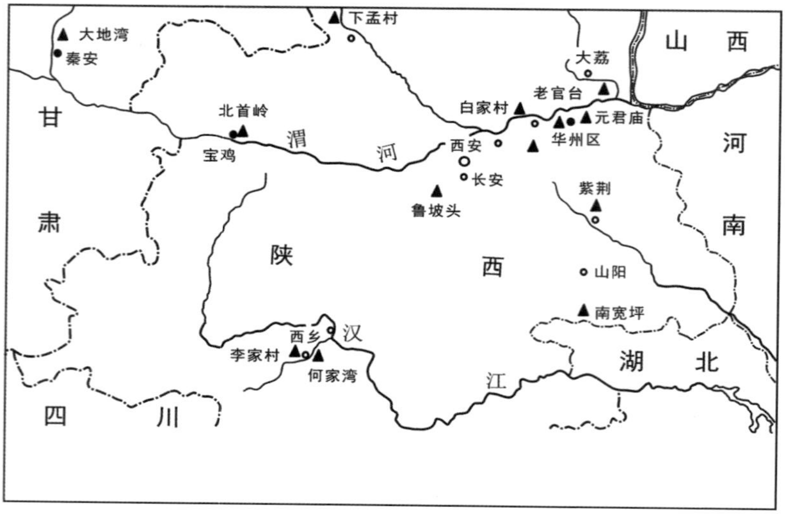

图 5-1　老官台－白家文化主要聚落分布图

（石兴邦提供）

第一节　白家氏族聚落时期的自然环境和物质生活状况

一、自然环境与聚落形态

白家氏族聚落文化遗存，距今9000—8000年，是目前陕西地区发现最早的农业文化遗存。聚落位于关中平原东部的临潼区境，坐落在渭河北岸的二级阶地上，高出河床约5米。现在这里是两个自然村，东边是白家村，西边是南付村，合称白家村，隶属油槐乡（今油槐街办）。[①]（见图5-2）

图5-2　白家遗址外景
（张明惠摄）

聚落的一部分被压在现代居民住址的下面。整个遗址东西长600米，南北宽200米，面积约12万平方米。这里地势平坦，视野开阔，土质肥沃，水草丰茂，生活环境十分优良。与它同时期的聚落，所处环境也大体相似，也有一些聚落在海拔较高或离河流较远的地方或其他水源附近。

从白家聚落的发掘情况看，它是氏族生活的聚合体，里面包含着氏族生活

① 中国社会科学院考古研究所编著：《临潼白家村》，巴蜀书社1994年版。

和活动的各种建制和设施，有居室和储藏东西的窖穴，居室之间夹杂一些成员的葬地，这些墓葬，有的聚集在一起，有的则分散在聚落各处。

在保存较好的东南部，发掘了1000多平方米，展现了当时人们在生活和生产活动中遗留下来的种种文化遗存。有房屋、窖穴、墓葬，以及日常生活和生产中使用的陶器、石器、骨角器等，还有各类动植物骨骼和种子孢粉。我们通过对这些庞杂的物质文化史料的分析和研究，能够了解到当时人们的一些社会生活状况。

二、粗放的农业生产

白家人所处的时代，是我们的祖先从山岳走向平原、开拓农业文化、经营定居生活的较早时期。他们过着定居的小集群的氏族聚落生活，通过粗放的农业生产和广泛的狩猎采集活动获得生活资料。

白家人是黄土地带上开拓农业天地的先驱。他们处于从采集农业过渡到耕植农业后的初期阶段，也是粟类作物最早的种植者，种植粟、稷（糜子）和油菜籽。

粟和稷都是中国半干旱的黄土地区的原生物种，它们的耐旱性是在半干旱的黄土地带经过长期生长繁衍的自然选择而保存下来的。从实验中获知，粟的水分利用率最高，高粱次之，所以在半干旱地区，粟类是较为适宜的粮食作物。白家时代的人们在采集野生种子以从事种植的过程中，经过长期的试验和实践，逐渐认识了粟的特性优点而加以培植，他们也成为世界上最早种植这类作物的先行者。所以可以说，白家人种植粟类作物，一方面有赖于黄土地带的地利之宜，另一方面归结于他们继承前人的经验并结合自己的实践创造。

在白家时代的房址和墓葬中，都发现了粟的谷壳遗存，有些放在墓葬随葬的陶罐里，有些就放在窖穴里。在与白家同时的河北南部磁山文化的窖穴中，就储存着相当数量的粟类谷物遗存堆积，证明当时的农业生产已有一定的规模和水平。在渭水上游的秦安大地湾早期遗存中，还发现了油菜籽遗壳，证明这时蔬菜和油料也进入了人们的食谱。

从事农耕的工具还是原始的，只有为数不多的石制刀、斧等工具。从黄土的特性看，用于农耕生产的可能多为木质工具。石器中犬舌形的耒，制作精良，便于使用，也是白家氏族文化时期唯一遗留下来的石制工具。从聚落及人口状况看，当时是小规模地采用点播的方式进行耕植的。

三、家畜家禽的驯化和饲养业

在白家人的生产活动中，家畜家禽的驯化和饲养是其重要业绩之一，同时，家畜家禽也是他们生活资料来源的重要组成部分。家畜家禽的驯化和饲养与定居农业和高级采猎活动密切相关。遗址发现的兽骨中，可辨认的种属里面，家畜骨骼占 20%，品种有狗、猪、黄牛和鸡。家畜中的鸡，最早应该是由白家人驯化的，这在人类文化史中具有很重要的意义。过去研究动物驯化史的人认为鸡最早出现在南亚（缅甸），现在看来，我们的祖先在这里领先于南亚近 3000 年就驯化了鸡，这也是对人类食品库的一大贡献。

四、采集经济

采猎活动是白家人补充食物资料的重要方式。聚落附近，面临渭河，周围有较大的水域和林木，禽兽游生其间，鱼类水生动物生息繁衍，是进行采猎活动的绝佳场所。

在聚落遗存中发现很多采猎活动的遗存，在大量的动物骨骼中有马鹿、獐子、黄羊、竹鼠、野猫、水牛等。从这些动物的习性可以推测出，狩猎活动在当时已经是一种广泛性的生产活动，即一年四季都会进行。

白家人采集捕捞的面更广，在河流中捕捞蚌类和鱼类，在树林中采摘野果、捕捉昆虫和捡拾鸟卵，并采割植物纤维（麻类）以织布做衣。

1. 砍砸、锤击用的工具

白家人从事各种生产活动的工具、用具已经有了明显的分工，他们利用自然环境所提供的材料，制造各种必需的工具，有石器、骨器、蚌器、角器以及木器，最主要的是石器。用以制造石器的石料有片麻岩、凝灰岩、砂岩、辉长岩和角闪岩等不同质料，这些都是在附近河滩和高地采来的石料。另外，用拣采的蚌壳和食余的兽骨制造工具，用以砍砸、刮削和切割。

在白家聚落，人们居住了长达数千年之久，但所使用器物的类型和特点基本相同，可证明其生产方式长期没有多少变化，只是后来数量和类型有所增加，制工也更为精良。此时工具还没有完全专业化，有些工具是多功能的，一器多用的情况相当普遍。

白家人遗址还保留有不少用打制法做成的石器，比如砍砸器，有些是拿在手里直接使用的，有的则安上木柄使用，多用于砍伐树木、砸碎兽骨等。这些工具多是用从砾石上打下的扁平状石片做成，一般在石片一边或多边加工成刃就可使用，形状不固定，因石片原形和使用对象不同而异。有不规则长方形、椭圆形、梯形、三角形、圭尖状等，还有平刃、弧刃。它们多为中型器，长 10 厘米，宽 7 厘米，厚 2—4 厘米，也有个别稍大些的。（见图 5-3）

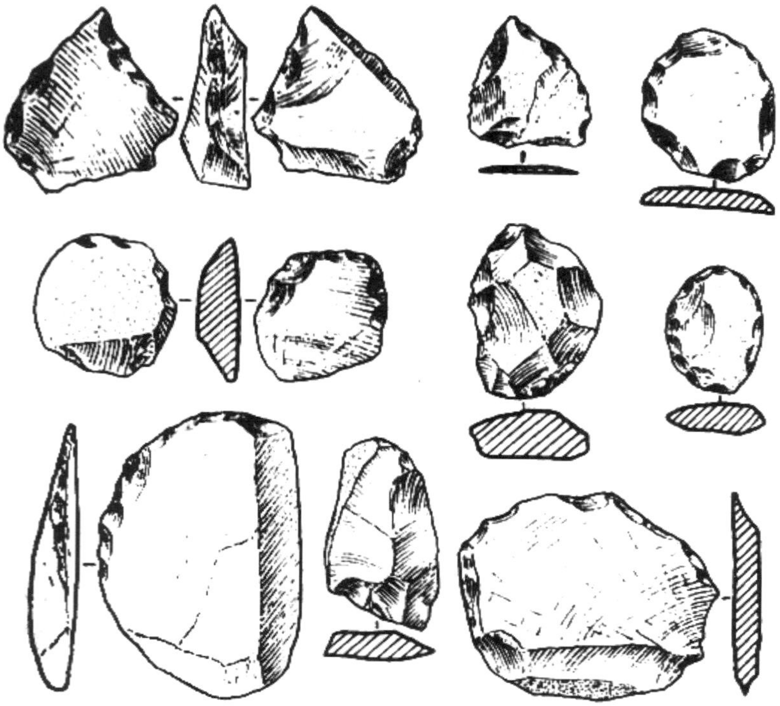

图 5-3　白家人的打制石制品

（引自中国社会科学院考古研究所：《临潼白家村》，巴蜀书社 1994 年版）

敲砸器，是锤击东西用的，多作扁体圆形，由两面加工成刃，用周缘棱脊锤击东西，其上留有麻麻点点的锤击痕。这类工具，多是用于制造工具、敲砸野果和骨髓等，长7—10厘米。

盘状器，多为扁圆形，是把扁平的石材，周边加工成刃，用以砍斫和敲砸东西，它是原始时代最为普遍的一种工具。

磨光石斧，是安柄使用的，和我们今天的斧头一样，体形多有长椭圆形、梯形、长方形，刃部磨光，体形厚重，用以劈木和制造用具，长10厘米，宽6厘米左右。它是由砍砸器发展而来的一种砍斫用具，后来成了占主导地位的工具。

2. 挖掘工具

这类工具用于掘土和采集植物块根。主要的是尖状器，多用厚的石片打制而成，有一个粗厚的把柄和凸尖的头部，略成三角形体。它是将石片长尖的一端两侧加工，一端做成锋利的三棱状锐尖，尾端做成平刃，也可当刮削器使用。这种器物多是夹装木柄使用的，小型的长仅5厘米，宽4厘米。

石铲，或称石耜，是白家时代人们所使用的最为典型的一种工具，是用磨制法制成的最精致的器物，通体磨光，刃部较锋利，扁平长体，我们称它为尖舌状铲。实际它是安上长柄，翻土用的，应称为耜，是北方的掘地锨的前身。南方多用骨片制成。其状有梯形、舌形，扁平体，长为13—20厘米，宽为6—8厘米，有的刃缘成扁状，当为磨切时造成的。

在晚期白家时代遗物中，有用兽肩胛骨做成的三角形铲，宽刃宽柄，长约14厘米。

3. 切割刮削用具

切割刮削用具主要用于工艺制作。多用石片和陶片打制而成，利用在砾石上打下的自然石片，加工修理成不同形状的器物，有圆形、椭圆形、半月形等。这类工具可能用于制造工具时的切割刮削。用陶片打制的多为小型器，成圆饼状，周边有锋利的刃。

4. 收获、采集用的刀和镰

这种工具多以石片和蚌片制造，其中蚌刀的数量最多，用蚌壳片切割而成，有长条形、梯形、长方形、平行四边形、长三角形等不同的样式，刀刃是将蚌壳的口沿加工成弧状，平直状或凹陷形，在背边穿有小孔。

骨刀是将兽类肢骨劈开，做成扁长体的小刀，在一侧磨出弧形的扁刃，石制的多为扁薄三角形。

蚌镰是白家文化特有的典型工具，有带锯牙和无锯牙两种。镰的制法是将蚌壳的背缘处加工成尖锐的利刃，形状有长三角状、长条形、尖柄形等多种。刃部都有锯牙，镰体长 8—13 厘米，宽 10—15 厘米，齿牙长 2—3 毫米，在开口的一侧，截磨成大小相等、间距相同、排列整齐的锯牙。锯牙排成一条直线，一般每个镰刃有 10 个左右的锯牙。在柄的中部和背部凿一排小孔，孔径 6 毫米左右，用以捆绑镰柄。个别镰用骨料制成，是将兽肋骨的一侧加工出齿牙，这种镰也可当锯用，以切割软质材料（如木质等）。锯镰同时也是一种采集用工具，安上长柄后，可以钩割树上的果叶。

白家人喜欢用蚌壳制造工具，这在已发现的同时期人类聚落遗存中是比较突出的，这可能是因为附近淡水中蚌类很多，容易获得，且蚌壳质地坚硬，便于使用，同时蚌壳形状与所制器物体形接近，制作起来也较省功。

5. 穿刺用具

穿刺用具即针、锥、钻之类，用骨、角、牙等材料制作的为多。

针类都是用骨条磨成，多为扁体扁尖状、圆柱体扁尖状，针身细长，有孔。

锥类有扁尖状、圆柱状，把骨条磨出锐利的尖端即可。角锥多是将鹿角尖端的一段经过细加工而成，长 10—13 厘米。

牙钻用野猪獠牙的尖端磨制而成，有一锐利的扁尖，断面呈菱形，长约 5 厘米，做钻头用。

此外还有牙制的尖状器，做穿刺用，多是用野猪獠牙的尖端，磨出一个平滑的斜面，使尖端呈楔状，也可做雕刻用，似为安柄使用，长 2.5 厘米。

6. 投刺、投射器

这类器物，既是工具，也是武器，做近刺、远射用。有弓箭、长矛和投掷器等类别。

弓箭是远距离射杀武器，晚期使用得多，唯一的遗物是箭头，多用骨质做成，体形作扁尖状、棱形圆柱小锥状、扁体棱形，两翼锋利，制工都较精巧，通体磨光，长 6—11 厘米。

长矛是战争和狩猎的利器，矛头多用兽的长骨做成，有一个锐利的尖头，形状有长体扁尖状、长体宽刃形、三角形扁尖状、桂叶形扁平尖体，还有圆柱长尖形等不同种类，最长的可达 15 厘米，短的 9 厘米，宽 1.6 厘米。

投掷器为木质，是投掷弹子以捕猎鸟兽和小动物用的。弹子为球形，有陶制、石制两种，直径 1.5—3 厘米。

7. 劈凿器

劈凿器有凿子和锛子两种，都用石制，是制木工具。凿子扁圆柱形，两面加工成扁平的刃。锛子是劈修木料用的，有扁体长方形和梯形两种，形制规则，刃窄而利，长 9—10 厘米，宽 3—5 厘米。

8. 碾磨器

碾磨器用以碾磨谷物和颜料，有磨盘、磨棒、杵等种类。磨盘，是加工粮食的主要工具，多采用扁平的砾石制成，有长方形、椭圆形，中间有因使用而成的凹陷面，长 15—20 厘米。磨棒选择圆柱状、扁圆柱状、三棱状和方柱状等形状的自然石料制成，两端平齐，长 10—20 厘米。杵也是石制，圆柱状，长 11 厘米，直径 2—3 厘米，用于在木器或石磨上捣碾谷物。

9. 压抹器

压抹器是制陶器时打磨表面使用的工具。一种是骨匕，扁长体，两面光滑。一种是用陶片制成，椭圆形，周边磨得光滑、规整。一种是陶拍，圆锥状体，是制陶器时垫压内壁的拍子。

从以上这些工具的类别和用途看，当时的生产和工艺活动是相当繁杂的，每件工具都有它特有的功能。（见图5-4）

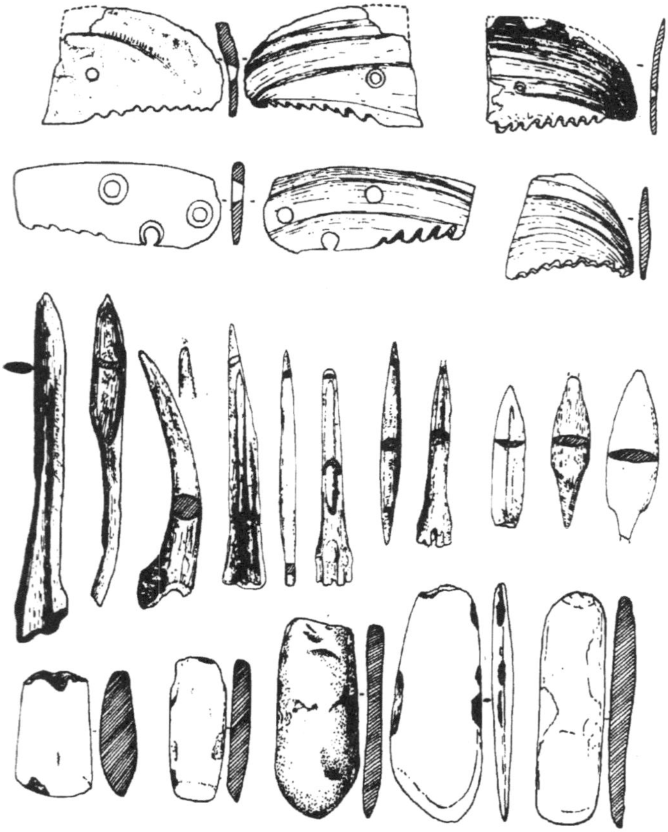

图 5-4　白家人的工具（石、蚌、骨器）
（引自中国社会科学院考古研究所：《临潼白家村》，巴蜀书社 1994 年版）

五、半地穴式的房子

在白家氏族聚落中，发现了两座房屋遗迹和一些坑穴，但没有发现有规律的布局。

白家人时期，人们从山林走到原野，并经历了一段时期后，已经告别了巢居，过着定居生活，从事粗放农业，居住在小而简陋的窝棚式的居室之中。

白家聚落发现的两座房子，属早期居室，是半地穴式的建筑，平面呈不规则圆形，面积都很小，复原起来像简陋的窝棚。第一座房子位于聚落的东边，呈不规则圆形，直径 1.7—2 米，面积 4 平方米左右，穴深地下 10—45 厘米，门向西开，门口高于屋内，门前有一斜坡门道，长 65 厘米，宽 70 厘米，光滑平整，屋外因经常踩踏而成平硬的地面和道路，宽约 70 厘米，右侧还留有一段高 45 厘米的穴壁，穴壁与居住面基本垂直。居住面为加工过的硬土，经过锤打和烧烤而成。屋内无柱洞及柱子遗迹，房屋的形状大体是从屋外向中心倾斜且加盖的圆锥形窝棚。

第二座房屋较第一座略大，成椭圆形，平面直径为 1.9—2.6 米，比前者略大。门向南开，门道为不整齐的台阶，有两级，每级高 10—13 厘米。这座房子的形制较为规则，墙壁平整垂直于居住面，土质坚硬。居住面是用灰土、黄褐土并夹杂红烧土块间层砸实而成，厚 25—30 厘米，做得光滑坚硬。墙壁东北角有一小土龛，深 35 厘米，龛内放着陶器 3 件（圜底钵 2 件、三足钵 1 件）。墙壁外有 2 个柱洞，直径 8 厘米，排列不整齐。南部靠墙壁处有 2 个直径 25 厘米的圆形土墩，相距 1.2 米，犄角相立，表面光滑，似为置物或垫坐之用。在室内东北角有一个半圆形凹下的炉灶，与墙壁相连，半径 50 厘米。灶坑凹下 5 厘米深，坑内还留有食余的烧骨碎块和灰烬。灶坑北边嵌有一个直立的三足罐，上扣一个三足钵，可能为保存火种之用，房边还有一个做炊具的陶罐，房子外面放着一堆兽骨。

这两座房子相距数十米，看不出它们之间有何规律性的联系。

与房子同时，在房子周围还建有一些坑穴，这些坑穴有的是用作储藏食物的窖穴，有的也可能用作住宅。

这种坑穴，早期有圆形和椭圆形两种，方形坑只有 1 个，多呈口大底小的锅底状。直径 1.5—2.5 米不等，大的可到 3 米，最深的 1 米。这种浅而大的坑，可能是用作居室的。坑内堆放的大部分是打碎的陶器、食余的兽骨和灰烬。另外还有一种椭圆形坑和长方形坑，大的长 1.5—3 米，小的长 1.5—2.2 米，而其内的包含物与圆形的不同。长方形坑，长 2.5 米，宽 1 米，深 30 厘米，坑壁有柱子洞，当为居室。

六、日常使用的陶制器皿

白家氏族聚落是关中地区聚落文化中最早制造和使用陶器的氏族部落。他们所用的陶器，已形成一套生活用具。虽然器类少，品种简单，但生活所必需的几种器物都已具备，有食器、水器、炊器和储藏东西的盛物器。

白家聚落文化延续了数百年，而用的器物基本相同，只是在微小的部分表现出了些许差异。早期的陶器有圜底钵、三足钵、圈足碗、小口圆腹罐、三足罐、鼓腹瓮和小罐等数种，以圜底、圈足和三足为特征。陶色作红褐色或红色，由于火候关系，外表呈青灰色斑点，内表为灰黑色。晚期数量多，制法精致些，并增加了平底钵、平底罐。早晚期都有彩陶，晚期的彩陶多些。（见图 5-5）

饮食用的是钵和碗两类，有圜底钵、圈足碗和三足钵等形制。

圜底钵是器类中最多的一种，种类有直口深腹球体钵、侈口圜底钵、直口浅腹半圜底钵、侈口浅腹尖圜底钵、直口盘状底或尖圜底钵，唇边作锯牙状钵，有的口沿外加宽带纹，口沿下通体饰交错绳纹。

三足钵的用量仅次于圜底钵，它是由圜底钵加三足而成，可能是为了放置稳妥而加三足。有的三足钵为素面，内外表面均打磨光滑，有的外表饰细绳纹。

图 5-5　白家人的陶器

（石兴邦提供）

以其形状分为直口深腹矮足钵、大口斜腹尖底钵、直口圆腹锥足钵、侈口平底钵、大口平圜底矮足钵、侈口浅腹盘状底钵。到了晚期，器形有了变化，出现了直口圆腹高足钵、柱足钵、大口直壁深腹羊角形足钵、直口深腹平底钵等种类，口径 20—40 厘米，高 12—19 厘米，口唇内外及三足均涂有彩色。

圈足碗是圜底钵加上圈足，便于握持使用，和我们现在用的带把碗一样。圈足碗以灰陶为多，内表呈灰色，外表呈红色，口沿抹光，外饰绳纹。器类有敞口圆唇深腹碗、大敞口浅腹筒足碗、敞口浅腹高足碗、直口锯牙唇深腹碗、卷唇直深腹碗，口唇及圈足上饰绳纹，其上施红彩。

平底钵多为小型器，圆唇直壁，口径 13—19 厘米，高仅 4—8 厘米。

杯是小型器，直筒腹，圜底，腹径 3 厘米，高 4 厘米。小罐系弇口圆唇平底，高仅 4 厘米，可做杯用。

水器有汲水器、携水器和储水器，有小口罐和长颈壶两种。

小口深腹罐，是提水储水用的，多为中型器。器型有矮体扁圆腹、垂腹和瘦体形等不同形制。高 33—36 厘米，腹径 36—39 厘米，遍体平光无纹饰。

长颈壶，是汲水器，口小好携带，直口长颈，圆球状腹，平底微内凹，口径高 7 厘米，体高 22 厘米，素面红褐色。

炊器，主要是罐类。如三足罐，由平底罐加上三个足而成，用途广，数量多，是当时人主要的用具之一。器体为长筒状，平底锥足，遍体饰绳纹，形状有大喇叭口细腰形、敞口束颈足作乳突形、敞口直腹平底形、敞口细腹锥足形、敞口束颈矮足形、直口筒腹柱足形、敞口鼓腹矮体撇足形、侈口瘦体锥足形等，为中大型器，口径 16—22 厘米，高 27—36 厘米。

储藏器，有大型三足器和圆腹瓮，形大质粗，下腹大而下垂，底下附三锥足，体呈鸭蛋形，外表全饰交错绳纹。器型有敞口直颈锥足形、侈口锯唇鼓腹形、小口圆腹锥足形等三种。器高 40—54 厘米，口径 23—28 厘米，用于藏物储水，亦可用作小儿瓮棺葬具。

第二节　白家氏族聚落的工艺技术

一、制石工艺

这是白家人最具代表性的工艺技术，是继承早期的打制技术和继起的磨制方法而形成的。用打制方法制造的工具有砍砸、刮削类器物。打制方法比较简单，多取材于自然的河卵石（砾石），用直接打击法打成。我们称这种早期的制石工艺为砾石工业。制作工序大致是，先从原石上打下要用的碎片，然后将碎片加工成要用的器物的雏形，修整出一个刃缘和把手，再加工修整成器。加工方法有三种：第一种是从石片的破裂面向背面加工，打出一个可用的锋利的刃部。第二种是由背面向劈裂面加工，多是用于制作小型的刮削器。用陶片制的刮削器，也是用这种方法制成的。第三种是对较厚的扁平的石片，在其要作刃使用的侧边用交互打击法，使刃部成∽形，便于使用。这些方法都是直接打击法。

磨制方法，可用于石、骨、角等质料。先将原材料切锯成器物要求的雏形，然后磨成器用，其方法因器用不同而异。制造斧、铲、耜等大型工具，是先将原石材打制成器物的初胚，然后再加工细磨，有的通体磨光，有的部分磨光（主要是磨刃部和两侧）。制造小型工具如刀、镞、锛、凿之类，要先切材，即从扁平的石板上切锯下条形或片状的体材，然后依其所需器形，再加工磨制，有时加以琢打修整。这样做成的器物，形体比较规则。制造骨器、蚌器，特别是蚌刀和蚌镰，也要切材、成形，即将蚌壳切成需要的形状，再将刃部磨光。蚌器都是一侧磨制，蚌镰的齿牙，也是由一侧刮磨而成的。

用磨制法制作的器用上，如刀、镰，多有钻孔，这些钻孔是用旋转摩擦原理制成的。这是技术的一大进步。所有钻孔都是直接钻通或磨穿的。有些小的装饰品，也是用这种方法制成的。不论切材或钻孔，都处在制片的早期阶段，所以还较原始，做得并不太精致。在磨制的器物中，以石耜和蚌镰最为精致，可能是因为这两种工具最受人们所重视，也是使用最多的。骨器多是穿刺切割用的针、镞、刀、锥之类小型器物，多数是量材而用，多采用动物的长骨、肋骨，刮切成骨条，再加工磨制，或按其原形，利用自然形状，磨成锋刃以作器用。

二、制陶工艺

白家人的制陶工艺，是黄河流域氏族部落文化中较早的制陶工业，它已脱离了最原始的制造阶段，达到相当发达的水平。陶器造型已规范化，有成组的用具组合，有较清楚的工艺流程，纹饰整齐规律，掌握烧制火候的技术已相当高，部分陶器表面经过渗碳处理，颜色黑亮，食器、水器质细形美，并有各种与器物适应的纹样装饰、彩绘。炊器质坚而实用。当时陶工已能根据器用的不同而异其形制色彩。一般是用泥条盘筑成器物的雏形，然后修整成器。器身、器底和口部一次做成，因器形不同而异其方法。

三足器和圈足器是器身和器足分别制作然后粘接在一起。圈足器是圜底器加上圈足，从陶器底部留下的痕迹看，先在圜底器底部，刻画一个圈足大小的圆圈，再把圈足接在画好的圆圈上，然后在圈足的底部交接处外侧加一泥条加固。有的外面再包一层泥皮，经拍打压磨坚实而成。

三足器的三足的做法，是先用泥条做成圆锥状的足心，拍打坚实，截取所要的长度，然后在已做好的器身底部接足的部位穿三个小圆孔，孔径略小于圆锥足心的大头，把圆锥足心从里面向外面穿塞过去，成为三个足心，再在足心与器底交接处外侧围绕足心粘贴一圈泥条，把圆锥足心固定住。同时在器底内侧接足处分别粘三块泥皮，从里面把足固定住。最后，从足尖到器底的整个足部外面包一层泥皮，拍打刮磨坚实。

制造大型器物，如鼓腹瓮，分几段做好后，再对接上去。口沿部分，短唇和卷唇器物多数是直接做成的，小口鼓腹罐是口颈做好后对接上去的。其方法是做好器身后，再做一个直颈口沿，接在器身的颈部，然后在器物里面的接合处，贴一块泥片，把口沿固定住。有的则把做好的口沿下部从器身里面包在器口上，最后再抹平外面的黏合缝。有些器物的口沿，特别是侈口或撇唇器物的外面常垫包一片泥片以坚固口沿。

器物成形后还要经过一番打磨修整工序才能投烧。修整工艺主要是刮抹磨光。刮抹是为了使器形更加规整，使陶坯坚固结实，表面更致密，器表光滑平整，便于装饰纹样。刮抹大多用竹片、木片或骨片一类的扁薄工具。整修以后还要经过一番打磨，尤其内外表面，要打磨光滑，抹平刮修留下的痕迹。

造型完成后再装饰花纹。装饰可分三类，即拍印绳纹、附加凸饰和彩绘花纹。拍印绳纹的目的一是为了加固器壁，有些纹样是整修过程中施加的；一是为了装饰器表，以求美观。拍印绳纹有两种方法：一种是斜拍，一种是交错拍。斜拍绳纹之间互不相交，纹样呈平行排列，交错绳纹纹样则形成网格状。无论哪种拍印法，都是以器物中心为始点，逐渐向上至口沿部分回旋拍印，从底部（即中心部位）看，形成一个旋涡状纹组，所有绳纹都拍印布满全器。有的器物只在口唇部分留一条光滑的带面，在其上涂一道红彩，宽窄不一。粗陶三足罐的足上也拍印绳纹。拍印的工具，可能是将绳子缠结在木拍或陶拍上，纹痕有的粗有的细，有的紧密有的疏松，印痕也深浅凹凸不一。陶质细硬的红陶钵，多饰粗绳纹，交错纹痕清晰规整。圜底钵上多饰纤细的斜绳纹，圈足碗多印交错的细绳纹，纹痕凌乱。三足钵上多为斜粗绳纹。器类不同，所饰纹样有异。附加凸饰（或称附加堆纹），是在器物上另加条状或片状的装饰，这类装饰也有三种。一种是在器物口沿上做成锯牙状的花边，这是很普遍的一种装饰，是用骨、木片直接压印而成，也起加固器壁的作用。另一种是堆纹或附饰，如三足罐的颈部，粘贴一横条或V形泥条，泥条上挖成或压印成一个耳饰。第三种是刻画纹，在器外表或器内表面上刻画出纹样。这种纹饰多在三足罐的绳纹上，似乎是含有某种特定含义的符号。

彩绘装饰是白家人制陶工艺空前的、有独创性的装饰艺术，也是制陶中一种重要的装饰工序。彩绘工艺是在陶器成形后涂上颜色，然后烧制。彩绘颜料只有一种，是利用天然赭石制作而成的，烧成后呈棕色或红色。在下川文化时代，出现了不少有关彩绘的工具和赭石，白家人是从那里继承了彩绘传统和技术，而施绘彩于陶器上。他们先将颜料磨成粉末，并掺和虫胶、树胶等黏剂，然后绘到陶器上，这样彩绘便可经久不褪。我们在彩陶器上面发现一团似清漆状的涂物，可能就是颜料中掺和的胶液在陶器表面浸润的结果。白家人用什么工具绘彩？从彩绘纹痕遗留的薄厚不匀的“笔迹”看，大体可推测出，当时人们使用的是用竹片或木片制成的宽 5 毫米具有柔软尖头的工具。也可能是用动植物的毛和纤维扎制成的平齐状尖头的可含彩料的平头工具绘制的。因为在彩绘纹道中，曾发现有涂抹色液留下的痕迹。

尚未发现完整的白家陶器的烧制窑址，还不能确证白家人是否用窑烧制。根据白家陶器的质料和颜色观察，当时白家人已懂得利用烧成后期气氛性质的改变，来赋予陶器不同的颜色。红色是在氧化气氛中以还原焰烧成的，红褐色和灰褐色可能就是分别堆放在两种不同气氛中烧制而成的。红褐色陶钵底部之所以有灰褐色斑点，应该是把陶器正立放置烧制时留下的。而灰褐色圜底钵正好相反，口沿部分灰黑斑块很多，应该是倒扣烧制时形成的。白家时期的陶器，不论是哪个聚落遗址出土的，都有一个共同特点，就是钵类器物的外表是红色的，而内表则是灰色或灰黑色的。这种情况，一般认为陶器由于在露天倒扣烧成，外表与空气接触多而氧化成红色。可见当时除少部分用窑烧外，大部分还是在露天烧成。现在民俗学资料中还流行介绍这种烧制方法。这种方法烧成的陶器，大多数烧不透，质疏松，吸水性强，容易破碎。仰韶彩陶烧制成的温度在 1000℃左右，与白家同时的裴李岗陶器烧成温度为 900℃，云南景洪傣族平地烧陶温度在 700℃左右。相比较之下，白家的红陶烧成温度应不低于裴李岗陶器的烧成温度，但较傣族烧陶的温度要高，其成器温度在 700—900℃之间，说明白家人已能控制一定的烧成气氛，掌握一定的火候，表明其烧制技术已脱离原始状态而达到相当成熟的阶段。（见图 5-6）

当然，白家人的制陶术脱离原始状态时间不长，仍旧表现出一种原始的朴质性质，这就使它的器类少、制工粗、纹样简单、质色还有些不纯等，但它却开启了新石器时代制陶技术和彩陶制作的先声。

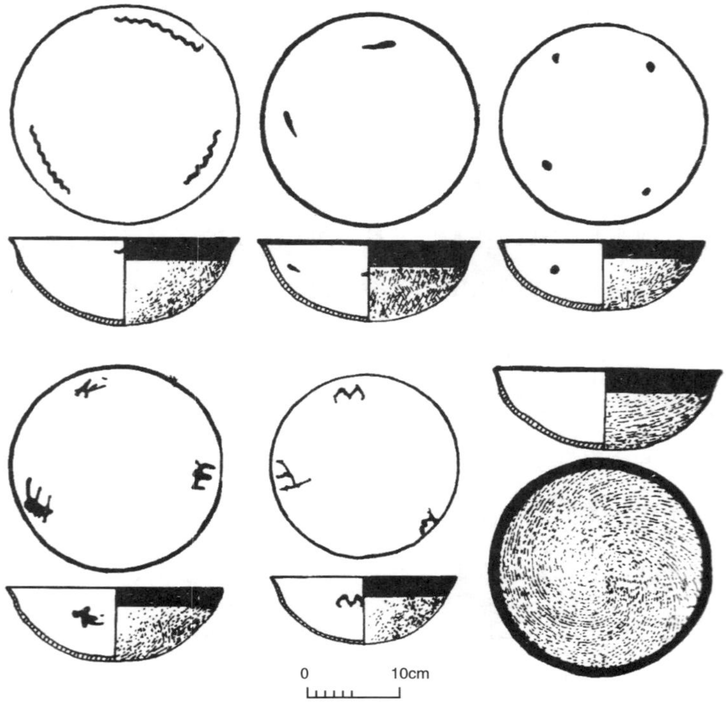

图 5-6 白家人的彩陶
（石兴邦提供）

第三节 白家人的精神生活状况

白家人的精神生活状况和物质生活一样，也是丰富多彩的，主要表现在埋葬习俗、彩陶艺术及装饰等种种表象上。

一、白家人葬俗所反映的来世生活观念

白家人生活于氏族公社的中早期阶段，在早期聚落中，居室与葬地夹杂在一起，到晚期已有较固定的公共墓地，其葬法是三五成群地集中埋葬在一起。小孩是用瓮棺埋葬，也成组地集中分布。前后共发现墓葬 36 座，其中成人墓 27 座，小孩墓 9 座。成人墓大都为仰卧直肢葬，以单人葬为主，个别有多人同性合葬的，另有少数屈肢葬和蹲踞葬。随葬物很少，只有少数墓有随葬品。较为特殊的是专为死者随葬的兽坑。在墓葬旁边，发现三个埋葬兽骨的小坑，是

将兽骨剁成小块埋在一起，可能是一种埋祭遗迹，也有用兽下颚骨随葬的。

在早期墓葬中值得注意的有两座墓葬，一座是7个女性合葬在一坑，一座是屈肢葬。屈肢葬埋的是一个年龄在12—13岁的少女，埋在一个椭圆形大坑中，其姿势作蹲踞式，侧卧，低头垂下至膝部，左手回屈抱膝，右手屈折，枕于头下，周围摆了许多陶片随葬。7人合葬墓是一次埋葬下去的，人骨姿势都是向右侧，作微屈状，墓坑为一不规则的圆形，长2米，宽1.5米，深0.3米，头朝向西，互有压叠，排列紧密。7人姿势各不相同，既有仰身直肢和仰身屈肢，也有侧身屈肢和俯身，其中4人为成年人，年龄在20—30岁，其余3人是13—14岁的少女。发现者把这7个躯体由南向北编号为A、B、C、D、E、F、G，其埋葬的先后次序是：先埋B、E、G，后埋A、D、F，最后入葬的是C，身边有大块陶片，别无他物。

到晚期墓葬，成组的埋葬群组之间有一定距离，共有4个群组。

第一群组3座。3个墓并列在一起，均为长方形竖穴坑，仰身直肢葬，1、2号墓之间有一个殉兽坑，似为祭祀死者而埋的，与墓葬方向一致，距离相等，与死者平行排列。

第二群组4座。7、8、9、10号墓密集地排列在一起，7、8号墓和9、10号墓，两两平行，方向互相垂直，仰卧直肢，方向为西南、西北向。

第三群组6座。16、17、18、20、24、25号墓集中埋在一起，除20号外，其余5座整齐地排在一起，而20号则作垂直状置于25号的头端。

第四群组3座。26、27、28号墓在一起，位置接近而方向不一，坑位也排列不整齐。

在这些墓葬中，21号墓埋葬着两个小孩（七八岁和三四岁），骨架仰身直肢，南北并列；4号墓为25—30岁的女性，葬姿为跪坐式，躬背，低头，屈膝，足骨折曲接近骨盆。6号墓是30—40岁的女性，作蹲踞式姿态，双手回屈，合抱胸前。在其西边20厘米处有一圆形兽骨坑，内埋几个个体不同的兽类颌骨、脊椎骨和四肢骨，也应为随葬死者的兽祭坑。为死者随葬的还有鹿下颚骨，并且有人手中握持獐牙等。另在一个坑里发现了一个完整的狗骨，作曲蜷侧卧状，头弯向前肢处，四肢并排弯曲在一起，似为捆绑后埋葬的，也可能为祭仪的牺牲。

在人骨中发现两例特异现象，一例是在17号墓40—50岁女性的头骨左颧骨下方有一直径为1.5厘米的圆孔，骨盆右髋骨有一直径2.5厘米的圆洞。另一例是20号墓一个35—45岁男性盆骨的右侧也有一个圆孔，与前者的位置相同。这个洞似乎是有意识地在生前就刺穿的。

白家人的葬地中，有随葬品的很少，一半以上空无所有，共计随葬陶器7件，石器6件，骨器1件，其他物品4件，共18件。工具多为男性墓葬出土。随葬的石器多为实用器，有斧、矛头、铲、耜，还有弹丸。陶器是三足罐、小口鼓腹罐、圜底钵和小陶杯。有些似为小型的明器。随葬器物最多的是15号墓一个十七八岁的男性，共有5件陶器和1件石铲。

小孩用瓮棺葬，共有8座，瓮内均留有腐朽的小儿骨骼。这些瓮棺的分布也比较集中，而且成对地放在一起，4、5号和2、3号分别成对地埋在两个窖穴中，全部瓮棺都是横置，头向上偏西。葬具是一个三足瓮或大罐和一件做盖用的钵，钵的底部穿一孔，供小儿灵魂出入。（见图5−7）

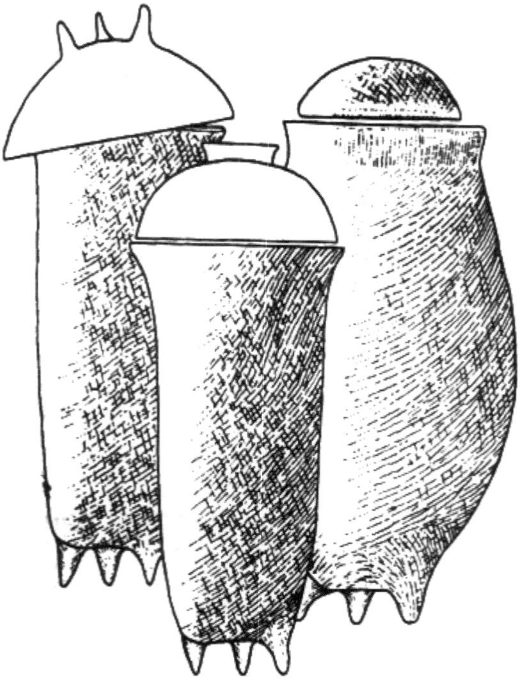

图5−7　小孩瓮棺葬葬具组合图

（石兴邦提供）

从上述埋葬习俗中可以窥见当时人们的一些信仰状况。他们相信灵魂不灭，人们死后仍在另一世界继续生活，为死者随葬用物以供灵魂之需。

当时的人们有死后归祖，或追祖的观念。头向西是仰韶人的普遍习俗，这是追祖观念的表现。可能他们相信祖先的故里在西方，死后将回到西方的故土去。

此外，原始巫术活动萌芽。人们死后手中握持獐牙，随葬动物骨骼，埋祭动物，是原始巫术活动和祭仪的遗存。

人们有死后返璞归真的意念。蹲踞式姿态和屈肢葬，有一种说法认为是作胎儿胚胎状，死后回到母腹中，以求永安。

同性合葬，也是同生死的写照。人们为来世生活的观念所驱使，在人世为伴，死后亦应共同生活。

二、彩陶纹饰及其所蕴含的观念形态

彩陶是白家人的创造之一，它不仅是一种花纹装饰，也是人们表达思想和观念形态的一种手段，是人们精神世界的物质表现之一。我们从大量陶器材料中探索出他们发明这一特殊工艺的思维发展过程。他们在制陶和使用陶的过程中，不断感悟而创造的工艺成就，寄寓着他们的思想感情。

白家人制造彩陶继承更早期的人们山居和野处时代的绘画传统，以表达自己的观念。远在 15000—12000 年前，下川文化时代的人们已使用赭石绘画，包括岩画和文身，彩绘艺术有悠久的传继。人们发明陶器后，陶器便成了这种工艺技术施展的良好载体。

彩陶纹饰主要见于红褐色陶制的圜底钵和三足钵上，个别的圈足碗上也有彩绘。

彩陶纹饰都是棕红色，色度比红色要深。表现在器表上色界分明，色调和谐美观。纹彩多装饰在圜底钵和三足钵的内外口沿、内壁和三足上。这些部位表面都被磨得光滑，唇外纹带宽 2.5—4 厘米，口内纹带宽 3—5 毫米，内外唇沿的纹带连在一起，像镶嵌在唇沿上的一道红箍。三足上全表涂红彩，除圈足碗的口沿内外涂彩外，圈足部分也涂彩。还有个别圜底钵的绳纹上也有红色彩，星星点点地分布在上面。

器物内壁的彩纹装饰布局和分组已有一定的规律，几个相同或不同的纹样，对称式地排列在内壁，纹饰有圆点纹、直线纹、弧线纹、折波线纹、横直线纹、平行竖直线纹、圆圈纹、山字纹、∽形纹、梳形纹、六角星纹等。口沿上最多的是宽 4—6 厘米的宽带纹。各种纹样和标记符号可能有如下几种含义：

一是美的装饰观念形态的产生和对周围事物看法的思维反映。不同纹样和相同纹样对称排列的观念，是对事物存在的客观反映。

二是原始巫术活动的形象标志。不同的符号或纹样，代表不同事物和人物的标记，有些可能是巫师的名字，其所标记的器物，也许是巫师用以进行巫术活动的法器。红色在原始人心目中有辟邪厌胜和起死回生的法力，所以用红色标示符号和法器，以彰神力。

三是装饰人们最感兴趣且特异的事物。彩陶钵内环球体的表面上，似乎为圆的天体，纹饰中的圆点、星点和折波纹等，似为表现日、月、星辰及云气等自然界的景物。若是这样，则白家彩陶纹饰最早也有通天人之变的社会功能。

在白家人的遗存中还发现了相当多的用陶片打成的小圆片，有的在中间还钻有小孔，有的周边经过磨光，也有的周边磨得很锐利。有的用途已知道：是为了遮盖小儿瓮棺上的小洞，有的是做刮削器用的。但相当多的小圆片是周边平齐，并无用痕，可能是计数用的码子或含有某种神秘数据的玩具，因为在一个直径 4.5 厘米、深约 12 厘米的小土坑中放置了 28 块压叠整齐的圆陶片，陶片大小不一，可整齐地依次排成一行，似乎有特殊用途，有可能是祭祀天象如“二十八宿”后故意埋下去的。

第六章

仰韶时代早期的半坡母系氏族公社

仰韶时代距今 7000—5000 年，延续时间 2000 多年。学术界一般将其分为早、中、晚期三个不同发展阶段。早期距今 7000—6000 年，中期距今 6000—5500 年，晚期距今 5500—5000 年。

半坡母系氏族公社是继老官台 - 白家氏族公社而发展起来的一个新的历史阶段，距今 7000—6000 年。这时正是冰期后最温暖的气候时期，年平均温度比现在高 3—5℃。黄河中游及渭水流域比现在温暖潮湿，最利于人类活动和发展。半坡人利用优越的气候条件和肥沃的黄土原地，开拓种植，创造文化，使氏族公社达到了一个新的发展阶段。他们主要分散在以渭水河谷为中心的关中、陕北大小河流的阶地和泉边原野，他们在这些地方建立了许多聚落，总计有数千处。著名的有西安半坡、临潼姜寨、宝鸡北首岭、华州元君庙、汉中龙岗寺、彬州下孟村等处。

第一节　半坡氏族公社时期的社会经济形态和物质生活状况

一、聚落的地理环境和分布状况

半坡氏族公社时期已进入繁荣的母系氏族社会阶段，渭水河谷和其他河水流域的广大原野散布着他们的聚落。当时住在一个自然区域的人们，自然而然地结合成为一个文化共同体，同一溪谷、同一平原、同一流域散处的各个氏族，结合成一个部落。

当时人们是以氏族为单位聚族而居，若干个氏族居住在一条河流的两岸，彼此为邻，相互照应。在沣河两岸，有十余处聚落遗址，几乎都是两两相对地坐落在河流两岸，很可能这就是当时互为婚姻的氏族群体。

半坡人（见图 6-1）的氏族聚落绝大多数分布在土地肥美、距水源近、地势较高而无水患之灾的河谷阶地上。像半坡聚落就营建在浐河东岸的二级阶地

图 6-1　半坡人复原像

（何周德提供）

上，前临浐河，后倚白鹿原，附近是一片沃野，自然环境相当优越。北首岭和姜寨聚落也都具有相似的条件。

半坡氏族聚落占地面积约 10 万平方米，为不规则的圆形。整个聚落有一个较严密的规划，举凡居室、葬地和制陶窑场，有一定的区划。居住区在聚落中心，包括房屋、储藏东西的窖穴和饲养家畜的圈栏。居住区分为两部分，可能为两个氏族，中间以小的沟道为界。每个部分有一座供公共活动的大房子。围绕居住区构筑了一条大而深的围沟，作为安全防卫的设施。沟的北边是公共墓地，东边是烧陶的窑场。①半坡这种聚落建制可能是两个氏族或者是两个女儿氏族组成的胞族住地。（见图 6-2）

图 6-2 半坡聚落复原图

（石兴邦提供）

姜寨氏族聚落的布局与半坡聚落相类，分居住区、窑场和葬地三部分。居住区外围是小的界沟，沟东是公共墓地，沟西靠河岸的地方为烧制陶器的窑场，

① 中国科学院考古研究所、陕西省西安半坡博物馆编：《西安半坡——原始氏族公社聚落遗址》，文物出版社 1963 年版。

形成椭圆形的构图，南北 150 米，东西 160 米，面积 18000 平方米。围沟分三段，各段交接处设有通道，三个通道作三角形布置，围沟内侧一边每隔一定距离建一所房子，好像是做哨所一类的用途。这个围沟与半坡的界沟一样，窄而浅，深宽各 1—2 米，似乎不是做防卫用的，而是作为居住区的界区标志。居住区的房屋作圆形排列，很规律，门都朝向中央广场。广场约 1000 平方米，房屋 100 多座，分大、中、小三型，以小房子为多，面积一般 15 平方米，大一点的 20 多平方米。中型房子比较分散，东、西、北三面都有，面积 20—40 平方米。这些房屋分成五个群落。每个群落由大型房子 1 座，中、小房子若干座所组成。第一聚落群居东，共 22 座房屋，中型房子 12 座，小型的 2 座，还有残破的。第二聚落群，大、中房屋各 1 座，小房子 5 座，加上残破的，也是 22 座房子。第三聚落群，共 13 座房屋，大型的 1 座，中型的 8 座，残破的 4 座。第四聚落群在西北部，大、中型房屋各 1 座，小房子 9 座，残破的 5 座，共 16 座。第五聚落群在南部，共 22 座房屋，其中大、中型房子各 1 座，小房子 14 座，也有残破的。这五个群落共计房屋 95 座。这些房屋中圆形的有 32 座，其余均为方形。每个群落之间都留有一定的空闲地带，各个群落之间的分界比较清楚。每个群落的规模大小除第三群落较小外，其他群落基本相差不多。姜寨聚落是由五个氏族组成的一个胞族聚落。[①]（见图 6-3）

北首岭聚落的结构和布局，与姜寨聚落相似。整个聚落大体成椭圆形，南北 100 米，东西 60 米，居室分聚在周围，也作环形排列，中间是一个广场。房屋门向广场。现在发现和保留下来的房屋可分三个聚落群。北边聚落群 22 座房屋，16 座面向南；西边聚落群 10 多座房屋，门向东；东南聚落群 17 座房屋，其中 10 座门向北或向西北，彼此相对应。根据聚落整体布局观察，东部原来还应有一个聚落群，可惜已毁于河岸的崩塌。在西北也可能还有一个聚落群，所以北首岭聚落原来应由五个或四个聚落群所构成，也有百座房子左右。聚落中心的广场可能是宗教祭祀的场所。广场有礓石地面和红烧土块，并有大量的被

① 西安半坡博物馆、陕西省考古研究所、临潼县博物馆：《姜寨——新石器时代遗址发掘报告》，文物出版社 1988 年版。

图 6-3 姜寨氏族聚落复原图
（引自西安半坡博物馆等：《姜寨》，文物出版社 1988 年版）

火烧过的动物骨骼，因此有人推测这里可能原来有用于宗教祭祀的建筑。在广场南曾发现一条排水沟，呈东北西南走向。公共墓地分布在东边和东南，窑场在广场的西边。①

从已发掘出的这些氏族聚落遗址来看，其结构布局大体相似，反映了当时共同的社会组织结构和性质。

二、原始的农业生产活动

半坡人生活的时代，聚落附近的地形地貌和现在基本相同。在聚落附近有平野、树林和沼泽地。他们依靠自然资源艰苦劳动，以取得生活资料，维持自己的生活和生存。当时获得物质资料的主要方式是原始的锄耕农业生产，狩猎、捕鱼、采集也占有一定的比例。

农业生产在半坡人的社会经济活动中十分重要。由于当时社会生产力的制约，生产水平低，收获量小，必须付出大量的劳动，因此，农业生产必须采取

① 中国社会科学院考古研究所编著：《宝鸡北首岭》，文物出版社 1983 年版。

集体协作的方式进行。根据已有的材料分析，我们认为，当时农业的生产主要是由妇女来从事的。这是由于男子需要进行打猎、捕鱼和砍林辟地等活动。此外，还有一个传统的延续，就是农业是由高级采集经济发展而来的，这种工作多由妇女担任，很自然她们便成了农业的发明者和耕植者。当时的农业可能是采用“刀耕火种”的原始的生产方式。

半坡人的农业工具，大多可能是掘土棒和木耜之类的竹木工具。在黄土地带，土质松软，易于挖掘，适于木制工具的使用。但这类木质工具不可能保留下来。从发现的实物来看，还有用石、骨料制成的斧、刀、锄、铲之类工具，砍伐树木、开垦耕地、建造房屋都离不开这些工具。

石斧因用途不同而大小不一，形状各异，有长方形、长条扁平形和椭圆形等种类。有的柄部穿孔，以便缚绳使用。石铲是半坡人使用的另一种工具，多用于掘土和翻地，形状宽短而扁薄，刃部锋利，有长方形和椭圆形两种，其使用方法和今日的铁锹相同。除石制的外，还有用骨制的，一般长在 15 厘米左右，宽 8—10 厘米。石锄，体长而尖细，有长条状和扁平状，长 15—20 厘米，类似今日的鹤嘴锄。（见图 6-4）

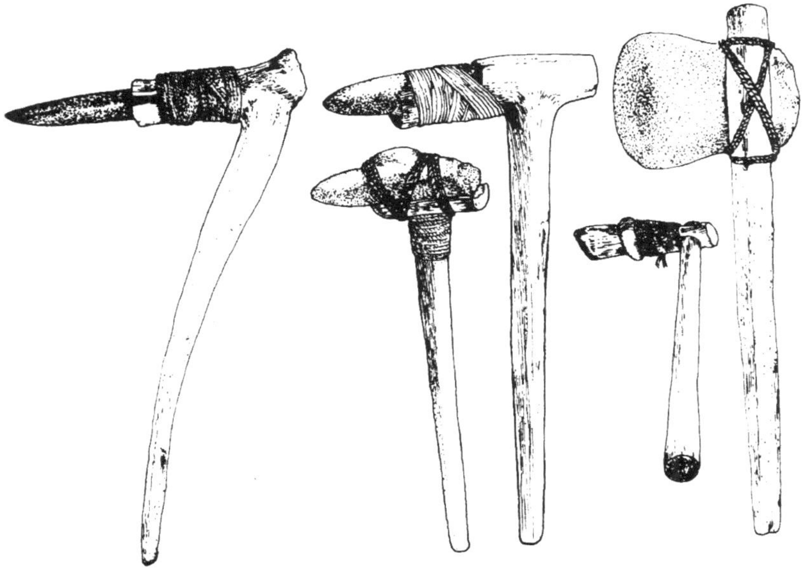

图 6-4　半坡人的石制工具安柄法

（石兴邦提供）

收割庄稼用的刀子，有三种不同的样式：一种是打制的，两端有缺口的长方形刀；一种是磨制精致的长方形并有穿孔的石刀；又一种是两端翘角的刀子。这几种刀子，石制陶制均有，是握持在手中使用的，与今日华北地区农村中收割谷穗用的爪镰相似。（见图 6–5）

半坡人种植的主要作物是粟，是从白家人那里继承下来的，在半坡时代的各聚落遗存中都有发现。在半坡聚落一座房屋旁边的窖穴中，堆积着一层粟粒腐朽后的皮壳，估计有数斗之多。还在一个文化堆积中发现了一个保存完好的小陶罐，上面盖一个钵，里面保存着籽粒清晰的粟壳，有半罐之多。另外在墓葬的钵、罐中，每有发现用粟为死者随葬的情况。这些事例说明，半坡时代人们以粟为主要食物，并为死者随葬，可见其为不可或缺的生活必需品。

粟是耐旱的谷类，适于在干旱的黄土地带种植，且所需的生产技术简单，成熟期短，并能获得较高的产量，适合较低生产水平的耕作，而且这种作物久藏不坏，所以人们很喜欢种植。

除了粮食作物外，半坡人还栽培蔬菜。在半坡遗址中发现了一个拳头大的陶制储藏罐，里面装着一罐白菜或芥菜的种子，发现时已炭化成黑色。在大地湾聚落中发现了油菜籽。蔬菜的培植，说明当时半坡人已掌握了原始的园艺技术，这不但丰富了当时人们的物质生活，也是我们的祖先为人类食库所做的一大贡献。（见图 6–6）

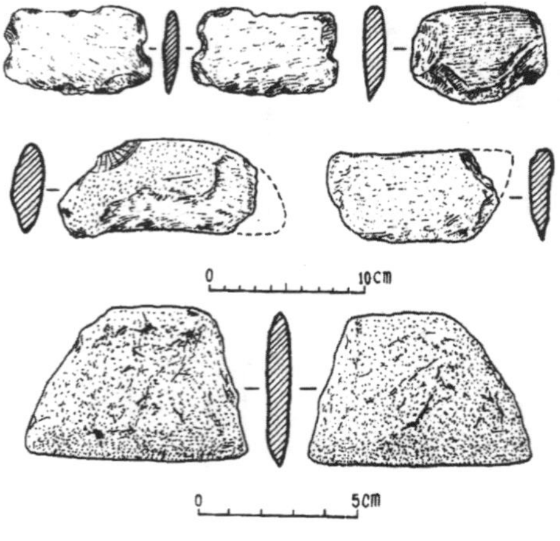

图 6–5 半坡人的石刀

（石兴邦提供）

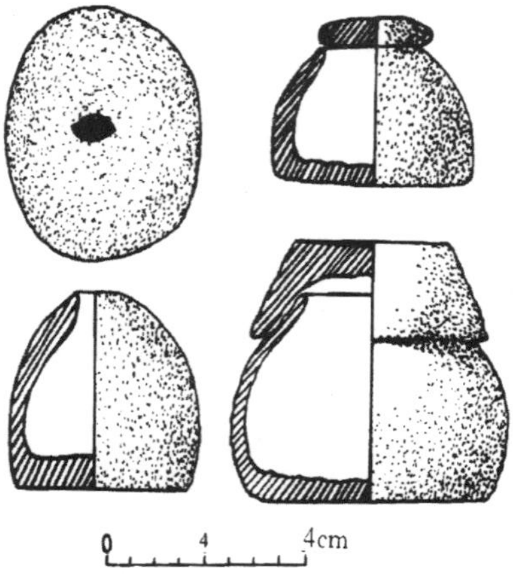

图 6–6 半坡人储藏粟种和菜种的小罐

（石兴邦提供）

三、家畜饲养业

由于农业成了食物的生产供应方式，人们开始过上较为稳定的定居生活。由狩猎而发展起来的家畜饲养业，也成为人们谋生的重要手段之一，且越来越重要。我们确知当时的家畜只有猪和狗两种。鸡已被成功驯化，成为人们饲养的主要家禽。猪的遗骨特别多，在各个聚落中都大量存在，半坡聚落发现的多为幼小的猪骨，通过这种情况也可推测出当时人们缺乏食物，迫不及待地将幼猪杀死用以充饥。饲养狗也可能是为了食用，当然狗和猪不同，它还可以帮助人们狩猎及护卫。

四、渔猎经济活动

渔猎生产活动是人们获取生活资料的补充手段。狩猎活动在经济生产中占有相当重要的地位，它不仅给人们提供美味的食物，还可提供毛皮、骨、角和脂肪等其他必需的生活用品。聚落附近有丛林、草地和水泽，其中繁衍着许多游食动物，有斑鹿、小鹿、竹鼠、貉、獾、狐狸、兔和各种鸟类，是一个天然的狩猎场所，其中以鹿和竹鼠猎获得最多。

从当时使用的工具推测，当时人们狩猎的方式主要是射击、投掷和追赶围捕。弓箭是主要猎具，那时已有相当精致和发达的弓箭制作技术，箭头用石、骨等制造，有圆柱尖头形、扁体柳叶形、圆铤三棱形、扁平带铤式，还有三角形带翼等十几种形式。骨制的都较细长，有的长达 12 厘米。弓箭的发射速度快，射程远，威力大，在狩猎时能起到很大作用。半坡人还使用一种投掷器，可用圆球远距离掷打鸟类等小动物。

捕鱼业在半坡人的生活中也占有一定地位。聚落附近有丰盛的水草和沼泽地，河流的水量比现在大，生长着各种鱼类和淡水蚌壳、螺蛳等水生动物，这些生物就成为人们日常捕捞的对象。通过观察当时的捕鱼工具鱼钩、鱼叉和网坠等，发现半坡人捕鱼的方法和我们今日大体相同，即使用网捕法。在彩陶纹饰中有绘有渔网的图形。石制的网坠，在各遗址中都有大量发现，多是用圆形或椭圆形扁平的河卵石块，在两腰侧打个缺口以便系网。此外就是钓鱼和叉鱼，捕鱼的工具做得很精致，有的鱼钩制作得细小精巧，并有倒钩，虽然为骨制，但几乎可同今日的钢制鱼钩媲美。鱼叉也发现了不少，叉头比箭头大，托叉的柄部较长，有的长达 15 厘米。叉头多作扁平状，周边和尖端均锋利，全有倒钩，分单钩和双钩两种，有些双钩两侧并列，有的两侧上下交错。根据现有的民族志材料，一些渔业部族还在使用叉鱼的方法捕鱼，其法有二：一种是投刺法，是将鱼叉头扎缚在叉杆的一端，拿到手中投刺，或者用手直接投掷出去叉鱼；另一种是脱叉法，是比较灵活而进步的捕鱼方法，这种方法所使用的叉杆柄部有一个圆形的绳结疤，可用以系绳，绳子两头各系在标杆和叉端的疤结上，叉头安装在标杆的一端，可以脱杆，叉头刺中目标后，叉头与叉杆脱离，叉随鱼游动，人们可以拉绳捉鱼。这种方法适于叉捕较大的鱼类，这是我国东部沿海地区的部族最常采用的捕鱼方法之一。（见图 6-7）

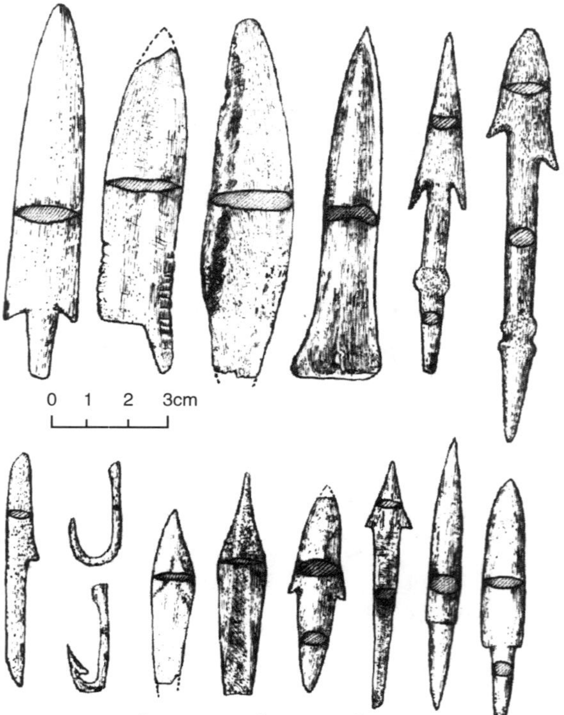

图 6-7　半坡人的骨制工具

（石兴邦提供）

五、采集经济活动

采集经济在半坡人的生活中是相当重要的一种谋生手段。尽管有上述种种生产活动，但仍不能保证当时人们的物质生活需要，仍必须从自然界的仓库里采摘天然的食物，以弥补生活资料的不足。所以在他们住过的房子里、储藏窖穴中或垃圾堆积中，都可以找到采集经济的种种遗存。人们采集的东西可确知的有榛子、栗子、松子、朴树子等果实和水中的螺蛳以及植物的块根等。除此之外，还有做衣服用的麻类纤维，也许还有鸟卵、蜂蜜以及可食用的昆虫。

六、日常生活用具

半坡人在衣、食、住等物质生活的各方面已初具模式，有一套生活习惯和制备食物的方法，并配之相应的一套器用，特别是陶制器物使用更为普遍。（见图 6-8）

半坡人的日用器物比白家人庞杂得多，形状多种多样，有模仿自然物（如葫芦）制作的陶容器，有用皮革和麻布制成的袋囊，有竹藤编织的筐篮。有饮食器、炊煮器、蒸滤器、水器和储藏器等类别。（见图 6-9）

图 6-8　半坡人的粗陶器

（石兴邦提供）

图 6-9　半坡人的席纹和编织纹
（石兴邦提供）

饮食器的主要品类有碗、钵、盆、皿、盂、杯等。这些器物用于吃饭喝水，故多用细泥精制。其中有些装饰美丽的彩纹，是半坡人陶器中的精华。其颜色以红色为主，少量为灰色和黑色。最常见的有圜底钵、直口凹底深腹钵、敛口平底钵、折腹卷唇圜底钵、卷唇圜底盆、平唇浅腹平底盆和盂、浅腹盘、浅腹皿等类型。

水器类包括汲水器、携水器及盛水器等。常见的有小口直腹尖底瓶、小口平底瓶、小口长颈壶、小口细颈大腹壶、葫芦形瓶、船形壶、直口尖底罐等。（见图 6-10）

炊器多用粗陶制成，耐火烧烤，颜色为灰褐或红褐色，以罐类器物为主。常用的是斜口罐，腹壁直，口唇外斜，颈下有凸形的手把式的装饰，腹部横腰

图 6-10 半坡人的大口尖底器
（石兴邦提供）

加数条附加带纹，高 15—20 厘米。另有斜唇小底罐、斜唇大腹罐。为了耐火，这种罐常在腹外加一层草泥土。还有一种是鼎，半坡人很少用，只发现少数几件，粗陶制，有三个圆柱形足。

蒸滤器只有甑一种，形状和盆相同，底部有小圆形或扁圆形漏孔。细陶和粗陶制的都有。

储物器多是大型的，可储藏水、粮食和果子等，在器用中占的数量相当多，有瓮、缸、罐等类。一种是大口小底瓮，数量最多，大口阔肩，直腹，粗陶制，腹外全饰绳纹，高约 80 厘米。另一种是厚唇直腹瓮，口大唇外翻，斜直腹，小平底，表面平光无纹饰，细、粗陶均有。第三种是大口小底缸，与第一种瓮相同，细砂硬陶制，壁薄而硬，口径 60 厘米左右。第四种为小型储藏罐，像是圆形袋状窖穴的缩形，专门用来储藏种子。

半坡人为了使各种器用放置平稳，特别做了座子和盖子。器座均作低矮的圆圈形，一种是束腰形，侧视作 X 形，上下作喇叭口状；另一种是环圈形。器盖是盖在钵、罐类的口部，形如浅盘，或敞口钵，底部都有把手，便于握持使用。

上述这些器物只是人们日常生活最为习惯使用的物具，细分有五六十种之多，颜色以红褐色和红色为主，纹饰比较复杂，除彩色花纹外，有绳纹、线纹、刻画纹、编织纹、压印纹、锥刺纹或挑剔纹。这些花纹都是用不同的刀、锥之类的工具，根据器物的不同形状和部分而加饰上去的。

七、服饰

衣服的主要原料是用兽皮和植物纤维织成的布，从陶器上粘留的布纹观察，粗纹像现在的麻袋，细的则和帆布差不多。缝衣服的骨针，纤细精巧，数量也很多。这些质料和用具说明人们以布缝制衣服是普遍的现象。宝鸡市发现了一件彩陶，上面绘有妇女穿衣服采摘果子的侧面图像，衣服是两个三角形，上衣和下裙分别制作，可知当时衣、裳已经分开。上衣无袖，类似今日的马甲，下衣是像短裙一类的形式。

与衣服相关的装饰品相当多，质料和品类较为优良和精致，可见当时人们已经注意到装饰自己。这些装饰品有环饰、珠饰、坠饰和片状饰。就装饰的部位讲有颈饰、手饰、胸饰、足饰，还有贴在衣物上的镶嵌饰，从头到足，几乎全身各部位都有装饰品。制作材料有玉、石、陶、骨、角、牙和贝壳等类，其中以环饰和珠饰为主，制工一般都较为精致。

环饰以陶制的最多，分两类：一类是平光的，一类是外缘加花边的。平光面的环体断面圆形多，方形、三角形、菱形和椭圆形次之，此外还有多角形、半圆形、长条形、五角形等不同的形状。外缘加花边的为数较少，其花纹多作锯齿状，还有刻成阴阳线纹饰的，环饰做佩饰和手镯用。

与环饰相关的是璜饰，石制和陶制的均有，其状约当整环的二分之一或三分之一，是胸前佩戴的其他串饰的主饰。

珠饰以骨制的为多，有的形状规则，有的大小参差不齐，有数十、数百，甚至数千颗串贯在一起，挂在颈上做项链，或环绕腰间。在姜寨墓地中发现一个女孩遗骨，腰间、颈项及胸前，佩戴着由 8000 多颗珠子串成的装饰组，可谓“珠玑盛装”了。在半坡遗址也发现有个小女孩的腰间和手腕上戴了 60 多颗串珠。在元君庙墓地两个小孩合葬墓中，发现她们的头部和耳边就有 785 颗珠子，大概是盘结在头上的发饰，有时还套在死者的手腕上做腕饰。

坠饰大多是用玉石做成的坠子，有些是做耳坠 ，有的做串饰中的下坠。有圆形、长条形、棒铲形、磬形等数种，多数穿孔，亦有刻成凹槽系绳穿挂的。其质料多用精美的玉石和蛇纹岩等贵重的石料，少数是用骨头刻成的。

发笄是束发用的，当时人们除披头散发外，多数将发盘结在头上，用石、骨制的发笄束住。彩陶纹饰上就有这样一幅用发笄束发的图形。发笄是实用物，也是装饰品，有三种样式：一种是两头尖形的，纤细而尖滑；另一种是棒式的，一端平齐，一端尖圆，多用蛇纹岩制成，光润美丽；第三种是丁字形的，将平齐的一端做成平齐的盖帽。石制和陶制的均有。

从半坡遗址中发现的装饰品多是妇女佩带的，如果把这些装饰品都让一个妇女佩带起来，那么在我们面前就会出现一个朴素而健美的原始妇女的盛装形象：她头上插着藏绿色发笄，耳上戴着玉石耳坠，颈上挂满了骨制或蚌壳制成的串珠，胸前腰间佩戴着用兽牙、蚌片和坠子串联起来的五颜六色的串饰，手腕和臂上戴着用陶环或用骨珠串联起来的镯子，手指上是蚌片做成的戒指，腰间围几串用珠子做成的串饰。在她们穿的麻布衣服上，也可能镶嵌着蚌片或蚌壳类装饰。这种形象，使我们联想起今日一些少数民族女孩在节日或假日那种盛装欢愉的情景。

八、房屋建筑

半坡氏族聚落的结构是个有机的聚合体，聚落布局是环形内向式排列，其中包括居室建筑、储藏东西的窖穴、饲养家畜的圈栏、区界和防卫的沟道以及小儿的瓮棺葬。它是一种组织严密的社会生活图景的缩影。

居室建筑是聚落中心的主体。用途有两种：一种是供氏族成员居住的小房子，一种是氏族集体公用的大房子。（见图 6-11）

居室多是中、小型的，分方形和圆形两种。其基本特点相同，只是在细小的结构上有些差异，大多是半地穴式的建筑。房子的中心有一个火塘（灶坑），在火塘和门灶之间，是一个用矮小隔墙做成的方形或长方形的门槛或过道。屋内地面和墙壁都用草泥土涂抹得平整光滑。这些房屋的方位相同，彼此之间有一定距离（1—3 米），排列比较规律。（见图 6-12）

方形房子有方形和长方形两种，面积一般在 20 平方米左右，小的约 10 平

图 6-11 半坡人在大房子里议事
（石兴邦提供）

图 6-12 半坡人的方形房子
（石兴邦提供）

方米，大的可达 30 平方米。房子主要为半地穴式建筑，只有少数是从地面建起来的。房子的四角都呈圆弧状，用地穴凹坑的四周做墙壁，上下立柱，棚架屋顶。长方形房子和我们今日的房子一样，门都开在较长一面的墙上，朝南或向聚落中心的一面。门道比较窄狭（长 1.5—2 米，宽 30—60 厘米），仅能容一人出入。有的呈台阶状，有的呈斜坡状，中间垫以烧渣或红烧土。门槛是方形的，一半凹入靠门的墙壁，一半伸入室内，面积的大小视房子的大小而异。门槛前面的小墙都很低（高 20—30 厘米，厚 8—15 厘米），大概是为歇足和为火塘挡风而设置的。室内地面和墙壁均是用细的草泥土涂抹（厚 1.4 厘米）。屋内地面较为平整，有的用火烧过，光滑坚硬。有些屋内居住面分成高低不同的两部分，相差 8—10 厘米，一般是左侧高，右侧低，各占房屋的一半。高的部分可能是睡卧之处，低的部分放置日用器物和杂物。炊煮、照明和取暖的火塘，都在靠近门槛的中心位置。火塘做得很规则，有圆形、圆角方形和瓢形，深浅不同，四周往往加以高于周围地面的圆脊，很像圆形的火盆。有的火塘在内侧一边装一个保存火种的陶罐。在房子中间或火塘的两端或四角，对称地树立两根或四根柱子，以支撑屋顶。柱子底下是用细的泥土或一些陶片，经夯压而成的坚固的柱基。屋顶是用圆木椽紧密相靠而排架起来的，上面盖一层草泥土。门道还有一个遮掩的棚架。这种房子复原起来，大概有 3 米多高，像一个方锥体或者倒放的等边三角形锥体。这是半坡氏族聚落最有代表性的居室建筑。

另一种方形房子是从平地上起墙建造起来的，这种房子为数较少，是较晚的居室，在半坡遗址中只发现两座。其外形与我们今天一般民间用于居住的两面出檐的平房相像。房子中间筑了一道隔墙，把房子分为前后两部分，东西宽 4.3 米，南北进深 4 米，门开在南壁正中，宽 1 米。建筑技术比较复杂，是完全用木板、木椽和黏土混合建筑起来的。为了使房基坚固，在居住面下面用宽 15 厘米的木板铺垫了一层，然后在上面涂一层厚 10—18 厘米的草泥土，并用火烧烤成光滑坚硬的地面。房屋的四壁和中间隔墙用 12 根大柱子（直径 15—20 厘米）撑起来，柱子整齐地排成 3 行。在大柱子中间再以细小的木杆和木板用藤条和绳子缠结起来，然后两面再用草拌泥涂成厚约 16 厘米的墙壁。21 号房子中还有一个瓢形火塘，其上嵌有一个火种罐。

圆形房子也有半地穴式和地面起墙建的两种不同的样式。把它们复原后，后者像一个蒙古包，前者像一个截尖圆锥体。这种房子和方形房子一样，也是用木椽、木柱和草泥土混合筑起的。（见图 6-13）

圆房子的共同特点是：平面呈圆形，少数略呈椭圆形，直径 5 米左右，门向与方房子相同。不同的是没有方房子那么长的门道，但在门口却有一道横的

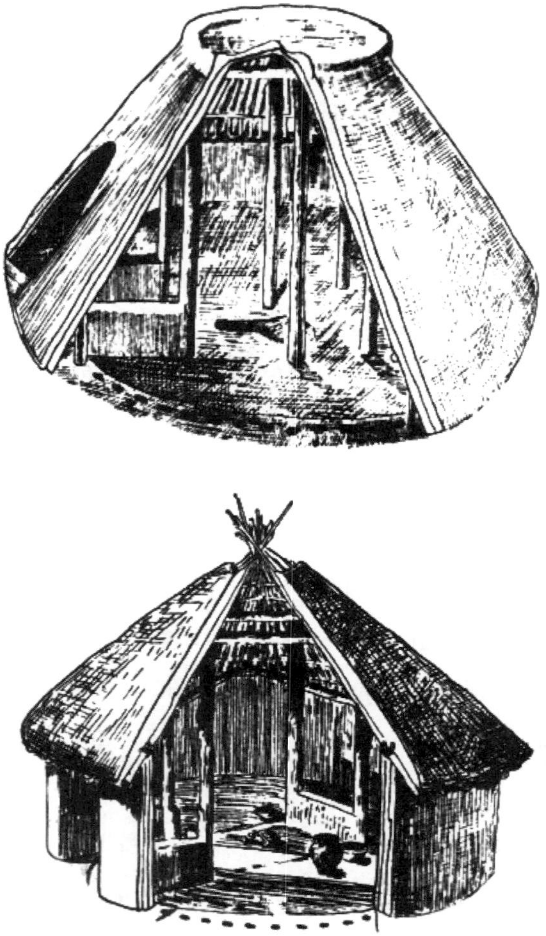
图 6-13 半坡人的圆形房子
（石兴邦提供）

土脊作为门槛，向屋内略呈斜坡。在火塘与门之间的两侧有两道矮墙，其间作为通道使用。火塘有的只有一个烧火面，四周墙壁是用木柱、木板做骨架排列，两面涂泥，墙厚 20 厘米。木柱之间的距离为 10—20 厘米，每个房子使用 53—80 根柱子，中间有 4 根或 6 根大柱子撑持屋顶。椽、木板紧密地排在一起构成屋顶，上覆厚 15—25 厘米的草泥土。屋顶的形状与房子中心的立柱平面位置的排列形式相适应，有的呈微起的圆形或椭圆形，有的呈长方形。在立柱接卯的地方，用草泥土做成圆鼓起来的屋脊，外部做好后把覆盖的泥土面用火烧烤，使其坚硬。

上面这些房子里大概居住着一个对偶家庭的成员。我们在房子中发现了当时人们的生活遗迹：火塘及其周围有烧余的灰烬、烧过的兽骨、食余的果壳和螺蛳堆积，屋角和靠墙的角落斜倚着盛水用的已被压碎的尖底瓶，还有储藏什物的大陶瓮，在旁边就是研磨谷物的磨盘和磨棒。有的房子靠墙处还有特别为储藏磨好的食物而做的光滑的凹坑。还有生活中使用的各种器皿，以及为放置器皿或供垫坐用的圆形或截尖圆锥形的泥墩子。置身其间，我们祖先的一幅幅生活图景就展现在眼前：在一天辛勤的劳作之后，人们围坐在熊熊的烈火周围，烧烤着兽肉，或者煮食着谷粉。孩子们也津津有味地吃着采集来的果子和野味。母亲们正在给饥饿的婴儿喂乳。老人们滔滔不绝地给年轻人传授他们在劳动中积累的简单的生产技术。而那些在打猎、捕鱼或者田间劳动中疲劳过度的人们正在酣睡。守护在人们旁边的猎犬，正在啃食人们食余的兽骨和杂物。

1. 公共会所建筑

在各聚落中都发现了供集体活动用的大房子，有的在聚落的中心，有的则被小房子所包围。

半坡聚落发现两座大房子，保存较完整的一座坐落在聚落中部偏南部分。房子为长方形半地穴式建筑，房基是凹入地下深 0.5 米的圆角方坑，南北宽 10.8 米，东西残长 9 米，以其遗迹看，有 12 米长，面积约 130 平方米。屋内四壁后面是向外伸出宽约 1 米的平台。台面和墙基都是用草泥土抹光后再加火烧烤的，光滑坚硬，在墙体中插立许多木柱以支持围墙，特别是在拐弯处，柱子较为密集。拐弯处是着力的重力部位，但柱子排列得不整齐，且粗细不一，一般直径 15—20 厘米。在保存较好的西、北两壁，紧贴墙壁还树立一排附壁柱。这些柱子是辅助台面上那些柱子支持屋顶的。由此可见，屋顶有一定的分量。在房子中间，有 4 根互相对称的大柱子，直径在 50 厘米左右。在接近地面的柱基部分，周围做了船形的泥柱围，以固柱基，全用草泥土和树皮草筋糅合在一起，有很大的韧性和固着力，厚度 15—20 厘米，用火烧得很坚实。根据这些情况观察，中间 4 根大柱子是架持横梁的。周围墙台上的小柱子用编篱涂泥的方法加工，以支持木椽。屋顶可能还覆盖一层茅草。屋檐离地面较近，门向南开，门道已挖开一部分，宽约 1.5 米，长 5 米多，作斜坡状。

北首岭聚落发现的大型房子面积较小，80 平方米左右，但保存完好。中间也有 4 根大柱子。中间有一规正而深的瓢形火塘，火塘底部，伸入一个小凹坑，用以保存火种。聚落中心有一个供公共活动的广场。

姜寨聚落有 5 座大房子，较大的一座保存完好。房子长 10.7 米，宽 10.5 米，面积 124 平方米，与半坡的大小相等。门向西，面对广场中心，门道呈斜坡形，长 4 米，宽 1.4 米，门槛已坏。屋内中间偏北立两根大柱子，直径 25 厘米。在门道两旁立 11 根柱子，以撑持门棚和前檐。进门 1 米处，有一个方形小坑，长

65厘米，宽50厘米。紧接小坑的是下凹9厘米的平台，长1.25米，宽1.20米，与平台相连处是一个圆形火塘，直径1.2米，深0.6米。平台和小坑可能是放置食物及生活用具的，屋内西北角和西南角，对称也有两个平台，高于居住面9厘米，经火烧过，平整光滑，可能为睡卧之处。这些大房子，用于氏族公共集会、宗教祭祀，可能也是青年男女欢聚的场所，是最能体现氏族集体性质的地方。

2. 房屋建筑技术

半坡时代的房屋建筑虽然简陋，但建筑技术方面的基本要领和特点都已具备。半坡人要建一座房子，要经过相当繁杂的工序。建造半地穴式房子，先平整地面，再在选好的建房地点挖一个方坑或圆坑，将四周和地面加以修饰，用细黄土掺和草筋涂饰墙壁。大房子需要用大量的掺和料，掺和料就是土加入较粗的草秸、细的树枝、树叶和红烧土块再和成泥。有的用手抹平，有的用工具捶击，使之坚实。垫基用的黄土有的是纯黄土，有的则夹有灰土，在后期建筑时垫铺一层木板或树枝。我们从草泥土留下的痕迹观察，当时用的木板，是用石斧将原木劈成薄的或三棱形的板块，然后加以修刮，有些不加修刮即原样使用。

建造地面起墙的圆形房屋，先在划好的地基上挖一圆圈形深沟，再在沟槽中插立一圈木柱或木板，其间用藤条或草绳缠结，然后砌泥成墙。墙壁和地面都经过加工。柱础和火塘都做得较细致、坚实。柱基加固方法是先挖比柱径大的深而圆的大坑，在坑底部加垫草筋、硬土和碎陶片加以夯实，再在上面加些陶片和石片，使柱基坚固且不易因受潮而变腐朽。柱础做好后，将柱子立在中间，在周围一层一层、一块一块地填土夯实，一直做到与居住面平齐，这样加固后木柱就不至动摇倾倒。有些大柱子在接近底部处加一个厚的泥圈，以增加柱基与地面的固着力，使柱子更加坚固美观。有些木柱下用细泥土做一个柱础圈，将柱基包起来，既坚固又省事。从夯迹观察，当时夯捶柱础的夯具，是具有扁圆形夯面的鹅卵石。在有泥圈的柱础下面还要铺垫一些陶片或鹅卵石块，以防下陷。这是我国柱础最原始的形式。

火塘做得很美观，也很坚固耐用。在火塘坑底下，铺一层木板或灰烬一类的东西，上面用草泥土涂上几层，口沿往往做一个高出居住面的圆唇，以防火苗外延。较高的灶台也是用夯筑的方法建造的。火塘一般在开始建造时挖得较深，使用一段时间，着火面损坏时，再加上一层，这样层层加高，一直与居住面齐平。大的灶坑有的积达七八层之多。

半坡3号房子是保存最完好的一座房子，通过它可以清楚地看到圆形房子屋顶的建造方式。根据遗迹可以推断出，在周壁柱和顶梁柱立好后，将木椽架在墙柱和中立柱上，用藤绳扎捆紧，椽和椽之间的空隙填上木板木片，使之紧密，也可使草泥不至下漏，然后在椽子上铺一层10—20厘米厚的草泥土，与墙壁一起经火烘烤。

3. 窖穴

长期的定居生活和季节性的生产活动，使半坡人积聚起了生活资料和杂物，为了便于储藏，建造窖穴就颇为重要。这些窖穴多分布在居室旁边，每座房子都拥有一个或几个储藏库，有些房子内也有窖穴设施。

窖穴都是在土中挖的坑。有多种不同的形制，最多的是口小底大的圆形袋状坑，因为这种坑穴体积大、口小，便于储藏物品。其次有口大底小的锅底形坑、长方形圆角坑和有台阶可上下的圆形旋梯坑等数种。窖藏的体积，早期小，晚期大，这反映了一个时期的生产力发展状况和储藏物资的多少。早期窖穴一般口径1米，底径2米，深约1.5米。晚期的要大得多。锅底坑的数量多，体积也大，口径2—3米，深2米以上，可放很多东西。长方形圆角坑是早期使用的，口大底小，长径2米左右，宽0.5米。最特别的窖穴是有台阶可上下的，在北首岭、下孟村和姜寨都有发现，其形制与圆形袋状坑相同，不过在它的里面靠穴壁处有旋梯式三层台阶，可逐级上下，有的是顺时针旋转，有的是逆时针旋转，取放物件都较方便。

窖穴主要是储藏粮食和其他什物的场所。半坡聚落中，在一个房子内的窖穴里，尚余半坑粟米腐朽后的谷灰，有些还可看出粟壳的形状并呈现出灰白色半透亮的光泽，证明当时对储备粮食相当重视。另外，在一个窖穴的壁龛中，还放有两个储藏谷物种子的小陶罐。

窖穴建造得相当规则，周壁做了修饰，有些还用红烧土块夹泥浆抹光修平。为了防潮，有的穴壁还用火烘烤了一下，更为干燥坚实。

各时期都有窖穴的建造。早期在原生土中挖成，比较坚固，晚期则在早期的灰土堆积层中营造，所以坑形挖好后，先用黏土泥浆在坑壁上涂糊一层，并用火烧，使之坚固。由于灰土堆积虚松，容易倒塌，毁后重建的很多，因此后期窖穴往往分布密集，相互打破、压叠的关系也较为复杂。这是由于这些窖穴是人们集中建造、管理和使用的。

4. 饲养牲畜的圈栏

当时人们饲养的家畜有猪、狗，也可能有羊，最多的是猪，大多数情况下是存放在圈栏里。半坡聚落中发现有两处这样的建筑，它与居室等的形制和建法不同。平面为不规则的长方形，一个长 7.1 米，宽 1.8—2.6 米，另一个长 5.7 米，宽 2.5 米，周围插立密集的木柱做围栏，柱径在 15—20 厘米，和房屋建筑一样，也是用草拌泥涂砌墙壁。

5. 界区和防卫设施——沟道

在半坡时代的各聚落中，都发现了围绕居住区的沟道，它们有的是氏族之间的界区，有些则是防卫设施。

在半坡聚落遗址中这两种用途的沟道都被发现了。在聚落内部两个氏族或群体之间，有一条小沟道作为界区。两个氏族作为一个大集体，外面又有一条大的防卫沟道。小沟道的北部有一条 3 米长的通道，可以让小沟道和大的防卫沟道互相往来，并向不同方向延伸，一端向西南蜿蜒，一端向东南伸展。这条界沟做得很规则，口宽 1.7 米，底宽 1 米，深 1.5 米，两侧略作倾斜，坑壁修治平整。外面的防卫大沟，口宽 6—8 米，深 5—6 米，底宽 1—3 米，平面曲曲弯弯不是很整齐。沟口居住区一面比外面高约 1 米，坡度也陡，有居高临下之感，可能是为了便于防卫而有意做成的。在沟底每相隔约 4 米处有木柱痕迹，可能是安插阻栏之类的遗迹。这条沟向东南延伸，将西部毁坏的估计在内，平面略呈一不规则的圆形，据遗迹估计周长约 500 米，挖这条沟需要挖取数千乃至上万立方米的土方。在原始时代生产力水平低下的情况下，能兴建如此浩大的工程颇为惊人，由此也可看出原始时代人们集体协作的伟力，以及这条沟道在当时的重要性了。

在姜寨聚落的外围也挖筑有一条小的沟道，其规模和特点与半坡的小沟道相同，口宽 1.6 米，深 1.4 米，周围有三个出入口。

第二节　半坡人的意识形态和精神生活状况

半坡氏族聚落文化时期，人们的精神文化与物质文化同样，也是相当丰富的，在墓葬习俗和艺术创造等活动中，遗留下许多精神生活的印迹，据以可了解当时人们的精神世界。

一、葬制所反映的习俗和观念

半坡时期人们的墓葬材料十分丰富，从半坡、姜寨、北首岭、元君庙等聚落墓地中发现了上千座墓葬。从这些材料的分析研究中我们能够了解到那时的葬俗及其所反映的宗教观念和意识形态。半坡人墓葬分为成人和小孩两类，基于不同的观念而采用不同的办法。

每个氏族成员死后都被葬到氏族公共墓地。在那里，每个家族和个人都拥有一份入葬之地。

早期盛行一次葬，半坡、姜寨和北首岭发现的600多座墓葬基本属于这种葬制。葬式有仰身直肢葬、俯身葬和少量屈肢葬，并有一定数量的单人二次葬。一次葬以单人葬最普遍。尸体埋在仅能容一具尸骨和几件随葬品的长方形凹坑里，仰卧、直身、面向上，两臂下垂与腰腿靠拢，只有少数双手交叠于盆骨部位，放置必要的随葬品，有的盖上树枝、草席，用土掩埋，个别尸骨用木板围成棺材的形式掩埋。除单人葬外，还有少数是两人以上的同性合葬。（见图 6-14）

半坡氏族墓地发现的174座成人墓，绝大多数是一人一次葬，墓坑排列得很整齐，头一致向西，多作仰身直肢葬式，一部分有随葬品。发现有两座合葬墓，一座是4个少女合葬在一起，年纪十四五岁，4人骨架贴得很紧，随葬17件陶器（4个罐、7个钵、1个盆、2个尖底瓶和3个钵的残片），每人各有一套生活用具。另一座合葬墓是两个壮年男子，有8件随葬品（4个钵、2个罐、2个壶）。这些合葬者都是一次埋葬的，应为生前的亲密伙伴。北首岭氏族墓地分为两个墓区，共发现385座成人墓，单人的341座，合葬的14座。4号墓很特别，死者仰卧直身，随葬品置于小腿骨上，有陶罐2个、双联鼎1个，足端放1杯、1钵，

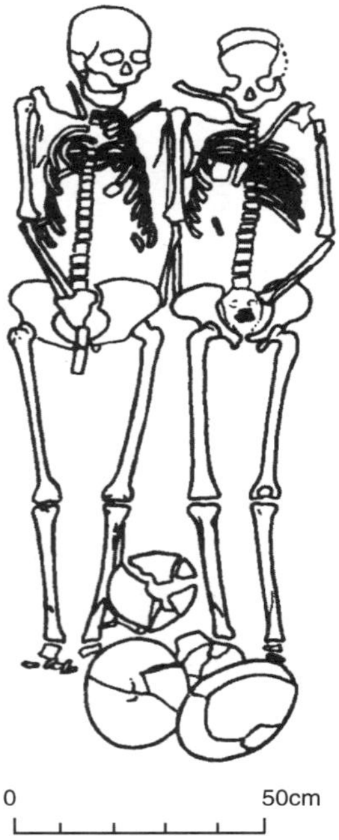

图 6-14 半坡人的 4 人（女）和 2 人（男）合葬墓
（石兴邦提供）

近足部放 1 个陶瓶，右膝旁放 1 把穿孔石斧，足端放 1 块鹿肩胛骨，其下放 1 束箭头，箭头上有清楚的结扎痕迹，尤其引人注意的是在左胫上附着 1 大束骨箭头，大约有 80 支之多，可能这些箭头放在箭囊里，捆扎在腿上以备使用，这个死者可能是一位善射的猎人。另一个有代表性的是 5 人合葬墓（10 号），5 具骨骼并拢埋在一起，3 女 2 男，其中有两个女性是二次葬，随葬品较多：1 号女性 30—35 岁，一次葬，随葬 2 个碗，1 个鼎（内有颜料）；2 号女性 30—35 岁，二次葬，头部放一螺，足部放鼎、碗和钵（内有颜料）各 1 件；3 号女性 20—25 岁，二次葬，足部放鼎、钵各 2 件，罐、碗各 1 件，左臂附近放野猪牙 1 枚，头部附近放一螺；4 号是男性，30 岁左右，仰卧直肢，腿骨以下放置鼎、钵各 1 件，螺及骨簇一排，足部放有意砸碎的陶片。用成捆的箭头、螺、颜料及野猪牙随葬，是北首岭氏族埋葬习俗的特点，这些都和当时氏族的生产、生活观念有联系。

姜寨聚落共有 3 个墓地，都位于聚落围沟外面，和半坡墓地的布局相类。

这 3 个墓地沿聚落围沟从东北向东南排列：东北葬区 55 座，东部葬区 51 座，东南葬区 48 座，3 葬区共 154 座，另有瓮棺葬 206 座，零星墓 20 座。

这些成人葬与半坡的成人葬特点基本相同，头大部分向西，少数向西北，个别有向东北、东南的。合葬除同性合葬外，还有男性成人与小孩合葬的，墓坑排列整齐规律。成人中男性 70 人，女性 51 人。

这些墓葬中大多数有随葬品，且相当丰富，日用陶器、工具和装饰品，应有尽有，少的三五件，多的 10 余件。其中有一个女性墓葬随葬品特别丰富，墓主人像一位盛装繁饰的女公主，25 岁左右，随葬陶器 5 件：钵、碗、尖底瓶各 1，罐 2，身上戴的装饰品特别多，计耳坠 2 枚，蚌制腰饰 16 件，骨珠 2400 颗。这些骨珠是组珠，分串排组，分饰在腰身各部。计腰部 4 串为一组，这组骨珠横缠在墓主腰间，另有 4 串为一组，排成数排，压在腰间横向的骨珠下，其最下一排骨珠上挂着 15 个穿孔的蚌饰。（见图 6-15）另外发现有 4 例“割体葬仪”的遗迹。这里还流行用动物肢体为死者随葬的习俗，计随葬鹿下颚骨 3 例，狗下颚骨 1 例，猪腿骨 1 例，羊肩胛骨 1 例，鱼骨 1 例，共 7 例。另外在一个壮年男性的口中发现含有 3 枚穿孔小贝。

图 6-15　姜寨 45 号墓女孩装饰复原图
（石兴邦提供）

在葬地中还发现 5 例非正常死亡的埋葬方法，都分散在居室周围或窖穴中。其中一个女性，身首异处，身躯埋在一个窖穴里，而头与另外两个尸体埋在另一窖穴里；还有一个小孩，在其腹内发现一个箭头，大概是中矢而亡，这些死者可能是因为受到氏族的惩罚或意外死亡的，故不在公共墓地内埋葬。

在上述各聚落墓地中，占统治地位的葬式是仰卧直肢葬。此外，俯身葬也是曾流行的一种葬法，都是单人葬。俯身葬是将尸骨作伏俯状，面向下，手臂平直放在腰的两侧，绝大多数没有随葬品。俯身葬多是针对非正常死亡者，采用这种葬法的民族，都有类似的观念。日本北海道的虾夷人，因病死亡后，采用这种葬法。西伯利亚的楚克契人，凡是意外死亡，都用这样的葬法。可见不同民族、不同地区的人，都是按自己的习俗观念来选择相应的葬法。半坡人的这种葬法，可能是对非正常死亡者的处理办法。

葬俗的头向是值得注意的另一特异之处。半坡时代诸聚落葬地中，死者头向基本一致地向西或西北，这是受一定观念支配的，有特定的含义。参考民族学材料，头向意味着以下几种观念：

一种观念是，相信人死后灵魂要回到氏族先祖出生的地方去，人死埋葬时，头或面要朝着祖先老家所在的方位。我国西南的纳西族、仫佬族和东南亚、北美一些部族都有这种观念，这是人类对故土和祖根的怀念。

第二种观念是，世界上除现实世界外，还存在另一个特殊的世界，人死后灵魂都要到那里去，而且多数民族认为这个世界在西方，太阳落下的方向，因之人死后头要向着这个方向。

第三种观念是，人生在世，与太阳东升西落一样，东方是新生的一方，西方是没落死亡的一方，人死后就随着太阳落下，所以埋葬时头朝西。我国佤族就有这种习俗。有这种观念的民族，有的会在夕阳西下的时候埋葬死者。据他们说，这样太阳就能照到另一世界的道路，便于灵魂通行。

半坡人头向西究竟意味着什么，我们尚不能确定，但可以肯定的是以上三种观念的一种。

在半坡人的葬俗中还有一个特殊的习俗，可称为“割体葬仪”。这种葬仪是人死时要割去肢体的一部分，有些是生者的，有些是死者的，作为诀别或永久纪念的礼仪。在半坡聚落的墓地中发现了13例，死者的肢体上，往往缺少手指或足趾，可是在随葬的陶罐中，或填土中却发现了这些零散的骨骼。

在姜寨葬地中发现了4例“割体葬仪”的遗迹。在10号墓中，随葬的陶罐内放1块足趾骨；在160号墓内，随葬的陶罐内放1枚指骨，死者是一个40岁左右的女性，本身缺桡骨、股骨、胫骨和腓骨；165号墓葬的成年女性，缺胫骨和腓骨，并随葬鹿下颚骨1块；在另一个55岁左右妇女墓的随葬陶罐中有5节趾骨，经鉴定这些趾骨属于墓主人本人。

在北首岭墓地中，发现肢体残缺断离的情况40多例，其中58号墓主缺右前臂骨；3号墓主缺少左股骨；20号墓主下颚骨分成两瓣，左胫骨折断，下半截横放；27号墓主缺右尺骨和桡骨；275号墓主系俯身葬而无左右胫骨。

经过鉴定发现这些残缺都是人为故意造成的，说明“割体”是当时的一种葬俗。这类葬俗，根据民族志材料，是基于下面两种观念：一种是为了驱邪除祟，出于辟邪和惧怕死人作祟于活人，将其肢体砍断或捆绑，使之不能行动，以免回来扰害活者；另一种是，送葬者把这种断肢视为对友人馈赠的一种报答行为，或者举行某种祭祀时的一种奉献行为。印第安人的克洛部落中就有类似的纪念仪式，摩尔根做了如下的叙述：“若是某人赠送一件礼物予其友人后而死，其友人必须举行为公众所公认的哀悼行为，如当举行葬仪之际，切断手指一节，不然需将礼物归还于死亡赠送者之氏族。”[①] 他说这种哀悼行为在克洛部落中是很普遍的，并且在举行巫术集会（一种宗教上的大典礼）时，也作为宗教上的大献祭。半坡氏族部落中的缺肢或割体也许包含这种用意。

葬俗中还发现一则特殊的葬例。在北首岭墓地中发现一个葬者的尸骨上缺少头颅骨，用画了符号的一个彩陶大口尖底罐来代替头颅，可能与猎头之俗有关，尖底罐上画有各种符号，似为祭祀亡灵之巫术符记。这个墓（17号）埋葬的是一个成年男子，体骨保存完好，在头骨部位上放一个画黑色符号的尖底罐作为假头，这大概是中国历史上最早用假头埋葬的人了。这类尖底罐是仿人头做的

① ［美］摩尔根：《古代社会》，杨东莼、马雍、马巨译，商务印书馆1977年版。

器物，其下垫一块毛皮，下为木板，身躯用席子覆盖，尖底罐上涂有朱红色颜料，带有巫术性质。左臂尚存几根指骨，旁边还放着一枚野猪牙，其余随葬品放于膝部以下 。随葬品相当丰富，有 3 个陶罐，2 个陶钵，1 个陶壶，1 个陶瓶，研磨具（盘和棒）各 2 件，小腿骨处有一簇骨镞。在另一陶罐内盛有鱼头骨，随葬品相当丰富，说明死者有地位且又是非正常死亡，故埋葬时给予他以特别优厚的礼遇。

死者随葬物品主要是生活用品，多少不一，也不是每个墓都有的。在单人葬中约有三分之一有随葬品，合葬的都有。随葬物的品类以日用陶器、装饰品为多，工具较少。这是对死者在另一世界生活的关怀的朴素反映。随葬器物中最常见的是汲水的瓶和壶，炊煮的罐，盛物的罐，饮食用的碗、钵和盘，一如生前所用，少的 1 件，多的 10 数件。合葬墓中较多，每人各得其应有的一份。装饰品属个人所有，和死者一起埋葬，有各种珠、环、坠等都在原佩带的部位。工具很少，习见的有斧、陶锉、箭头和蚌刀之类，而掌握特殊工艺技术的人则随葬有其常用的用品，如绘画用的研磨盘和锉等，少数还为死者随葬粮食。

成形的葬具发现很少，在半坡小孩葬地中，只发现一个七八岁的小女孩用木板做葬具。在女孩尸体周围用大板块插围成一长方形木框，木板厚 10—20 厘米，高 50 厘米，插入地下深 50 厘米，将孩子放在其内，上面再盖几块木板并拢起来做盖子用。在北首岭葬地也有用席子和木板做葬具的。6 号墓是用席卷筒的方法埋葬。元君庙墓地一个老年男性的墓用砾石块堆积成椁，这是至今发现最早的葬具了，外椁长 2.8 米，宽 2.1 米。墓坑内有二层台，台上铺垫 3—4 层砾石砌成的方椁，内边长 1.7 米，宽 0.9 米，砾石宽 50—60 厘米。内置较多的随葬品。这个死者一定是由于地位较高，才能享受这难得的厚遇，这是我国最早的棺椁制度。此外还发现用树皮掩盖尸体的情况。

小孩的埋葬是在另一意识形态支配下进行的，所以采取的方法和观念都与成人不同。小孩死后，多用陶罐盛装尸体，并埋在居室旁边。小孩墓葬大多一群群地集中在一定地区。在半坡聚落中有两个集群，一个在聚落西部，有十四五座在一起，另一个在北部大围沟边上，有20余座，其余都是零星散布在聚落各处。姜寨共206座，在公共墓地的，东部葬区22座，北部11座，东南部18座，其余三五成群地分散在聚落各处。北首岭66座，也是成群地分散在聚落各处。

小孩葬具都是陶制器皿，种类较多，棺以瓮、罐、尖底瓶为主，棺盖以钵、盆为多。其组合有罐盆、罐钵和瓮盆，以罐钵、瓮钵为最多，少数用钵盆合组，也有将钵、盆、瓮三种组合在一起做葬具的。所有用作小孩葬具的钵、盆，多为绘有鱼、蛙、人面纹图像的精美的彩陶，在钵的口沿上常有刻画符号，这是有一定含义的。有的小孩也有随葬品，种类有碗、盆、钵、尖底瓶等生活用具，还有发笄、石球、石珠。在姜寨聚落中，随葬物品最多的一个孩子身上带有175粒石珠，其次是78粒。较大的孩子，有用两个大瓮对合起来埋葬的。在瓮棺做盖的钵或盆的底部往往凿一个小洞，有的在洞上还盖一个小圆陶片，以防杂土进去。只有在姜寨墓地发现一些小孩不用瓮棺，和成人埋在一起。

在葬俗中最显著的特点是对女孩实行厚葬，如半坡的125号墓，有木作葬具，随葬物较多，且有珠、玉等装饰品。元君庙429号墓两个小孩（一个六七岁，一个十二三岁），随葬骨珠785粒。姜寨127号小孩墓特别突出，死者为十六七岁的少女，随葬器物27件，有石球、耳坠、石刀、陶器，特别罕见的是用8563颗骨珠组成的装饰，佩戴在腰间。这是随葬品最丰富的一个葬例了。女孩死后优厚的葬仪与她们当时的社会地位是相适应的，一方面表示社会对女孩的关怀和钟爱，另一方面表示她们在社会上处于较尊贵的地位，很可能她们是酋长的女儿，或其母系的继承者。

对小孩举行如此独特的葬仪，在民族考古学上可以找到类同的事例。小孩死后埋于房子旁边，可能是基于下面这些观念：①认为小孩未成年，生活不能自理，放在房子旁边，期望灵魂和家人常在一起；②由于人类的自然感情，小孩死后，母亲不忍舍弃而葬在身旁，体现了母爱；③更多是因为小孩年龄小，没有成人，不算氏族成员，所以死后不能葬在公共墓地里。用陶棺装敛，是为了更好地保存孩子的尸骨。

灵魂观念，在小孩瓮棺上有所体现。瓮棺盖子上那个小圆洞，就是为了方便孩子的灵魂出入，使之与家人团聚。这种观念在欧洲和西亚一些巨石墓葬中也有遗留，考古中常常发现在墓门口的石板上凿一个圆洞，一般研究者认为是让灵魂出入用的。

二、彩陶绘画艺术及所含的观念形态

彩陶绘画和雕塑是仰韶人的艺术创作，尤其是彩陶艺术在我国原始艺术史上占有很重要的地位，在当时社会生活中有很大的作用。

半坡人时代的彩陶纹饰，已经不全是原始的对实物的摹写，而是已从表现事物的具象描绘发展到抽象的、概括的、图案化的装饰。这批造型优美、纹彩绚丽的艺术品，是我们的祖先遗留下来的最宝贵的文化遗产之一，是我国原始艺术史上的一块瑰宝。它对研究当时人们的经济生活和意识形态都有重大的价值。（见图 6-16）

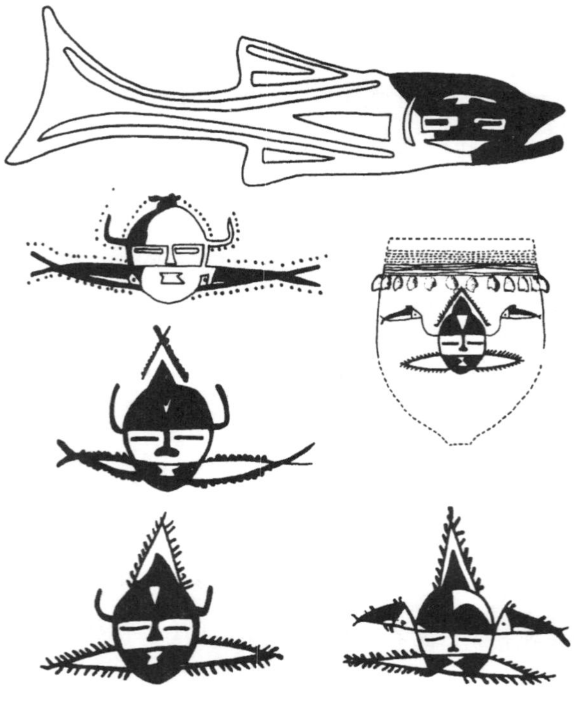

图 6-16 半坡人带有巫术性质的彩陶纹饰

（石兴邦提供）

半坡氏族聚落时代的彩陶艺术，线条单调，形式古朴，带有真纯朴素的原始性质。其纹彩以红底黑花为主，也有橙黄底红花，少数红地白色或青灰色，偶尔也有橙黄色或淡灰色的。彩陶花纹可分象生性和图案花纹两类。

象生性的花纹，有

人头面形纹、鱼纹、鹿纹、鸟纹，以及象征草木或谷物繁生的植物花纹，其中鱼纹最突出。

人头面形花纹，是最有特点的一种纹饰。人面作圆形或卵圆形，口、眼、耳、鼻五官俱全，都是用直线、曲线或空白等线条来表示。例如鼻子用倒丁形、垂直三角形表示。眼睛用两道平行线表示，嘴部则全露白，形态自然逼真。较特别的是两个嘴角平行地衔两条鱼，或者加两道鱼形简化后的“非”形装饰。耳部则呈向外平伸然后翘起向上弯曲的钩子，有的以小鱼代替曲钩形装饰。头部上面作“非”状的锥形装饰，看样子似为帽子，也可能是鱼身的简化形象，或者是发髻，其中一个发髻的顶端还横插一个发笄。从这些图形可以具体而微地看到当时人们头部的一些装饰。

鱼纹是最有代表性的装饰，数量多，变化大，形象也逼真。有单体鱼纹和多体复合组合两种样式。单体鱼纹是由一条鱼单独自成纹组，或与其他花纹相配而成纹组。这种鱼纹形态较多，也最生动形象，头、尾、鳃俱全，身体各部比例匀称，颇合解剖学原理。也有只具头尾而无鳃鳍的鱼纹形态。有作张口睁眼凝视状的，有作张口向前觅食状的，有作游泳状的，有如遇敌手作惊恐状的，神态变化多样。（见图 6-17，此图所示为多件彩陶上的鱼纹）多体鱼纹是由两

图 6-17 半坡彩陶的鱼纹

（石兴邦提供）

条或两条以上的鱼纹合成一组纹饰，有上下重叠组合的，有平行并列的，有多条头尾方向一致的。有的具象生动，有的图案化了，有的多身单头，有的无身只有头，有的无头只有身。平行排列的鱼纹有两种组合法：一种是两头相对合成一组花纹，一种是两尾相结合而成一组花纹，在半坡只发现一例是四条鱼两两相叠接尾而成一组花纹，并趋于图案化。

鹿纹比较简单，仅用黑的线条和圆点来表示，形态不一，有作奔跑状，有作行走状，有作伫立凝视状的。还有少量类似鸟、龟、爬虫等类的概括形象的花纹。

几何形图案花纹在彩陶纹饰中占主要地位。有三角形和三角形组成的纹饰，有三角形与斜线组成的纹饰，有三角形与竖线相间或合拢而组成的纹饰，有三角形与平行线和斜线组成的纹饰，有凹边三角形、弧线和半月形、菱形花纹等元素所组成的纹组等，最后一种是半坡人装饰艺术的主要纹组。

除上述几种主要装饰纹样外，还有三角形与竖行的折线组成的纹饰，竖的三角形与折线组成的纹饰，斜线条相交错而成的斜方格纹，竖的折波线相交组成的斜方格纹等 10 余种不同的花纹。

装饰花纹与所饰器物的形状相互配合而成一完整完美的艺术统一体，两者是相辅相成的。人们创造器物及绘画时，对器物体形、彩绘部位、彩绘题材和章法做了一番深思熟虑，才制作出既实用又美观的彩陶艺术品。（见图 6-18）

凡同类花纹，大体均装饰于同类器物上，或不同类型器物的相同部位上。如宽带纹饰于圜底钵的外口沿；三角形或平行线组成的花纹和相应的原始型鱼纹，均饰于卷唇折腹盆的肩部；三角形与折波纹组成的花纹饰于小口细颈壶的腹部；人面纹多饰于卷唇圜底盆的内壁，与鱼纹相间地分列其中；等等。花纹的纹形装饰也与所饰器物的器形相适应。如同心圆纹多饰于器物的底部；类似渔网的方格纹饰于接近口沿的内外壁；直口而腹部较高的器物多饰竖线纹；鱼纹和横长条形花纹多饰于扁矮的器物上，这样可达到纹、器相协调。

纹组之间的组合主要有以下四种形式：

（1）对称的组合。这是图案装饰基本的组合形式。同一母题的花纹，其间距大小基本一致。不同母题的，多是两相对应的组合，有两组对称的，也有四

图 6-18　半坡人的彩陶
（石兴邦提供）

组对称的，或六组三分对应的。

（2）不对称的组合。有的是三条鱼，三分器壁平行排列，并有两种不同的花纹组合在一起。

（3）同一母题的花纹连续组成一条带状纹饰，像装饰在小口尖底瓶颈部的折枝纹就是这种形式。

（4）不同母题的花纹连续起来成为一组花纹。其中一种是主饰，一种是缀饰，如平行线与三角组成的花纹，中间以圆点或对称三角形为缀饰。

几何图案花纹中的三角形或直线组成的纹饰是由鱼纹演变来的，其演变的过程是融合，分化，而后再融合。

融合有两种情况，一种是两条鱼全身合组成一组花纹，两条鱼，头部结合，形成两个对顶的三角形，合组成一个长方形或正方形。在代表头部的空白三角形中，以小黑点或圆圈表示鱼的眼睛，全身则呈图案化，失掉了鱼的特征。另一种融合是两条鱼上下压叠，体部变化成图案，头部则另行分化。

融合后不同部位常常分化成固定的图案花纹元素（经常是头和尾分开），然后再将这些元素互相组成一组花纹。在鱼纹图案化过程中，遵循一条简单的规律，即头部形状越简单，体部则越趋向图案化；两鱼相对融合后的图案花纹越复杂，相间而成的花纹则越简单。（见图 6-19）

可以看出，三角形花纹就是由对称的鱼纹演变来的，经过多次分化而又融合，最终成为几何形图案花纹。这种图案已看不出原本的图像。当图案化以后，又分化成不同母题的两种花纹：一种是头，一种是身，然后与与其不相对称的任何花纹元素互相组合而成一组花纹。（见图 6-20）

由上可以了然两种花纹相互演化和组合的关系：图案花纹成一单独的组，且与象生性花纹同装饰在一个器物的同一部位，是由于它的来源是象生性花纹，它们之间在纹组、装饰器物及部位、着彩风格等方面是有内在联系的。

这些古朴优美的原始绘画是人们精神活动的产物，来源于实践，反映了人们

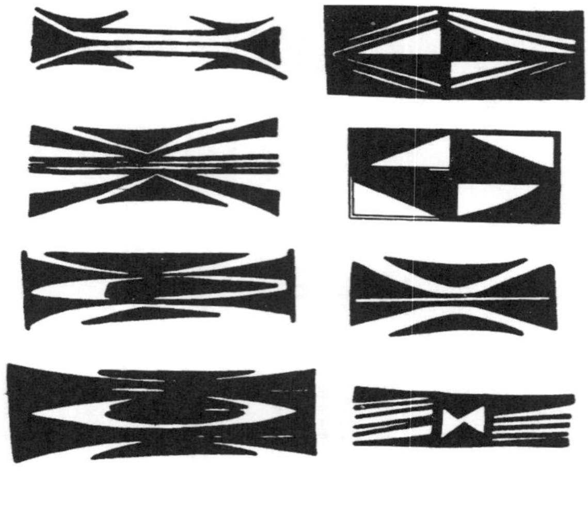

图 6-19　半坡的几何形彩陶图案

（石兴邦提供）

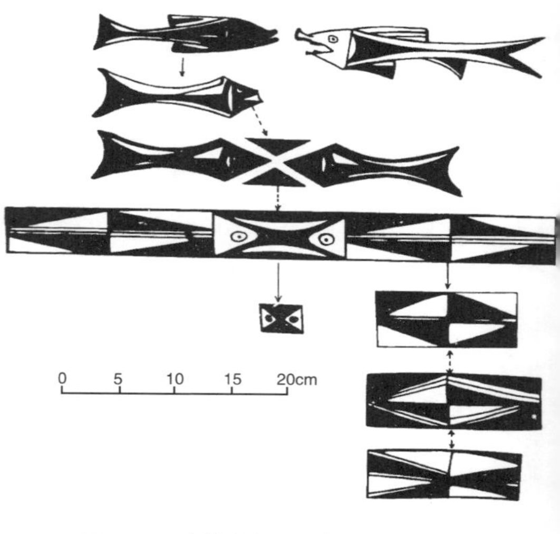

图 6-20　半坡彩陶鱼纹演变图

（石兴邦提供）

在劳动生产和社会生活中的情感和意识，具有一定的社会功能。

彩陶绘画与劳动生产和日常生活密切相关。艺术形象所表现的一般来说是人们在生产和生活中重要的和需要的东西，它所摄取的题材同周围环境和事物有密切的关系，是精神活动在客观存在上的体现。经济活动对原始人的艺术活动的性质和表现形式，常常有直接的重大影响。鱼纹和鹿纹等动物图像应该是渔猎经济在人们生活中占有一定地位的反映；繁复多样的图案花纹是对农业社会的抽象描述，这些彩陶花纹包含有生动的生产斗争意义。人们对某种动物图像做出真实的描绘，其目的也许是探求自然或动物，能给予人类的能动的影响。人们画鱼和鹿，也许希望猎获更多的鱼和鹿，也就是说，希望以艺术（或者巫术）的手段，表达自己的愿望，以达到所求的目的，满足生活的需要。这应是彩陶艺术的第一功能。

彩陶艺术还是爱美观念的表现。图案的装饰作用加强，是人们精神活动的成就，使艺术活动更进一步适应美化生活的要求。半坡人彩陶艺术中图案与造型的结合，已达到相当完美的境地，既显示了器物的实用性质，又达到了美观的目的。例如，图案装饰多在器物肩部和口唇部分，是与当时器物是放在地上这一实际情况相适应，把最美的花纹放在最明显的可视部位，以便更能突出它的意境和表现的意识。其纹饰组合中的黑白、大小、繁简，均合于美的韵律，形成了协调的节奏感，既体现了自然的美，又抒发了人们的感情，使人看了感到轻松舒畅。

从这两种意义来说，半坡人的艺术实践是由写实到装饰美的实现，是随着人们的生产斗争实践与思想观念的复杂化而变化发展的。人们的智慧逐渐使自己的想象越来越直接地表现于艺术形象之中。半坡人的这种创美、审美观念就是在领会自然界固有的完美与和谐美好性质的基础上发展起来的。

第三点，彩陶艺术也是图腾信仰的标志。半坡时代是母系社会图腾制度最发达的时期，在盛行图腾制的部族中，往往把图腾崇拜对象（多是动物）绘刻在身上、器用上、建筑上，日用陶器和木制器皿是流行的图腾标志物的载体。根据民族志材料的统计，80%以上的陶器上的动物图像是氏族信仰的图腾图像，这些图像可能就是图腾的标志物。图腾观念是相信某一人类群体的血统是由同一祖先所传，其原始祖先多为一种动物，相信动物与人源于同一系属，于是便把这种动物当作祖先加以奉祀和崇拜。

三、陶塑艺术

除彩陶装饰外，半坡人遗留下来的另一艺术作品是陶塑，但为数不多。它的取材和内容与彩陶纹饰略同，题材少，造型古朴真实，也显示出原始雕塑的一定水平。雕塑的题材是人和动物的头面形象，有人、鸟、羊等。有的是单用塑，有的是器物上的手把、盖纽等。造型技术很是精巧，个别标本还相当逼真。器物上的附饰，多是浮雕式或镂空状的，一般比较简单。在半坡聚落出土的一片图形陶片上用泥片和泥条塑成五官形状，在右耳的下端还穿有系耳坠的洞痕，形象质朴。泉护村发现的一件人头塑像却是用锥刺纹画成五官形状。扶风绛帐姜西村发现了一件半浮雕的人面塑像，是贴塑在陶盆口沿上的缀饰，除耳、鼻高起部分用泥条加塑外，其余均用阴线刻画；其特点是鼻梁高起，眼角下斜，嘴角上翘，看起来好像带着一种抑郁的神情。保存最好的一件是在北首岭聚落发现的，用细泥陶塑造的人头面，留下完整的左边多半面，好像是尖底瓶口部的一个附耳；面部特征是脸面丰硕，鼻梁高起，下颌微圆，头顶平面多毛皮，眉毛和胡须浓密，并用黑彩涂绘，眼及口部作长条形，双耳扁平并穿有小孔，具有蒙古人种体征。虽然这些人面图像与彩绘艺术相比较为逊色，但对研究当时的种族特征很有参考价值。另外一种陶塑作品是鸟兽图形，多是器物的附件，如盖纽、耳、把等，以鸟为多，形象不具体，难以确认其类别。（见图6-21）

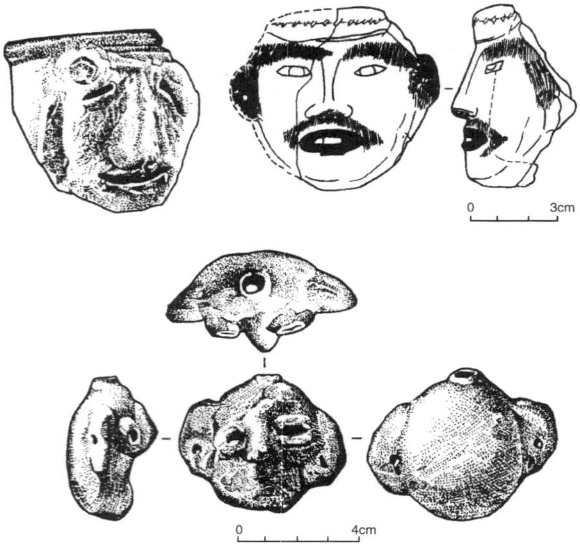

图 6-21　半坡文化的陶塑
（石兴邦提供）

四、刻画符号与原始文字

在半坡时期值得注意的一件事是出现了记事的刻画符号。当时还没有现代意义上的成熟文字，人们之间交流思想的工具是语言。但语言不能长久保存，需要记录有较长时效和繁杂的事时就不行了，于是便采用结绳、刻木、画图和标物等不同的方法记事。半坡人也用类似的方法来记事。在半坡类型文化遗存的六个聚落中，共发现 280 多件 80 个不同的符号。有的单独发现，有的重复出现。[1]（见图 6-22）

图 6-22　半坡人的刻画符号

（石兴邦提供）

这些符号多是刻画在圜底钵口沿外面那道黑色宽带纹中，少数刻在底部或腹部。大部分是在陶器未烧前刻的，只有少数几个是在陶器烧成后，或用过一段时间后划的。这些符号刻画简单，纹迹规整，其所在部位、形状和大小都有规律。值得注意的是，半坡聚落中发现的一些符号，同样出现于姜寨聚落的达 107 件 18 种之多。姜寨聚落中发现 21 种符号，为其他遗址所没有，而且笔画都较繁复。（见图 6-23）这说明刻画符号代表不同含

图 6-23　姜寨人的刻画符号

（石兴邦提供）

① 王志俊：《关中地区仰韶文化刻画符号综述》，载《考古与文物》1980 年第 3 期。

义，有氏族部落间共有的有共同含义的符号（各遗址都有），也有各氏族聚落独有的具有特殊含义的符号，并不断地增加。在分布地区上，西部聚落较少。虽然我们不能确定这些符号都代表什么意义，但可以设想，在有文字以前，它是人们表达思想意识的一种方法和手段，具有原始文字的功能。这当为我国文字的渊薮之一，为我国文字诞生的前奏。（见图 6-24）

图 6-24 半坡人陶器上的刻画符号

（石兴邦提供）

第三节　半坡人的社会组织形态和社会生活状况

前面说过，氏族部落聚落的布局就是社会组织和社会生活的缩影。半坡诸氏族聚落是向心式的布列，表现氏族内向的血缘关系的凝固联系，以氏族为单位的社会生活的映像，也是母系氏族公社时代的特点之一。

一、社会生活

根据对半坡时代诸聚落文化的分析研究，半坡氏族部落时代处于典型的母系氏族公社阶段。人们在以血缘纽带联结起来的氏族公社中，过着原始共产主义的生活，大体处于恩格斯曾论述过的野蛮时期的中级阶段，他们的氏族聚落组织与目前世界上对母系氏族社会的研究成果的基本特点是相同的。

半坡人的生活资料，主要依靠由妇女承担的原始农业生产活动。当时生产力水平还较低下，男子必须外出从事游动不定的狩猎活动。妇女除季节性的农事劳动外，还要承担与日常生活密切相关的料理家务、照管儿童、制作陶器和编织布料以缝制衣物等工作。此外，她们还从事季节性的采集活动，以取得各种需要的生活资料。所以全氏族成员的生活资料大多是依靠妇女们的劳动来供给的。她们在经济生活上起着重要的作用，因而在社会上有较高的地位，受到氏族成员的尊敬。这是当时母系氏族建立的社会经济基础。

妇女在氏族经济中的这种特殊地位，使她们成为氏族社会的中心，维护着氏族血缘组织和各种传统习俗,这就是以妇女为主体的对偶婚形成的内在原因。在这种制度下，男女分属不同的氏族，婚姻是以女系计算的，男子要到女性氏族里去过家庭生活。丈夫不经常在妻子氏族内生活，他们总是被妻族当作客体对待，孩子在母亲氏族中长大并成为氏族的一员。半坡氏族母子合葬一事，就是这种社会关系的证明。这种葬俗现在在一些少数民族中仍然存在。它不仅表明母子的血缘关系，而且表明他们的身世和社会关系。这也是人们常说的孩子只知其母而不知其父的道理，也是妇女处于优越地位的原因之一。为了维持氏族本身的集体存在，女性与她们的子女结成牢固的血缘团体——母系家庭，母系家庭以女性为中心，维系着社会的存在和发展。

这种血缘纽带关系在体现灵魂世界的葬制中表现得很清楚。这虽然是现实社会关系的曲折反映，但它揭示出氏族、家庭中的社会关系。在墓地中，同氏族或家庭的成员整齐而规律地排列在一起，是氏族成员受到血缘纽带强烈作用的一种意识形态的反映。他们认为同一氏族的人都是一个根子生长出来的，有共同的祖先，有血肉关系，活着在一起，死了也要在一起。因此，每个氏族的成员死后必须葬在本氏族的公共墓地里。同氏族的骨与骨、肉与肉，应该是互相结合在一起的。所以同穴或不同穴的死者，都是以平等的身份，共存于同一墓穴或同一墓地之中。在半坡和北首岭氏族墓地中，发现有男女分别埋葬或者男女合葬的现象，它意味着男女属于不同的氏族。在民族志中记录的同性合葬墓，就是在氏族观念支配下的广义的兄弟、姊妹的合葬墓，因为那个时期同辈人都是以兄弟姊妹相称呼的。所以当时一个母系家庭的成员，就是母亲及其所生的儿女，还有偶而一遇的外氏族来的配偶，一般三四人或四五人而已。

当时人们的居室规模也与母系家庭的情况相适应。半坡人的居室，一般10余平方米到20平方米，除日常用物外，也只能容纳三五人，就是以一个对偶家庭为单位而建造的。母系氏族社会中，对偶家庭一般住的是小房子。氏族成员中，女子成年后举行成年礼，然后就建新居，成立新的对偶家庭，未成年的男子住在专为他们准备的公共会所里。

每个氏族聚落中都建有一座大的房子，它是氏族成员聚会的场所，也是男子活动的会所，也可作为节庆时的活动场所。

半坡氏族的后期，一个聚落往往分成几个部分，半坡聚落是两个部分，姜寨和北首岭分为3—5个部分。可能是其平等的氏族组织聚落合在一起，也可能是一个氏族中分出的若干女儿氏族，或者是若干氏族联合而成胞族或小的部落。像姜寨氏族，分成五个集团（五个女儿氏族），每一集团有十几座小房子、一座大房子。小房子无疑是对偶婚的住宅，即对偶家庭住宅，其余未成年人住在大房子中。这样就构成一个母系家庭，既而发展成母系大家庭，成为一个共产制的生产集体。这是由血缘更近的几个家庭结合在一起形成的。

这种母系大家庭的结合，在大多数的情况下是基于生产活动的需要。因为当时生产力水平低，每个对偶家庭不能成为单独的生产单位，只有联合血缘较近的若干个对偶家庭组成经济共同体，在氏族总的原则下，共同进行生产活动。这种基于经济的联合，在美洲易洛魁印第安人中有称为奥华契拉的类似的母系团体。

从以上所述可以推知，半坡时代人们的氏族组织中包括若干个母系大家庭（两个或五个），在氏族首领的率领下共同劳动，共享劳动产品，维持着氏族的社会生活。

在半坡时期的对偶婚制下，每个已婚的妇女虽然都有自己单独的房间，以接待来自外氏族的配偶，但这时还没有现代意义上的家庭。在氏族制下，家庭不是一个社会组织单位，因为夫妻分属两个氏族。氏族包括在胞族内，胞族又包括在部落内，而家庭则是一半包括在丈夫氏族内，一半包括在妻子氏族内。不过这种家庭形态的出现，说明母系家庭的个人化，是以母系形式从氏族内产生出来的。

二、图腾崇拜

半坡时期是氏族制度的发达时期，与其相应的图腾崇拜也很发达。每个氏族都有自己的图腾，每个图腾集团就是一个生产和生活的单位。图腾也是原始信仰精神寄托的象征，全体氏族成员把图腾奉为自己的血亲祖先奉祀着、崇拜着。这些图腾图形往往表现在人们日常生活及艺术活动的各个方面。这种原始意识形态相当广泛地流行于氏族部落阶段的各个部落中。半坡陶器上所绘的鱼纹、鹿纹和鸟类等图像，特别是突出的鱼类图像，可能就是半坡人图腾崇拜的徽号。半坡聚落发现的一件彩陶上的花纹中，在一个鱼头中画一个人面纹，或者是人头鱼身，这个画面简单地解释就是“寓人于鱼”或者“鱼生人”的意思，大概表示人是从鱼而来的。另外在甘肃武山西山坪氏族聚落中发现绘有人头鱼身的形象。把这些图像视为氏族的图腾徽号是恰当的。在姜寨发现一个大口尖底器上绘有人面夹鱼纹头，而这个陶器上的纹饰是造型与绘画相结合的双重图像，陶器造型像人头，其上的画是五官，缩小只看图像时，是人头和鱼的结合。因此这个图像可视为巫师举行祭祀时的形象，而且可能是祭祀图腾神时的穿戴形象，因为有图腾崇拜就有巫师活动。在现在一些保留图腾信仰的民族中，有的民族就认为他们的祖先是半人半兽的动物。我国南方的瑶族和畲族，供奉狗头人身的盘瓠，就是图腾制度的遗俗。很可能半坡人就认为他们的祖先是鱼，或是人格化了的人头鱼身的动物。《山海经》

中记载了不少这样半人半兽或半鸟的神奇人物，这是原始图腾制遗留在人们记忆中的印象的复映。

图腾制度是因氏族制而产生的，同时它又反作用于氏族组织，在人们的生活中有广泛的作用和深刻的影响。人们的交往、婚姻关系、宗教信仰等种种行为模式，都离不开图腾及其制度的制约，图腾制对氏族血缘团体的巩固和氏族成员的团结，都起了积极的作用。

图腾制时期也是自然崇拜的发达时期。随着图腾崇拜的日益深入人心，专职于图腾祭祀的巫术活动也发展起来。这时可能出现了巫师一类的半神职人员，他们执掌祭祀图腾的权力，在彩陶钵盆上所画的人面鱼纹，很可能就是巫师的形象。这种器物也许是他们用以祭祀的法器，我们发现这类盆、钵多为葬具或陪葬品，可能在埋葬死者时要作为祭祀品以送死者到他们祖先那里去。

三、社会习尚

半坡时代的社会习尚是纯朴的、自然的。全体成员生活在由血缘纽带凝结起来的共产制的集体中。成员之间是血亲关系，互相有扶助和保护的义务，对老人很尊敬，对小孩很爱护。这种纯朴自然的习尚，在埋葬制度和习俗中表现得很充分。在元君庙墓地中的某位男性老人墓不仅有丰富的随葬品，而且有石作的棺椁以保护老人尸体。在姜寨墓地中也有55岁的老人，也伴以丰厚的随葬品。这种对老人的厚遇和尊重，可能是源于老年人经验丰富，生产技术娴熟，是社会精神财富的传授者和物质财富的创造者，对氏族集体做了有益的贡献。

半坡人也十分疼爱小孩。小孩不论大小，死后都要用瓮棺盛装，埋在大人的身旁，以防被外界伤害。这基于观念，也基于感情，一方面保护尸骨不被野兽伤害，另一方面在大人身边可被时时照护。在瓮棺盖上打的那个小孔，就是让灵魂出入，可常与家人团聚。爱护之心，从生到死，始终如一。把小孩瓮棺成群地集中埋在一起，也可说明当时社会对儿童的管理和教养都是集体的。

1. 简单的分工

社会劳动是自然分工的，只存在于两性之间，而无行业之分。从随葬品的类别可以看出，男子打猎、捕鱼；妇女从事农耕、家务、制陶、纺织等。男女分别是自己制作和使用的工具、用具的所有者，凡共同制作和使用的都是公共财产。

在自然经济制约下，交换主要是在氏族内部进行，最多是在部落之间进行。由于某种特殊技能而导致的分工，只是在极窄小的范围内存在，如彩陶的制作、切锯石材及钻孔技术等，是由部分成员所承担的事情，但仍然要与其他成员密切协作。

2. 半坡氏族部落的规模和相互之间的关系

半坡聚落居住区占地面积三四万平方米，已发掘的5000平方米内，有20多座房子，将破损的和未发掘的计算在内，有100多座房子。每个房子按居住3人计算，有300多人。如分成两个集团或氏族，每个氏族有100多人至200人，这在原始社会算一个不小的集体了。每个聚落大小不同，自然人口多寡就不同。姜寨聚落有5个氏族，有100多座房子，三四百人，与半坡聚落相差不多。北首岭聚落如按现存房址推测是一个较小的集群，约有200人，如按我们前面的估计也有四五个氏族的话，人口也在300多。在原始时代，氏族部落人口的多少，因经济生活的情况而异，渔猎经济和农业经济所供养的人口不同。从事农业的氏族人口多，以渔猎谋生的氏族人口少。

每个氏族不管人口多少，都是构成当时社会结构的基层单位，若干氏族组成一个胞族，若干胞族再联合成一个部落。半坡时代人们沿河而居，在浐河沿岸20公里范围内就有23个聚落，但这些聚落不可能是同时营建的。当时的人们过着粗放的农耕生活，居址不是长期不变的，而是往复居住耕植，中间时有间歇。依据民族学材料，间歇少则七八年，多则十余年，也有长达30年的。由半坡时期文化层堆积丰厚来看，可能时限还要长一些。浐河沿岸共发现23处聚落遗址。他们在这一地区应属一个部落，因为这样便于进行原始协作，维持共同的生存。这样说来半坡部落有两三千人之多。

按当时的生产力水平和物质生活状况，各氏族部落之间的交往也相当频繁了，有些稀有的东西，如作为装饰品的玉料和海贝之类，就是通过交换获得的。因之各部落之间直接或间接都有较密切的联系。在互相接触的过程中逐渐形成了具有共同文化属性的共同体，两个氏族或部落相距数百里，甚至上千里，也有许多共同拥有的东西，这就是今天我们发现这一文化系统诸遗存既有共同特征，也还存在一些差异的原因。

随着氏族部落之间交往的日益频繁，逐渐形成地域性的集团，有了“我族”“他族”之分，部落之间有了地界观念，彼此之间因某种原因发生冲突甚至酿成战争的情况都有出现。例如，偶然冒犯了某一氏族图腾的禁忌，或冲撞了某些神祇，或因侵犯了某一部落的山林土地而妨害了对方的利益，等等，都会引发争端和冲突。这种冲突或战争有时很激烈、很残酷，半坡的大防卫沟等设施可能与此有关。战争是一种极端的处理方式。一般而言，彼此的冲突，在大多数的情况下，通过氏族部落之间的调解协商就和平地解决了。

第四节　渭水流域是中华民族的主要发祥地之一

从仰韶文化系统各时代的聚落和墓地中，发现了数以千计的人类骨骼。我国人类学家据以做了充分的人类学研究，认为他们属于东亚蒙古人种，与今日中国人（特别是黄河流域的人种）的体征关系最为密切，是中华民族的直系祖先。

从 20 世纪 50 年代起，我们在研究文化遗存的同时，就注意到研究人骨的种族隶属，先后从半坡、北首岭、元君庙、横阵村、姜寨和史家聚落及墓地，掘获到大量的人骨标本。我国人类学家选择了较完整并有代表性的 394 个个体的头骨、下颚骨和一部分长骨，分为 4 个组，其中半坡组 62 个个体，北首岭组 136 个个体，元君庙组 94 个个体，横阵村组 102 个个体，进行了比较分析和研究。研究发现，这四组标本的头骨都有共同的特征：颅骨顶呈椭圆形和五角形的占多数；颅骨缝极简单的占多数；眉弓较弱，不及眶缘的二分之一；眼角比较圆钝，呈四边形；鼻棘低矮；颧形深而宽，转角处欠圆钝；犬齿高不明显或短小的情况出现率较高。这些特征都说明他们是蒙古人种。对前三组标本中 40 多个完整头骨的脑容量测定的结果显示，男性平均在 1480 毫升以上。横阵村组测定了 14 个头骨（9 男、5 女），男性平均为 1520.8 毫升，女性为 1363.9 毫升，比元君庙和北首岭略大些，均属现代人种中的大头型。他们的身长，根据体骨计算，平均在 167.9—169.5 厘米之间，和我国中原地区现代居民中高身材相当。

学者们将这四组人骨标本的重要体质特征与亚洲各地新石器时代人骨和现代人骨的体征比较，在头骨方面，与甘肃、河南同期人头骨，在头宽、头高、颧宽、头指数、长高指数、鼻指数等之测量相比，存在着差异。北首岭的一些头骨上可以观察到较为明显的倾斜的前额，突腭和眉骨突起，有的几达眶缘的二分之一，这可能是带有尼格罗－澳大利亚人种的性质，或者是属于新石器时代的原始特征。将横阵村组头骨与昙石山组、贝加尔湖组比较，都有显著的差别。横阵村组人头没有昙石山组那样接近南亚蒙古人种，也没有贝加尔湖组那样接近北亚蒙古人种。

四组体骨特点没有头骨那么大的一致性，比较起来，元君庙、北首岭、横阵村三组代表性更强一些。他们的脊指数大于100，说明股骨脊和股骨粗浅较发达，这表示劳动强度的粗大指数与仰韶新石器时代的人骨基本上是接近的，而较甘肃史前与华北近代、满洲近代组为高。这一点说明，他们的劳动强度可能不低于仰韶而较高于近代组。通过对这些长骨的比较观察可以看出，他们与黄河流域现代的居民是接近的。

根据以上比较分析，这四组人骨在主要体征方面基本上是相同的，同属于一个人种类型。他们与其他各新石器时代人种比较，接近于印度支那组而远于贝加尔湖组，与近代蒙古人种中的小人种的太平洋支的南亚种系接近。其接近的程度与南亚系较多，而与大陆支的中亚细亚的蒙古人种相去较远，所以他们与南亚人种有较密切的关系。

通过一些文化因素，我们也可以看出半坡人与南亚人种之间的联系。例如，半坡氏族部落后期的葬俗中盛行二次葬，而在东南亚现代的一些民族中也还实行这种葬俗。尤其埋葬时的头向，半坡氏族与现在东南亚的一些居民都流行头向西的葬俗。根据这些迹象推测，远在氏族部落时代，母系氏族公社的繁荣阶段，印度支那的一些氏族部落与大陆原始居民已有接触，也有可能是那时半坡仰韶文化的一些氏族部落向南发展的原因。

世界范围内的一些学者在研究大洋洲人种的来源时，有人曾主张大洋洲居民主要是从亚洲大陆迁移过去的，这种迁移不止一次、两次，而是不断地迁徙。从文化与人种的关系来说，这种过程从仰韶文化时期，或更远的时期即已开始了。

根据这一情况，我们从北首岭组的人骨标本带有尼格罗－澳大利亚人种的特点，或者新石器时代人种的原始性等特征来推测，可能在新石器时代中、早期，蒙古人种的主支在黄河流域一带已形成若干种系。

再追源求本地探索，仰韶人不是偶然出现的，而是从山顶洞人发展演进而来的。

山顶洞人是旧石器时代晚期的人类，距现在有两万多年的历史。山顶洞人的三个代表性头骨的特征和蒙古人种的种族特征相近，尤其与中国人、爱斯基摩人和美洲印第安人的特征相似。因此，山顶洞人是形成中的蒙古人种的原始种型，而且有蒙古人种的典型特征，而山顶洞人的主要体征与现代中国人的体征最接近。仰韶人是直接继承了山顶洞人的血统而发展下来的，他们都是中华民族的直系祖先。这说明黄河流域是蒙古人种发育成长的摇篮，而渭水流域是其主要的发祥地之一。

第七章

仰韶时代早期的史家母系氏族公社

史家母系氏族公社是半坡氏族公社的发展和继续，年代为距今6500—5900年。史家人继承了半坡人的传统和习俗，并进一步发展，进入一个新的时代。社会组织机构进一步发展和变化，人们的思想意识也相应发生变化。在半坡公社的基础上，史家人增添了在他们自己独有的文化类型和新的观念形态影响下所形成的习俗。

第一节　史家母系氏族公社时期的墓葬

一、史家墓地的葬俗

史家人的聚落结构和遗存我们掌握得还不多，只发现了零星的房屋建筑遗迹和储藏东西的窖穴。这些遗存的特点与半坡时代基本相同。但在史家公社时期却发现了几处规模较大而又保存较为完整的氏族公共墓地，以及随葬的那些独具特征而丰富精美的陶器及其他随葬品。这些墓地所体现的葬俗、葬制以及彩陶图纹的种种形象和特点，说明了史家公社是半坡公社发展到一个新的时期并有新的文化创造的历史时代的产物。

史家人时代的墓地主要有：华州的元君庙，临潼的史家、姜寨，华阴的横阵。各墓地的葬俗基本属于同一类型，即盛行多人二次合葬制。但在葬制上，即埋葬方式和墓地布局上稍有出入。史家墓地发掘的范围较小，墓地中墓坑的排列很密集，在250平方米的范围内，发掘出43座墓葬，墓坑和人骨排列得很挤，而且有多处互相压叠。在这个墓地中，除了少数还承袭半坡的单人葬、两人合葬和小孩瓮棺葬外，成人最突出的是实行多人合葬和多人二次合葬制。（见图7-1）

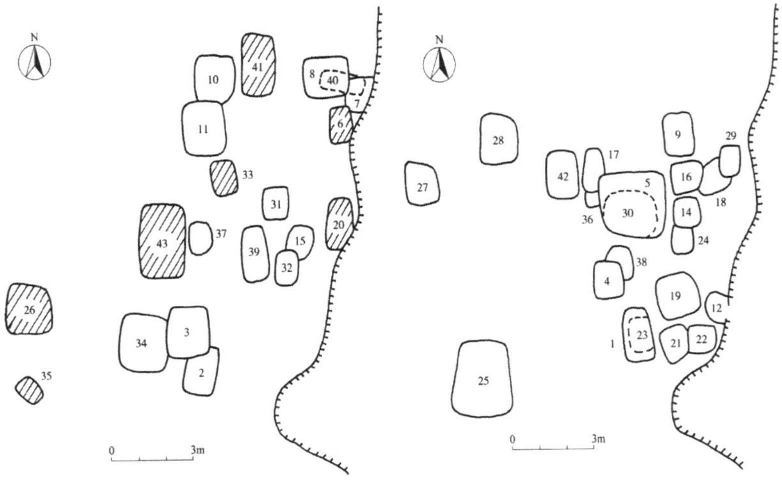

图7-1　史家墓葬分期平面图

（引自《考古》1978年第1期）

史家墓地的多人二次合葬墓共有40座，其葬法是在一个墓坑中分排分层地安排死者，尸骨排列整齐而有规律：一般摆置是长骨在两侧，其余骨骼摆在头骨和长骨之下。大多数是头西面东，也有少数头北面南、头西面上、头西面下的。只有少数墓的骨骼堆放在一起，我们称它为“堆骨葬”。（见图7-2）

在一个坑里面埋葬人数最多的有51具尸骨，少的4具，20具左右的居多。有些骨骼上还涂有黑色颜料。除22号墓全部为男性外，其余坑中男女老少都有。如第15号墓，埋6人，分两层埋葬，二层埋4个中年人，三男一女，下层埋老年男女各1人。随葬品有泥质红陶钵、夹砂红陶罐、带盖罐、葫芦瓶各1件，细颈壶2件，石斧1件。2号墓埋8人，分两排，中年男性5人，中、青年女性3人。11号墓埋25人，同层分排埋葬，共3排，一排10人，二排8人，三排7人。其中中年男性14人，中年女性7人，老年女性2人，青年女性2人。主要头西面东，头西面上、面下各1人，少数头东面西。25号墓葬埋26人，

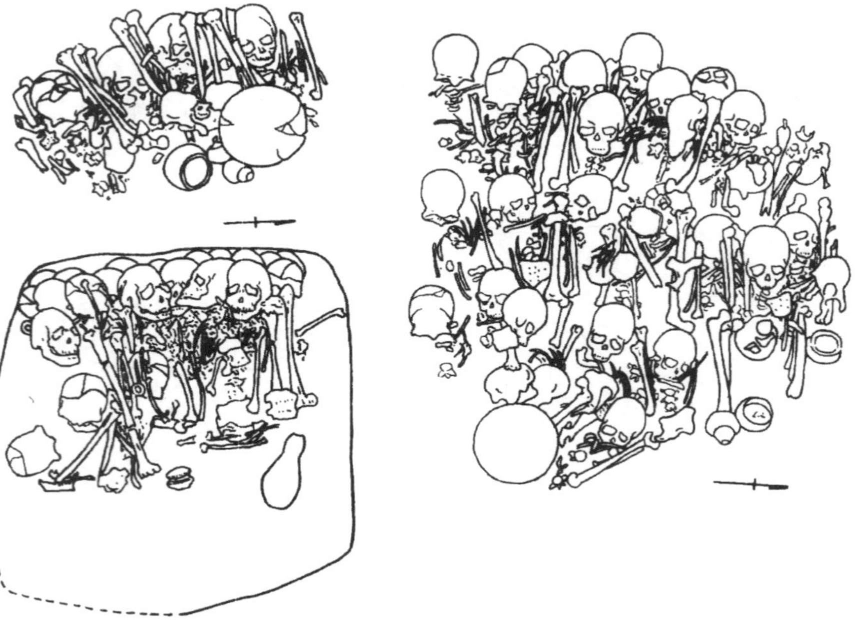

图7-2 史家人的二次合葬墓

（引自《考古》1978年第1期）

可以识别性别的中年男性 16 人，女性 6 人，儿童 1 人，共分 4 排，骨骼排列稀疏，一排 5 人，二排 8 人，三排 7 人，四排 6 人，每具骨骼自成一堆，埋放排列整齐，头西面南、面东的 21 人，面上的 2 人，头东面西的 3 人。其中 7 人骨架上有黑色颜料。[①]

每个墓坑埋葬的人数多寡不一，共埋葬人数为 700 人，其中老年男性 15 人，女性 3 人；中年女性 178 人，男性 405 人；青年女性 21 人，男性 12 人；儿童 52 人；不详性别的 14 人。其中 40 具尸骨涂有黑色颜料。

通过对这些骨骼进行鉴定，发现股骨变曲受伤的男性 3 例，男性腰脊椎、胸椎形成骨桥的 5 例，女性头骨受伤的 1 例，下颚骨骨质增生的男女性各 1 例，女性额骨受伤、男性肱骨有刀刮痕的各 1 例。

随葬的器物主要是陶器，种类有当时流行的细颈壶、葫芦瓶、带盖罐、盂和尖底瓶。工具类有打制的石刮削器、砍砸器和尖状器，磨制的斧、锤、磨盘、磨石，骨角器有锥、针等物。它们都是生活和生产及工艺制造的常用器物。

二、姜寨氏族晚期的葬俗

姜寨氏族发展的后期阶段称作姜寨二期，这一时期的墓地营建在早期姜寨聚落的中心广场内，墓葬文化延续姜寨早期半坡文化，与史家文化同一性质，墓葬较为密集。在这里共发现 294 座墓葬，其中合葬墓 133 座，多为大、中型墓。

姜寨二期的葬俗仍以多人二次葬为主，单人二次葬的计 25 座。多人合葬墓中，埋葬 20 人以下的 119 座，最多的一座合葬 84 人。

这些墓葬的骨殖摆得都很规律，和史家墓地情况一样，头骨在中间，四肢骨排列两侧，其他骨骼置于头骨和长骨之间，髋骨置于头的两侧。还有一个摆法是，头骨放在西边，其他骨骼放在头骨东边，也是头朝西，是生死观念的一种表示。

① 西安半坡博物馆、渭南县文化馆：《陕西渭南史家新石器时代遗址》，载《考古》1978 年第 1 期。

骨骼在坑中的葬法，是一排排并列放置，下层多属一次葬，上层是二次葬，骨骼压叠其上，亦有不分排列和层次的。随葬品多寡不一，多的35件，少的1件。除日用陶器外，还有粮食和绘图用具，随葬此类物品的可能是氏族成员中有特殊技能的成员。有一个墓中的陶罐盛有黍类（糜子），可能墓主人是一个司种子的巫师或司农业生产的司祭者。还有一个壮年女性墓中（84号墓），随葬品是一套绘画用具：一个石砚，一个小研磨棒，水杯，研磨器和赤铁矿颜料。这个女性可能就是专门绘制彩陶的。

姜寨晚期的埋葬方式多种多样，可分为以下几种情况：

第一种是分排埋葬。如83号墓埋28人，分3排，一排8人，二排8人，三排12人。头向西，随葬物压在肢骨上和脚下。这一坑埋的成员，壮年女性7人，壮年男性15人，老年男性3人，老年女性1人，青、少年女性各1人。还有一种情况是分排合葬，如299号墓埋8人，分东西两排，每排各4人，排列整齐。随葬物3件，陶片一堆（1000多块）。

第二种情况是分层分组埋葬。如第84号墓，合葬32人，分两层，每层分南北两组，中间隔以宽76厘米、高20厘米的土梁，上层的北组7人，南组18人，依次压叠。有个15岁左右的小孩，随葬物35件。下层为一次葬。北组3人，壮男、少男和中年女性各1人，南组4人，属中、壮年男性。头均向西。

第三种是分层分排合葬。如75号墓，合葬69人，分三层。上层32人，共4排，由西向东数一排15人，二排5人，三排4人，四排8人，随葬物9件。中层25人，也分4排，一排7人，二排7人，三排9人，四排2人。老年男性6人，壮年男性8人，青年男性2人，老年女性3人，青年女性3人，性别不明的中、青年和小孩各1人。下层分两个小坑，东坑10人，老年男性2人，中年男性6人，中、青年女性各1人，西坑系2人二次葬，中、老年男性各1人。

第四种更复杂，为分层分组分坑合葬。如205号墓，合葬82人，分四层埋葬，一、二层骨殖较凌乱，下层整齐，由上而下一层埋23人，骨骼摆置无规律，男性20人，女性3人，随葬物6件。二层19人，男性10人，女性8人，小孩1人，随葬物2件。三层埋19人，分3组，一组在坑北计9人，二组在坑南7人，三组在坑西3人，其中男女各9人，少年1人，骨骼排列整齐。四层葬21人，分南北两组，南组13人（8男、5女），北组8人，排列整齐，全坑共随葬器物19件，计钵9、葫芦瓶3、尖底瓶7。

第五种是大坑内套小坑用压叠式埋葬。如208号墓，合葬74人，分四层，每层分东西两个坑，人骨压叠放在一起。上层东坑埋12人，西坑埋23人（18男、5女）。二层12人，东坑7人（女），西坑5人（3男、2女）。三层20人，东坑13人（男、女各6人，少年1人），西坑7人（4男、3女）。四层7人，东坑5人（2男、3女），西坑2人（男、女各1人）。三、四层无随葬品或很少。

第六种是一个大的圆形丛葬坑。只有358号墓1座，84个个体丛葬在一起，坑口椭圆形至底成长方形。人骨排列在坑的四周，其排摆法是长骨沿长方形坑四边纵横排列，坑内骨骼摆置无规律，共分四层埋葬。上层45具，二层14具，三层19具，四层6具，共计青年男性15人，青年女性16人，中、壮年男性2人，中、壮年女性48人，老年女性1人，儿童2人。随葬物多出在二层，计钵6，罐3，葫芦瓶3，细颈壶1，尖底瓶1，陶埙2，陶球2，陶杯和陶响器各1，共20件。

在这个墓地中，较为特殊的是25座瓮棺埋的是成人。其骨骼的摆放法与二次葬中的一样，头骨居中，长骨排在两侧，其他骨骼放在头骨下方和长骨间。有随葬品的只有4座。代表性例子如263号瓮棺，内置4具人骨，女性成人1人及十四五岁少年3人。297号瓮棺埋成年男性，系二次葬，随葬葫芦瓶和带盖罐各1。有一个较特殊的情况是在232—237号墓的瓮棺葬坑内，还埋有6具人骨，3男2女（都是小孩），还有1具性别不明和正式墓葬一样。

有小孩瓮棺葬78座，分布在居址的东部和东北部，一群群地集中在一起。有3群，由南向北分布，每组是9人、7人和5人。其余零星分散在聚落各处。瓮棺的葬具组合是罐和钵、瓮和钵、瓮和瓮、瓮和尖底瓶、钵和缸、缸和缸、钵和钵、钵和尖底瓶等不同的组合，以罐和钵、瓮和钵的组合最多。①

① 西安半坡博物馆、陕西省考古研究所、临潼县博物馆：《姜寨——新石器时代遗址发掘报告》，文物出版社1988年版。

三、横阵氏族的葬俗

横阵氏族的墓地位于华阴市的横阵村，全为集体二次合葬制，属大坑套小坑的埋葬方式。大坑共3个，均呈南北方向，自西向东呈品字形排列。3个大坑中有2个保存较好，另1个部分被损毁。（见图7-3）

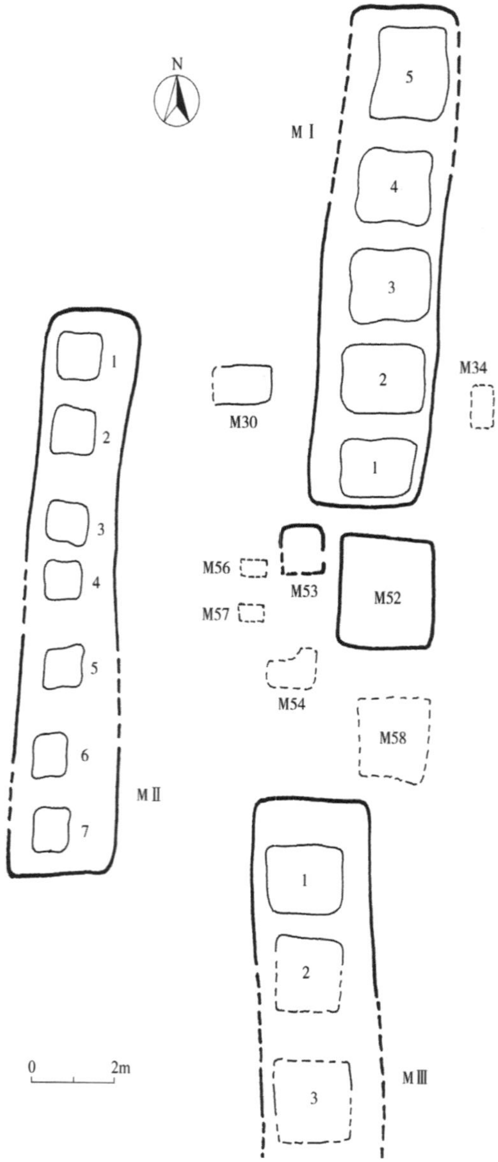

图7-3 横阵合葬墓区的平面布局
（引自《考古学集刊》1984年第4集）

1号大坑内设5个分坑，分层分排埋葬。从南向北数，1号小坑埋11人，分四排：一排5人，二排2人，三排3人，四排1人。人骨放置较凌乱，有钵、尖底瓶和罐3件随葬品。2号小坑埋4人。3号小坑埋10人，分两排，每排5人。4号小坑埋8人，分两排，一排5人，二排3人。5号小坑埋12人，分三排，一排5人，二排2人，三排5人。

2号大坑有7个小坑，葬40人，骨骼作2—3层叠压。从北向南数，1号小坑埋7人，分两层，一层5人，二层2人；2号小坑也埋9人，分三层，每层3人；3号小坑埋6人，分两层，一层4人，二层2人；4号小坑5人，也分两层，一层2人，二层3人；5号小坑葬5人，分两层，一层3人，二层2人；6号小坑葬3人；7号小坑葬5人，但只有一个头骨。

随葬品49件，每个小坑除有陶罐、钵、尖底瓶等外，还有石斧等工具。

3号大坑因后期损毁，只剩下3个小坑。其中1号小坑葬5人，3号小坑仅剩下3具人骨，2号坑只留下一个坑角。

在3座大坑之间，还有8座二次合葬墓，其中保存完整的是52号墓，为分排多人合葬制。内葬12人，分两排，一排8人，一排4人。53号墓埋5人，分三层，一、二层皆2人，三层1人。这些墓葬多有随葬品，工具类有陶、石制的斧、锛、刀、磨盘、刮削器、敲砸器、纺轮、陶锉、陶球等，骨制的针、锥、匕等。陶器有钵、罐、尖底瓶、瓮、甑、灶、盘、杯、碗等。最常用的是一套罐、尖底瓶和钵等器皿。装饰品有石环、陶环、骨饰、牙饰、蚌饰等类。[①]

四、元君庙氏族的葬俗

元君庙墓地的葬制是从半坡向史家时代过渡的葬俗。这里保留着较完整的57座墓葬，这些墓葬整齐地、有规律地排列在一个墓地，由北向南，依次是早、中、晚三个时期的遗存，共6排。这些墓葬可分属两个葬区，一、二、三排属一区；四、五、六排属二区。（见图7-4）

在这个墓地中，单人一次葬8座，二人合葬5座，四人葬4座，5、6、7、8、12人葬的各1座。这里出现了用动物骨骼随葬的现象，随葬猪下颚骨2例，羊骨1例，鸟骨1例（均放在陶罐内）。身染红色颜料的2例。在葬例中，合葬墓内1人或2人为一次葬，其余均为二次葬；一人二次葬者10座（男女皆有），多人（6人）一次合葬者2座。葬式以仰身直肢葬为主，且都有随葬品。

元君庙墓地共埋葬男性78人，女性59人，小孩37人。未成年37人，40—50岁的25人，20—40岁的106人，另有6人年龄不详。壮年（20—30岁）死亡的58人，半数以上是妇女（20—30岁），40—50岁妇女8人，只有1人活到50岁。由此可见，当时居民的寿命是相当短促的。[②]

① 中国社会科学院考古研究所陕西工作队：《陕西华阴横阵遗址发掘报告》，见《考古》编辑部编：《考古学集刊》1984年第4集，中国社会科学出版社1984年版。

② 北京大学历史系考古教研室：《元君庙仰韶墓地》，文物出版社1983年版。

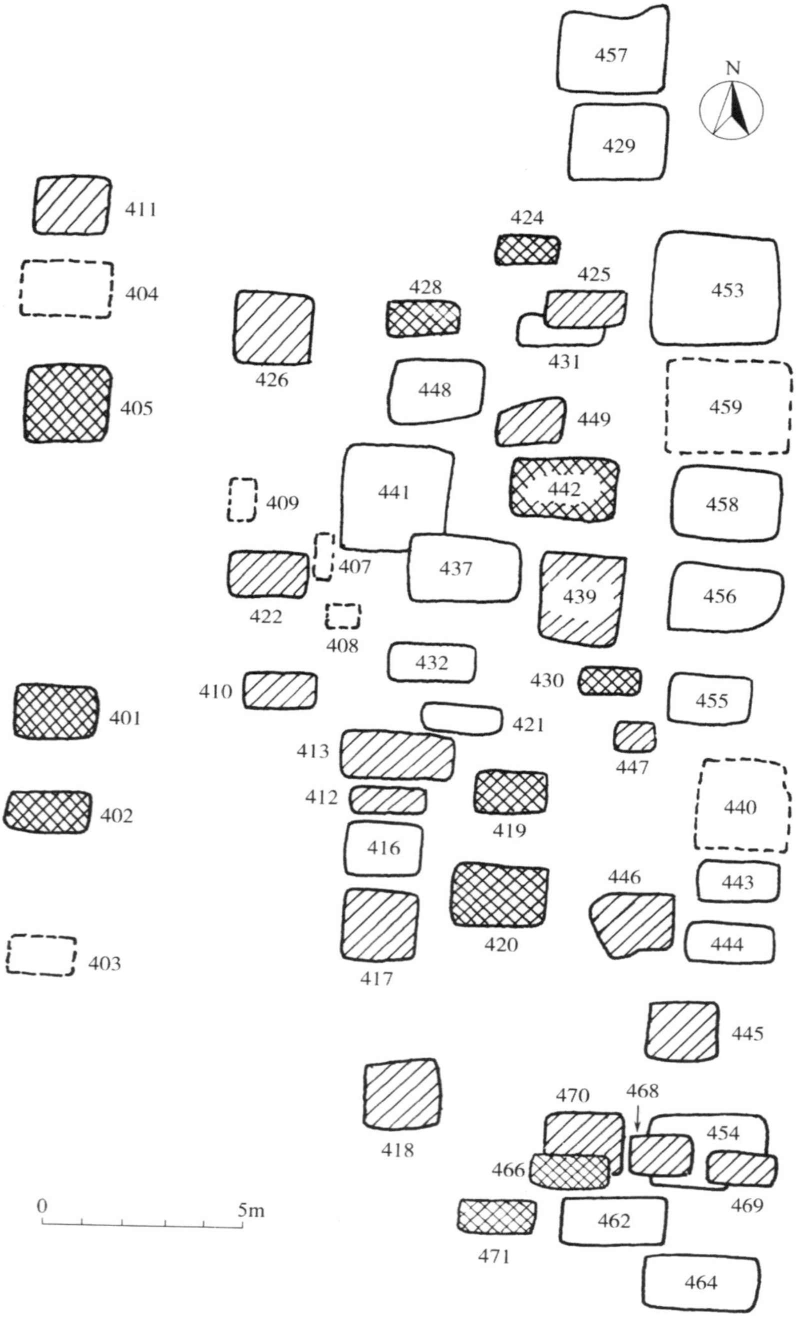

图 7-4　元君庙仰韶墓地平面图

（引自北京大学历史系考古教研室：《元君庙仰韶墓地》，文物出版社 1983 年版）

第二节　史家葬俗所反映的社会组织结构和意识形态

史家氏族聚落文化是半坡文化的继续发展，带有浓厚的母系氏族公社文化特点。元君庙葬俗则明显反映出社会形态和意识形态方面的一些迹象。

一、体现母系特征的迹象

华州元君庙第 444 号墓埋葬 6 人，随葬物都放在老年妇女的身旁。457 号墓合葬 3 人，成年女性（35 岁）为一次葬，其他 2 人随她而葬。440 号墓中的两个女性（25—50 岁）为一次葬，其余随她们为二次葬。418 号墓的 20 岁女性为一次葬，其他 4 人随她二次葬。405 号墓 12 人合葬，而以 20 岁左右的妇女为主体。455 号墓一个母亲和她的晚辈埋在一起。这些说明，葬俗中以女性为主导，反映以女性为主体的葬制，说明妇女在社会上有较高的地位，且较受尊重。

尊敬老人的社会风尚。456 号墓葬 7 人，两个 50 岁左右的男性为一次葬，其他人为二次葬。458 号墓中，葬有 1 个 50 岁左右的男性老人，并特别为他用卵石块砌成一个长 2.8 米、宽 2.1 米、厚 0.2 米的椁室，形成特有的二层台，并置放 6 件陶器。

女孩以成人之礼埋葬。在 405、420 和 429 号三个墓中，都是埋的小孩，但以成人之礼安葬，表明社会对女性的优遇。

合葬制度反映出氏族制的血缘关系，反映不同辈分和血缘关系，如两代人合葬的 440 号墓，葬 11 人，两个成年妇女为一次葬，其他皆为二次附葬。404 号墓，6 人合葬，老、中、少年均有，为三代人合葬。合葬制度还反映同辈同性的伴当关系，这是沿袭半坡时期的习俗，在 449 号墓中，3 个 50 岁左右的男性合葬在一起，另外还有两个男性（20 岁、35 岁）伴当合葬在一起（443 号墓）。

二、合葬制所反映的社会组织结构

合葬制体现了氏族成员之间的平等关系。盛行合葬制的墓地，其布局、规律均有序，同墓穴的死者和不同墓穴的死者，都是以平等的身份，共存于同一墓穴、同一墓区或墓地，说明氏族成员彼此身份是平等的。

合葬制体现了家族、家庭组织观念。同一氏族以血缘为纽带的血缘观念反映在氏族共同墓地的集群中。有血缘关系的成员，都是这一集体的亲骨肉，是不分离的。这是因为同一氏族的人，都是一个根子生长出来的，有共同的祖先，有骨肉关系，活着在一起，死了也要在一起。所以本氏族成员死后必须葬在本氏族的公共墓地。

元君庙的两个墓区，是这一聚区分为两个氏族组织二分制的反映。在公共墓地中，葬在同一墓区的死者，生前属于同一个血亲共同体，成员之间应是血亲范畴。两个氏族是两个对婚集团，具有婚亲和血缘关系。

到史家公社晚期，姜寨二期的后期和横阵时期，葬制出现了一个新的变化，即大坑内埋葬小坑的葬俗产生，体现出当时社会组织结构有所改变，即氏族、大家族和家庭等组织出现。表现在一个氏族中不同母系大家族成为一个组织单元，即在氏族发展、分化的进程中，家族关系的发展中，出现了大的以血缘为纽带的家族。

横阵墓地的三个大坑可能是代表了三个母系大家族，其中包括的小坑，应是一个母系家庭。若干个家庭组成一个大家族，每一个坑中的分层是为了区分上、下辈。男女合葬的组合明显地具有家庭色彩。如横阵的一个大坑的 2 号小坑，埋 4 人，壮年男女各 1 人，青、少年各 1 人，就是一个家庭的具体写照。2 号大坑的 5 号小坑埋 6 人，2 个中年男性，3 个中年女性和 1 个小孩；6 号小坑埋 3 人，壮年男性 2 人，女性 1 人。3 号大坑的 1 号小坑埋 5 人，成年男女各 1 人，壮年女性 3 人。在合葬的 52 号墓的一排 8 人中，壮、中、青年男性各 1 人，中年女性 2 人，壮年女性 1 人，儿童、婴儿各 1 人。这些合葬的男女，当然为同一家族同一辈分中的兄弟姊妹，但包括彼此的配偶。

上述几个墓地，无论采用分坑分层，还是分排的埋葬方式，都可以反映社会基层组织和血缘关系自然组成的社会组织网络。层次可视为辈分的反映，每个小坑可视为家庭的反映，大坑是大家族或氏族，葬制显示出当时社会组织机构的模式和特点。

三、二次葬制所反映的意识形态

史家时期人们采用二次合葬制是由当时人们的思想意识和相应的社会组织结构所决定的。实行这种葬制的氏族都有这样一种观念，即相信肉体是现实世界的，灵魂是超现实的，将肉体腐蚀掉，灵魂才能解脱，才能到快乐的第二世界去。合葬制是社会发展到一定时期的现实反映，即社会基层组织发生了变化，家族、家庭已经形成。要保持氏族、家族和家庭的集体和血缘关系，死后就要按生时的血缘关系埋葬在一起。在民族志的材料中，这种事例是相当多的。

在我国边疆一些兄弟民族的社会组织与生活模式中尚能找到相同或相似的表现，可以从这些表现中找到原始社会葬制的含义。例如云南佤族的公共墓地是按寨人的姓氏划出来的。每一姓的人埋在一个区域内，而不同姓氏的人不能埋在同一个区域内。这种以姓氏分区的埋葬制，可能是原始社会以氏族或大家族分区埋葬的孑遗。

广东连南南岗排瑶的公共墓地，姓氏不同的死者分别葬在公共墓地内的不同区域；但属于同一姓氏、不同房的人，死后也可聚葬在一起。在南岗排瑶同一姓氏的人中间，以残余的形式保留了氏族成员之间的权利和义务，同姓之间不得结婚，每一姓氏都有自己的巫师。这里的姓氏，也可能是由原始氏族演变而来，一个姓氏相当于原来的一个氏族。

印第安切罗基部落把人的尸骨按氏族陈厝于房屋之中，这些房屋就是保存氏族成员尸骨的墓地。摩尔根在切罗基部落的一个辖地的聚落中发现了三个藏尸室，三个藏尸室彼此相距很近，每个藏尸室分别保存有关氏族家族成员的尸骨。屋子内陈放着藏尸柜，在每一个形式古老的柜子上面，用象形文字标明家族或氏族的名称。同氏族的人死后，尸骨都放在一个柜子里。很可能在经过一个时期后，再将其埋葬在一起。每个柜子相当于史家的大坑或小坑。摩尔根考察发现图斯卡罗腊部落有一个公共墓地，其中凡是同一氏族的死者都葬在同一行墓地里，有一行是海狸氏族死者之墓，有两行是熊氏族死者之墓，有一行是苍狼氏族死者之墓，有一行是大龟氏族死者之墓。如此分属各氏族的墓地共八行，夫妇分葬而且异行，父亲与儿子也不能同葬一行。这个墓地体现了图斯卡罗腊部落的母系氏族社会的特点，每一氏族自成一行，总是把母亲而不是把父亲和孩子埋在一起。在母系社会，父亲和孩子不属同一个氏族，因此不能埋葬在一起，而氏族墓地只在部落墓地中占据氏族所应占的那一部分。

从这种意义上说，元君庙墓地应为一个部落共同体，它反映出这一部落中的氏族组织结构与血缘关系。异穴埋葬反映了各墓间成员的亲族关系，同穴埋葬则反映了同墓成员间的血亲关系，它们共同反映了氏族、家族和部落之间的关系。异穴埋葬表示各墓间成员的亲缘关系，与之相区别，同穴合葬则是同墓成员亲缘关系更亲近的表达形式。氏族墓地出现这两种埋葬形式，是氏族分化成若干家族集群的标志，即在氏族共同体内又孕育分裂出了小于氏族的血亲共同体。

因此，不同辈分的合葬制是元君庙氏族部落不同时期通行的葬制，表现出家族已成为氏族内普遍存在的组织单位。家族埋葬的出现可以证明，家族及家族观念的产生和发展是经历了一个相当长的时间的。

母系大家族的出现，表示氏族公社即将进入繁荣阶段，它是氏族内部孕育而成的新的因子。这个因子的产生，使氏族内部渗进了离心因素，各个大家族逐渐形成一个经济联合体，各个联合体都为自己的生活而操劳着。氏族的共同利益中出现了家族的特殊利益。随着生产力的发展，家族的独立性越来越大，终至突破氏族的小天地而开拓更大的活动领域。这时，男女在社会上的地位也逐渐在改变。元君庙出现了几座以男子为中心的合葬墓，意味着父系氏族公社的因子在旧胚胎中蠕动。横阵墓地所反映的是从母系向父系氏族过渡的初级形式，家族已成为氏族内普遍存在的血缘经济组织单位。家族是氏族内的新陈代谢，是从氏族内部分化而来。合葬制是家族在一定时间内死亡成员的埋葬形式，它是这一时期氏族、家族的组织状况的缩影。

四、彩陶纹饰所反映的观念形态

史家人使用的一套陶制容器十分精美，它从半坡类型发展而来，但造型、彩绘和纹饰却胜过半坡人的技艺。他们依照半坡器物的祖型制造出一批新类型，代表性的器物组合是敛口或弇口浅腹圜底钵、敞口鼓腹平底瓮、敛口平底碗、

图 7-5　史家人的葫芦瓶和细颈壶
（石兴邦提供）

葫芦瓶、圆口细颈壶（蒜头壶）、弇口尖底和平底瓶、鼓腹小平罐、卷唇折肩圜底盆等类。（见图 7-5）

史家人的陶器以细泥陶为多，表面素光，其中较为突出的是葫芦瓶和蒜头壶。这两种器物，体形变化特别多，纹饰又精美，题材专一但多变，应是具有特殊社会功能的器物。器形、纹饰的质感及图形的特征都与半坡文化的同类器物有同一感，但花纹的形象却有独特之处。花纹多为变形图案化鱼纹和鱼人相融汇的拟人化花纹，有正面的竖行的拟人化鱼头形象、横列的拟人化鱼头形象，还有鱼鸟并列的图形。图形生动逼真，其中有个图像是拟人化的鱼头，鱼头头顶还戴有尖状帽饰。这些形象似乎代表着一种神秘的观念，很像是巫师形象，又像是从图腾崇拜向祖先神崇拜转变的标志，应是社会组织结构转变的一个迹象。（见图 7-6、图 7-7）

图 7-6 史家人葫芦瓶上的拟人化兽面纹
（石兴邦提供）

图 7-7 史家人的彩陶
（石兴邦提供）

第八章

仰韶时代中、晚期的福临堡氏族聚落

仰韶时代中期遗存，以往学界多以河南省陕州庙底沟遗址作为代表，称作庙底沟类型或庙底沟文化。仰韶时代晚期遗存，学界多以山西芮城西王村遗址作为代表，称作西王村类型或西王村文化。在陕西关中等地区，仰韶时代（文化）中、晚期文化的典型代表是宝鸡福临堡氏族聚落，年代距今6000—5000年，延续时间约1000年。

福临堡遗存大致经历了早、晚两个发展阶段。早期相当于仰韶时代的中期，其年代为距今6000—5500年；晚期（二、三期）遗存相当于仰韶时代的晚期，其年代为距今5500—5000年。

仰韶时代中期，由于生产力的发展，氏族部落间交往的扩大，以中原地区为中心，融合黄河中上游广大区域内的氏族部落，形成空前庞大的部落联盟和集团。其势力西到兰州盆地，南达江汉平原北部，北至河套，东及江淮地区与大汶口文化相毗邻，渗透到长江中游和燕山以北的红山文化领域，并对周围氏族部落文化产生了深远的影响。这个时期也正是黄河流域氏族部落文化扩展辐射的时代。相邻地区的氏族聚落接触交往并伴随着融合，氏族文化迅速趋同，形成了较大的文化共同体。仰韶文化中期以其历史悠久、辐射范围广泛、凝聚力强固而成为中华民族原始共同体的主体和核心，也成为后来文明形成的基础。

这时氏族部落活动的中心和发展水平较高的文化仍然在渭、泾、伊、汾环绕的中原地区。在黄河南曲周围地区，形成了一个较稳固的氏族部落文化共同体，包括渭水流域的关中和陇东地区、汾水下游的晋南地区和伊洛两岸的豫西地区，最具代表性的是渭水流域及其辐射的附近地区。

这一时期聚落分布密集，目前已发现有数千处，除宝鸡福临堡遗址外，在关中地区还有扶风案板、武功游凤、彬州下孟村、华州泉护村、高陵杨官寨、白水下河村，省外有甘肃秦安大地湾，河南陕州庙底沟、灵宝西坡，山西芮城西王村等。这些聚落不但面积大，且文化堆积丰厚。在这些遗址中，都发现有丰富多彩的文化遗存，如环壕聚落、房屋居室、储藏窖穴、陶窑、墓葬等遗迹，同时出土有大量的生产工具以及日用陶器等遗物，通过这些文化遗存可以窥知当时人们生产、生活及社会组织发展的大致情况。

第一节　福临堡早期阶段的氏族聚落文化

福临堡聚落遗址坐落在宝鸡市西约 2 公里的渭河北岸二级阶地上，距北首岭聚落约 10 公里。这两处遗址所发现的文化遗存，正好包含了仰韶时代自早期至中、晚期发展的整个过程。通过这两个遗址以及其他遗址的考古发现，人们可以从物质文化和精神文化方面看到仰韶时代从萌生、兴盛到走向衰落的发展历程。福临堡晚期也是由母系氏族社会向父系氏族社会过渡的时期。

相关资料显示，福临堡早期文化的形成，是通过对史家时期诸文化因素的扬弃而实现的。福临堡早期的聚落形态、房子、陶窑，石器、骨器和陶器的形制以及陶器上的纹饰，大多可以从史家时期的文化中找到渊源及演化过程中的具体环节。

下面对福临堡早期阶段人们的生产与生活以及社会发展情况做一简要介绍。

一、农业生产活动

从物质文化遗存情况观察，福临堡时期较半坡和史家时期生产力得到进一步的发展，物质资料的生产较前丰富。一方面表现在聚落规模的扩大、文化积累的丰厚和聚落分布的密集，另一方面，生产工具品种增多，制工更为精良。社会组织结构也有了变化，男子在生产中起重要作用，特别在农业的耕植上逐步表现出来，因此，生产力较之前提高了，劳动力增多了。这就使这时的社会呈现出繁荣的景象。

从工具的种类看，已从锄耕农业转入耜耕农业，土地的利用提高，生产值也有所增加。农作物仍然继承半坡传统，以粟类和蔬菜为主，采猎经济仍是最重要的补充产业，并精化了生产工具的形制和工艺。

用于农业生产的主要工具有以下几种：一种是石制的铲，或称石耜，形大、体扁薄，制工精良，数量也多。体形有三角形、椭圆形、长条形等类。长在 13.4—30 厘米，柄部有明显的安柄痕，和现在的掘土锹相似，是当时最有效率的垦殖工具。另一种是收割谷子用的石刀，数量和种类都多，磨光的多，长方形，背部穿有单孔和双孔。和半坡时期一样，不穿孔的两侧打成缺口。少量打制的和用陶片改制的陶刀还在使用。还有石斧，有长方形、梯形、椭圆形。有的用天然石块磨成，有些则切锯石条制成。早期用打制法做成的砍砸器，在砍伐树木及劈裂木料时还在继续使用。

加工粮食和采集果实时还在使用大型鹅卵石磨盘及圆杵状的磨棒。

二、狩猎采集活动

狩猎用的工具主要是弓箭、投掷棒或锤头，它们以骨制的为主。弓箭多用骨条磨制而成，镞体呈菱形、三角形、半圆形、双端尖形、椭圆形；铤体相连，体形较规则，制工精良。锤头作扁圆形的环状体，有用天然扁圆形砾石穿孔安柄使用，周边用交互打击法，制成锋利的边刃，是一种有力的锤击器，可做武器和猎具。投掷器是用木制的，用来投掷石球和陶球，以击打较远的鸟兽，是相当有效的猎具。掷球是用石料精磨的，直径5.5—6.5厘米，小的2厘米。用网捕鱼是最常用的捕捞方法，网坠是用自然的石块两侧打成缺口或刻有凹槽系网使用，有椭圆形和长方形等形状。

三、手工业制作技术

福临堡时期的工艺技术不论在制石还是制陶方面都比半坡、史家时期向前迈进了一大步。这时的石器大多是磨光的，多为将石材切锯后加工磨制，器体较为规则，使用也较便利，钻孔术也较为发达。骨、牙器的制作和石器一样，较为精制。

这时的制陶业有长足的进步，尤其彩陶工艺发展到最高境界，陶窑的结构较前改进，规模扩大。陶窑继承半坡传统而做了改进。结构也分火膛、火道和火眼三部分，但比半坡的进步，已从横穴窑发展到竖穴窑。福临堡1号窑还保留半坡时火眼的特点，但火眼的孔大了，大的长50厘米，宽20厘米，火力供应充足。2号窑的规模更大，窑室直径1.3米，火膛大而短，长1米，高1米，最宽处1.3米，体积大，能容更大的火量。3号窑直径1.25米，周围是环形火道，分左右两股与火膛相通。火膛呈梯形方坑，长1.45米，宽1.1—1.2米，高1米左右，比前者更大。

从这些陶窑结构的特点可以明显地看出它们的优点。窑室和火膛距离近，并略呈垂直状，使火力能充分直接地通达窑室；火膛体积增大，火力充足，火候高；火眼呈环状，布列于窑室周边，火眼的孔面增大，使火力能充分利用，烧成率高；窑室增大，可以放置较多的器物，能提高生产量。这些较早期进步的特点，都是人们在数百年的实践中不断总结得来的经验。

纺织业在当时已相当普遍，纺织品成为日常生活必需的用品，这从印在陶器底部的布纹上已可看出。陶制和石制的纺轮发现很多，而且制作精致，式样较多，较半坡时有改进。纺轮有三种：一种是圆饼状；一种是半圆形弧顶，高1.5—2.3厘米；第三种是截尖圆锥体，体周呈斜直形，外形弧凹形，底边作花边，还用指甲纹和锯齿纹等装饰，直径4.5—6.3厘米，孔径0.7—1.5厘米。

编织和缝纫是与纺织相并连的两个工艺程序。从实物观察，当时制作衣物的布一种是用原始的织机织的，一种是用长的骨针穿线编的。常发现细长的带槽的骨锥，实际是编织用的“梭子”。纤细的、更为精制的骨针多是缝衣物用的。

装饰品品类很多，骨、石、蚌、角、牙、陶制的均有。其中最多的是陶环，有10余种不同的样子，制工精细，素雅美观，有圆形、五角形、六角形、七角形、齿轮状等。内侧多平光，断面呈长三角形、三角形、枣核形、半圆形、弧边三角形、长方形等，以素面为多，其纹饰有划纹、方格纹、绞丝纹和乳钉纹，个别的加彩绘纹。

发笄，石制、骨制的都有，也有少量为陶制。形状有长条形、T字形等，做得光滑精美，骨制和石制者多为切锯磨制而成。

四、环壕聚落

在杨官寨遗址发现了一座福临堡早期时的环壕聚落。该遗址位于西安市高陵区姬家街道杨官寨村西组东侧泾河北岸的二级台地上，南距泾河约1公里，海拔高度约498米。从2004年开始，考古人员对该遗址进行了持续不断的考古调查与发掘，查明该遗址现存面积达80多万平方米，应是泾渭交汇地带一处福临堡时期的中心聚落。

杨官寨所发现的环壕呈南北方向，平面为梯形，即南侧壕沟最长，北侧壕沟最短。壕沟全长1945米，沟内面积达24.5万平方米。壕沟宽6—9米，最宽处约 13 米，沟深 2—4 米。当时的居民就居住生活在环壕内，但居住区与制陶区以及墓葬区的总体布局目前尚未查明。

在环壕西部还发现一处门址，主要有门道和门卫房等遗迹。门道是进出聚落的通道，是开挖壕沟时专门预留的生土过道，宽 2.7 米左右。门卫房为一圆形小房子，因后期被破坏仅残存部分居住地面和灶址。（见图 8−1）

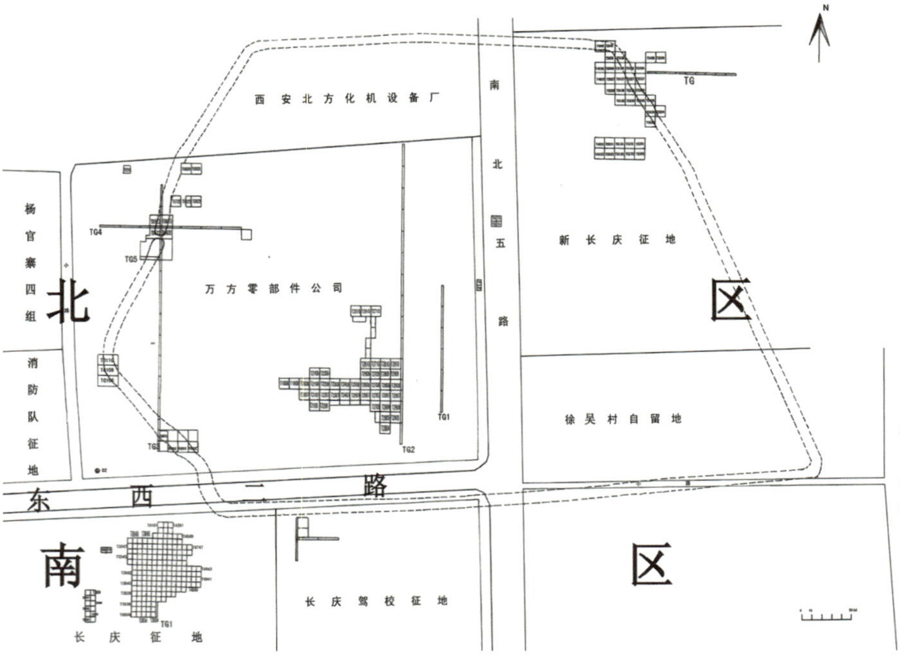

图 8−1 杨官寨环壕平面图
（引自《考古》2009 年第 7 期）

杨官寨环壕的形状及功能与姜寨和半坡遗址所发现的环壕类似，但壕沟内的面积更大。[①]

五、房屋建筑

福临堡早期，由于聚落分布范围广阔，各地因情况不同，房屋建筑的特点和形制上都有所差异。就形制而言，可分半地穴式、地穴式和地面建筑三种。

① 陕西省考古研究院：《陕西高陵县杨官寨新石器时代遗址》，载《考古》2009 年第 7 期。

平面结构有圆形、椭圆形和长方形及方形。依建筑面积可分为大、中、小三类。以中、小型的为多。

1. 半地穴式房子

半地穴式房子是从半坡、史家时期承袭下来的最通行的居室建筑，有圆形和方形两种。一般方形的多，面积在 20—40 平方米，最大的可达 100 多平方米。它的结构特点是，一进门有一个竖穴式的圆形火塘，屋内和墙壁都有木柱，以撑持屋顶。墙壁木柱之间用藤条或草绳缠结，外涂以草泥土。墙壁和居住面往往用火烧烤成坚固的硬面。

方形房子是浅竖穴式建筑，边长 6—7 米，面积 45 平方米左右，门开在南壁的正中，对门处有一条窄长的斜坡门道，进门不远处，是一个圆形竖穴式的火塘。屋门对称有 4 根粗的支顶柱，柱径 24 厘米，柱下用鹅卵石做柱基。房屋周壁排列 34 根支墙柱，直径在 14 厘米左右，排列整齐，分布均匀，柱间用藤条草绳缠结，间隙以草泥土填实，居住面用草泥土抹平砸实。（见图 8-2）

泉护村发现的半地穴式房子有椭圆形和长方形两种，面积 20 平方米左右，门道呈斜坡状。居住面用草泥土铺垫，周壁不加修饰，火塘设于穴壁一侧下面。长方形的是座大房子，坐东面西，东西长 15 米，南北残长 4 米，面积估计在

图 8-2　福临堡早期的方形房子复原图（外形）

（石兴邦提供）

150—200 平方米，中间设斜坡门道，上铺草泥土，长 6 米，宽 1.3 米，居住面铺一层厚 8 厘米的草泥土，并经火烧烤成坚固光滑的红色硬面。进门处设一组双连灶，一边是圆形竖斜坑，一边是长椭圆形坑，二坑底部相通。靠墙处立有两根直径 35 厘米的大柱子。从形制规模看，它应是聚落中的公共议事厅，或是氏族酋长居住的地方。①

福临堡遗址发现了 3 座半地穴式房子，面积都很小，均作圆角长方形，穴壁做墙壁，地面和墙壁一次做成，门开在东面，门道作台阶式或斜坡状。居住面用草泥土加工得相当坚硬。屋内无火塘及灶面，而有日常使用的罐、钵、盆、缸等陶器。其中 1 号房子面积约 10 平方米（3.4 米 ×2.6 米），7 号房子门道作斜坡形，长 2 米，宽 0.8 米，门道与屋内有一道宽 15 厘米的土墙相隔。屋内西边有一个小窖穴，内分 3 个小坑，分藏不同的器具用物。12 号房子是个浅斜住穴，面积更小，仅 3 平方米左右（1.8 米 ×1.45 米）。筑造得很好，墙群经过涂抹彩饰，地面经火烧烤达 7 厘米厚，并涂有礓石浆彩，门开在东边正中。房屋周墙立 16 根支柱，中间一排 6 根，柱径 6—11 厘米，东西两边柱洞外斜，复原起来是一个圆穹式的顶部，中间偏北有烧火的地方。

在大地湾聚落中发现的房子最多，有 100 多座，多为方形或长方形半地穴式建筑。其特点是屋内中间有一个深圆筒形的灶坑，并有 2—4 根大的支柱，墙壁用木骨支撑，灶坑与门道之间设立了一个相通的风洞，居住面用礓石铺垫，四壁也多用礓石抹平，并涂红色颜料。如 377 号房屋是一长方形居室，长 5.8 米，宽 5.4 米，面积 30 多平方米。屋内有 4 根对称的粗大柱子，直径 40—70 厘米，周壁有 31 根附壁柱等距地分布在四周。门道呈斜坡形，长 2.6 米，宽 0.6 米，门口并有一个长方形小门篷。

白水县西固镇下河遗址发掘出 3 座房址，平面皆呈五边形，为半地穴式建筑，均坐北朝南。其中 1 号房址东部被后期毁坏，残存建筑面积 263.4 平方米，室内面积 217 平方米；复原后建筑面积为 364.85 平方米，室内面积为 304.5 平方米。（见图 8-3）房门开在南墙中部，门道呈斜坡状通向室内。进门后即见灶塘，

① 北京大学考古学系：《华县泉护村》，科学出版社 2003 年版。

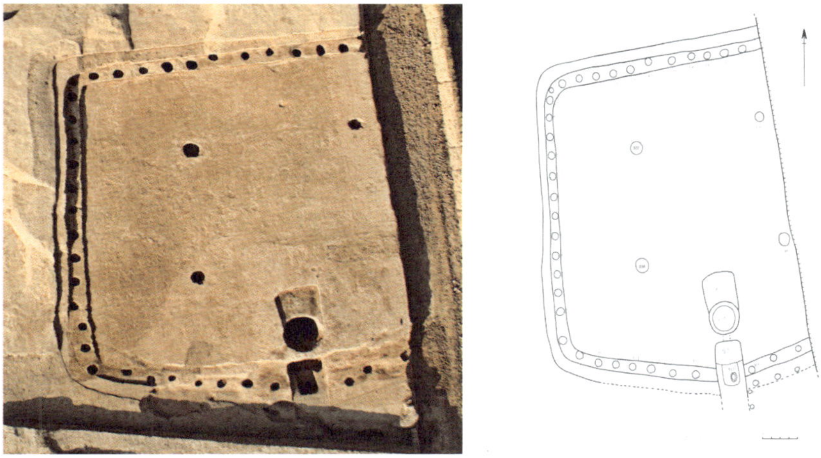

图 8-3　白水下河 1 号房址
（张鹏程提供）

灶塘由操作间、火塘、地面灶三部分组成。操作间为一方形平底浅坑，火塘为一圆形深坑，两坑之间有连通的火道，火塘北侧还有一个方形地面灶址。室内地面有 4 层：自上而下第 1 层为白灰居住面；第 2 层为草拌泥层；第 3 层为白灰居住面；第 4 层又为草拌泥层。多层地面说明，该房子在居住了一定年限后又重新铺设新地面。室内等距离分布有 4 根大柱子，应当是支撑屋顶的顶梁柱。四周墙壁为木骨泥土墙，厚 5—8 厘米。室内墙壁上涂抹有草泥土。这座房子是目前陕西地区所见福临堡早期阶段建筑面积最大的一座房子，也是目前陕西地区所知最早使用白灰地面的建筑。2 号和 3 号房子的形状与结构与 1 号房子相同，但面积略小。其中 2 号房子残存建筑面积 112 平方米，室内面积 92 平方米；复原后建筑面积为 240.6 平方米，室内面积为 181.44 平方米。①

2. 地穴式房子

在福临堡早期聚落中，常见有大型的圆形袋状坑，有些就是用于居住的。在福临堡聚落中发现的 11 号房子，就是一座口小底大袋状深坑式的居室，口径 1.27 米，底 1.4 米，深 0.8 米。没有门道，可能是用独木梯从口部出入的。在泉护村聚落发现数十座穴居，一座长 6.5 米，宽 4 米，深 2.5 米。出入口为斜坡，

① 陕西省考古研究院、白水县文物旅游局：《陕西白水县下河遗址仰韶文化房址发掘简报》，载《考古》2011 年第 12 期。

坑底有0.2平方米的一个烧火面，居住面用草泥土铺筑。另一座也是椭圆形，长6米，宽3.5米，入口处有5级台阶，沿坑壁旋转而下，坑底中央有一瓢形灶坑。

3. 地面建筑的房子

地面起墙建筑的房子是较为进步的形式。在东部地区以河南荥阳点军台聚落发现的较为典型，所发掘出的4座房子，都是双间结构的套房，坐北面南，东西横列成排。均作长方形，长5.6—6.4米，宽5.13—5.4米，墙厚20—30厘米，墙壁用木构骨架支撑，立柱用圆木或将圆木劈成长方形或三角形木板支用。柱与柱之间，竖横均用芦苇缠结，然后用草泥土堆砌抹平。居住面用火烧烤，呈红色坚硬的光滑面。屋里置1米见方的火塘，略高出于居住面。火塘四角外侧各有一立柱，两侧有挡风矮墙，墙多在对门的一侧。室内都有立柱，用以支撑屋顶。如1号房屋是一座双室的套间房子，分东西两开间，西间大，东间小。西间长6.04米，宽5.4米，面积32.62平方米，墙壁宽26—34厘米。北墙保存较好，有28根柱子；西墙98根柱子；南墙8根；东墙和套间的隔墙较窄，立22根柱子。中墙偏北有一道门，宽0.55米。门两边有向西延伸16厘米的短墙，短墙内有长方形柱洞，形成长50厘米、宽55厘米的一个门道，与门相对，房屋中间有一火塘，东边一道挡风墙，地面经火烧烤，平整光滑。东套间面积较小，北墙残断仅长1.48米，有7根柱子，东墙残长2.25米，有9根柱子。这个套间的大门可能在东小间的南墙处，拐弯处有两根方形大柱。①

在福临堡聚落里发现了一座较大型的方形建筑遗存，从残迹观察，呈长方形，残长8.5米，宽7米，残存面积60平方米左右。居住面用礓石粉垫铺六七层，厚达15—20厘米，可能为一个公共活动场所。

福临堡早期阶段的居室类型多，面积大小不一，建造工程和工艺水平也精简各异。有的大型建筑工艺较高超，已经使用石灰。中等的建筑可能供一般成员家庭使用。特别小的居室的面积仅2—3平方米，也许是用来密藏神物，或用来祭祖。大型的房屋自然供公共集会或盛典时使用。这些说明，当时的社会组

① 郑州市博物馆：《荥阳点军台遗址1980年发掘报告》，载《中原文物》1982年第4期。

织结构已发生明显变化，较之半坡史家时期要复杂多了。

六、日用器皿

福临堡早期阶段，制陶技术与半坡、史家时期相比也有较大的进步，不仅器类增多，而且制工精巧，造型优美。细泥陶制的器物增多，粗砂陶制的相对减少；红色和红褐色陶增多，灰陶较少。这时的器类有杯、盘、碗、盆、钵、盂、瓶、甑、罐、鼎、釜灶和附带的器盖等数十种。特别值得重视的是，这时出现了陶制的灶和釜相连的一套炊具，虽然还是手制，但较为精致。少部分器物经过慢轮修正，表面处理得较平整，除素光面外，多附有纹饰。纹饰因器物的制法与用途而有所区别。细陶器物大部分饰彩绘装饰，粗陶和部分细陶常见的装饰纹样是线纹、绳纹、篮纹、附加堆纹、刻画纹、席纹等，视不同器类之特点与用途而做相应的装饰。绳纹和线纹，多饰于瓶和罐上，篮纹多见于瓶和甑上，附加凸式多横饰于盆、罐的肩部，以做提耳或兽头装饰纽把，既实用又美观，彩陶纹饰多饰在饮食器的钵、碗、盆和瓶上。（见图 8-4）

图 8-4 福临堡时期的彩陶
（杨利平提供）

饮食用器皿最常见的是钵、盆、碗、盘、盂、杯等器类。

钵类有多种形式，有直口浅弧腹平底钵、直口斜直腹凹平底钵、敛口深曲腹钵、敛口圆唇弧腹钵、敛口圆唇鼓腹钵、敞口浅腹平底钵等种类。素面或饰彩纹。大、中型器都有，一般口径 21—42 厘米，最小 14 厘米，高 6—12 厘米，底径 9—10 厘米。

盆类，样式较多，最常见的有卷唇浅腹鼓肩平底盆、卷唇深曲腹盆、敛口圆唇鼓肩斜腹盆、敛口斜直腹盆、敛口深鼓腹盆、敛口双唇鼓腹盆、敛口高颈深鼓腹盆、敛口圆唇斜直腹盆、敞口平沿方唇斜直腹盆、大口圆唇弧腹盆、直口双唇平底盆等种类。它们大多为平底，少数凹平底，有的肩腹部附鸡冠状的手把。颜色有红、灰褐、橙黄色，以素面为多。除彩绘纹饰外，个别饰有绳纹。大、中型器一般口径 20—35 厘米，最小的 15 厘米；腹径最大的 50 厘米，深 9—66 厘米；底径较钵类大，11—16 厘米。

碗多为敞口尖唇弧腹平底，多饰彩纹。

盘有圆唇折沿浅腹平底一种，口径 21 厘米，高仅 4 厘米。

盂是侈口窄沿方唇束腰，腹下垂，平底，口径 1.9 厘米，高 8 厘米。

杯子，器形较小，多敞口直斜腹平底，口径 5.5 厘米，高 5 厘米。

水器，主要是瓶类，有尖底瓶和平底瓶两种，以尖底瓶为多。

尖底瓶是主要的汲水、盛水器，多大型器，多呈小口双唇凹腰长体形，无耳，或有两个小耳附在腹下部鼓出部分。肩呈圆溜形，体饰细绳纹或线纹，陶质坚硬，多呈红色。一种是双唇内敛，长直颈；另一种是双肩唇，长颈直腹，溜肩，圆筒腹，都是大型器。高 45—70 厘米，径 4—5 厘米，肩径 25—28 厘米。（见图 8–5）

平底瓶，一种是葫芦形，细长颈，圆溜肩，腹微鼓，双耳附肩上，体饰绳纹；另一种是侈口或直口或喇叭状口，细颈并有棱脊溜肩，双耳饰中腹以下，纹饰在两耳上下。中、小型器口径 4.7 厘米，肩径 17—28 厘米，高 30 厘米上下，底径 10 厘米左右。

盛储器用于储水、储粮及盛储杂物。有罐、缸、瓮等大、中型器物。（见图 8–6）

罐类器，在器用中占有相当大的比例，质粗，亦可当炊具使用。有侈口窄沿瘦体形、侈口卷唇鼓腹形、侈口直筒腹形、敞口方唇斜腹形、敞口圆唇鼓腹形、敞口斜直腹形、敞口平沿斜深腹形、大口直腹和宽口沿敛颈深腹形等种类。粗砂陶制，外表饰粗绳纹，多有耳把。中型器居多，也有少量小型器，口径 10—38 厘米，高 16—40 厘米，底径 10—20 厘米。

缸类，均大型器，一种是斜口尖唇，敛颈圆鼓腹，一种是直口双唇直腹、

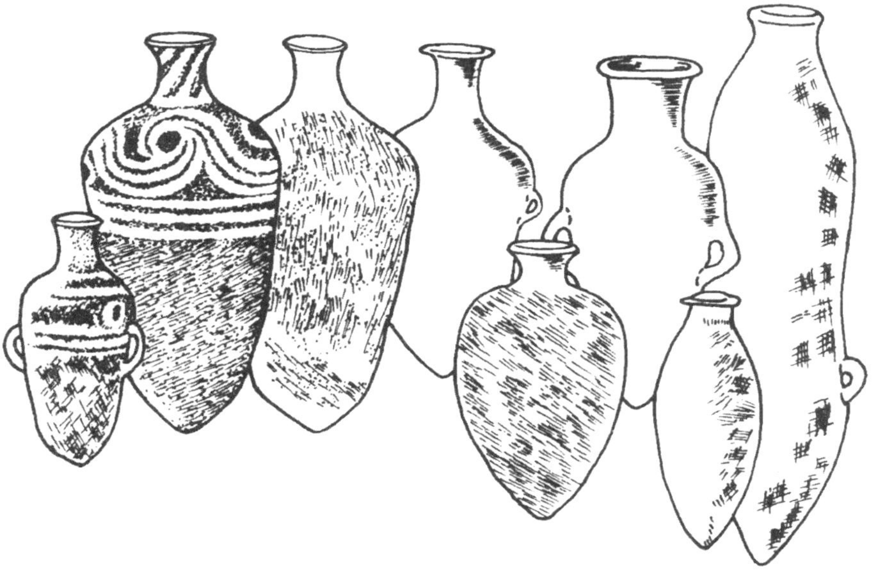

图 8-5　福临堡时期的尖底陶瓶

（石兴邦提供）

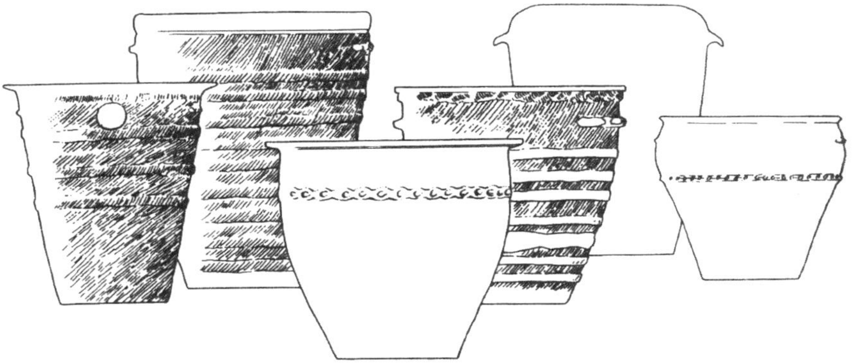

图 8-6　福临堡时期的陶缸、陶瓮

（石兴邦提供）

直口圆唇直腹。腹饰绳纹和附加凸饰。大型器一般口径 37—50 厘米，腹径 33—50 厘米，高 42—60 厘米，粗砂陶或细砂硬陶制，多饰绳纹和附加堆纹。

瓮类，为大型器，口径 31—48 厘米，腹径 31—50 厘米，高 26—59 厘米。

炊器，是福临堡时期人们的一个新的创造。炊器有灶、釜、甑、鼎，是我们今天炉灶笼蒸等一套炊事用具的远祖。

灶呈盆形，敞口平折沿，尖圆唇，斜直腹，平底，下安4个扁矮足。口径32厘米，底径24厘米，足高4.5厘米，上宽10厘米，下宽8厘米，腹旁有烧火口。

釜是架在灶上蒸煮东西的锅，由浅腹罐发展演变而来。有两种，一种是敛口侈沿方唇浅腹圜底，腹部周匝有棱脊以安灶，口径15—16厘米，腹径18—24厘米，高6—12厘米；一种是小口圆鼓腹平底，口径6厘米，腹径22.5厘米，底径10.5厘米，高10.5厘米。

甑是蒸煮器，多为灰色细泥陶所制，直口圆唇，深直腹平底，底部中间有一直径6厘米的篦孔，腹壁近底部，也做两个直径6厘米的小圆孔，以供蒸汽进入。口径33.5厘米，底径31厘米，高45.5厘米，内盛食物。

鼎是福临堡早期的发明。有小口尖唇鼓腹的釜形鼎，敞口圆唇束颈鼓腹的罐形鼎，器下安有圆柱形或带槽的楔形三足。

有了这些炊具，人们可以自由地移动它们，在房子的各个角落做饭，甚至到屋外做饭。

漏器，或称过滤器、漏斗形器。敞口，斜直壁，平底，下接漏管，口径22.5厘米，管长18厘米，灰红褐陶制，素面无纹饰。

器座和器盖，是用器的附属部件，也是日常使用的辅助用器，数量相当多。器座有两种，一种是扁鼓形，中腰外鼓出成圈状，上下口相当，口径9厘米，高6.5厘米，周体有镂孔；一种是鼓腹微折，中间有圆孔，口径5.4—5.8厘米，高4厘米左右。

器盖有覆钵形圈足状把手，大敞口，口径22厘米，口边压花纹，把手径9厘米，通高8.5厘米。另有敞口方唇平顶状把手，口径27厘米，把手直径10厘米，高11厘米。小平顶把手，径2.1厘米，高8厘米。

祭祀器有尊形器和筒形器两种。尊形器是敞口，平折沿，双圆唇束腰，下腹外张，作弧状下收，口径23.5厘米，腹径16厘米，高28厘米。筒形器为直筒形深腹器，上下通体高28厘米，径11.5厘米。这两种器物可能是祭祀神灵用的祭器。

最能体现当时人们物质财富的生产消费及储备情况的是窖藏，它是数量仅次于居室的建筑群。由于生产力的发展，社会财富的增多，作为储藏设施的窖穴数量增多，体积增大，形制也较复杂。在上述各聚落中都发现了大量的窖藏，有些使用痕迹明显，有些则无明显的使用痕迹，有的集中在一个区域，有的分散在各个聚落的周围，少数建在房子里面。

窖穴全为地穴式的建筑，有圆形、椭圆形、圆角长方形、方形和不规则形等种类。

圆形窖穴最多，有圆形袋状坑，圆形筒状坑。圆形袋状坑的数量多而且建造得规整，多数器物和杂物藏于这种坑中，它的完整形状像倒置的漏斗，上部是较细的瓶颈口，颈下为斜直向外或弧圆向外成储藏体壁，一般口径 60—90 厘米，底径 1.2—2.7 米，最深达 3.4 米。福临堡 130 号窖坑口径 0.9 米，底径 0.45 米，深 3.4 米，底部藏 25 件陶器。这说明东西已分坑分类储藏，有储藏粮食的，有储藏器物的。圆形筒状坑大小不一，口径 0.6—1.2 米，最大的 2 米，深 1 米多，内多放置杂物和陶器。

椭圆形储藏坑分袋状、筒状、锅底形和子母坑 4 种。袋状坑口部呈椭圆形，其余和圆形袋状坑相似。口径一般 0.6—1.1 米，底径 1.3—2.6 米，深 1.35—3.05 米。坑形规则，坑壁光滑平整，内藏工具、用具及杂物。锅底形坑大口，小圆弧底，较浅。福临堡第 107 号坑，口径 1.35—1.6 米，深 0.45 米，内藏陶器 6 件。

七、精神文化产品

彩陶是工艺技术和精神活动的双重产品，也可以说是当时的一种特殊工艺品，代表了人们的意识形态、美学观念和工艺技术水平。福临堡早期是彩陶文化的兴盛时期，当时的彩陶从器形到纹饰都表现出与造型艺术相结合的美的和谐和韵律，是陕西及邻近地区的先民们在原始艺术领域中最出色的成就之一。

这时的彩陶，纹饰繁多，色泽鲜艳，装饰意味浓厚，图像协调优美，以多彩装饰为特色，有红地黑彩，白地紫彩或黑彩，橙黄地白边黑彩，有时可见到白、黑、红、紫多色和谐地装饰在同一器物的整体纹组中。（见图 8-7）

福临堡早期的彩陶艺术是从半坡、史家人那里继承下来并加以发展的。随着社会生活的丰富和人们意识形态的变化，彩陶艺术也脱离了从前以象生图像为主

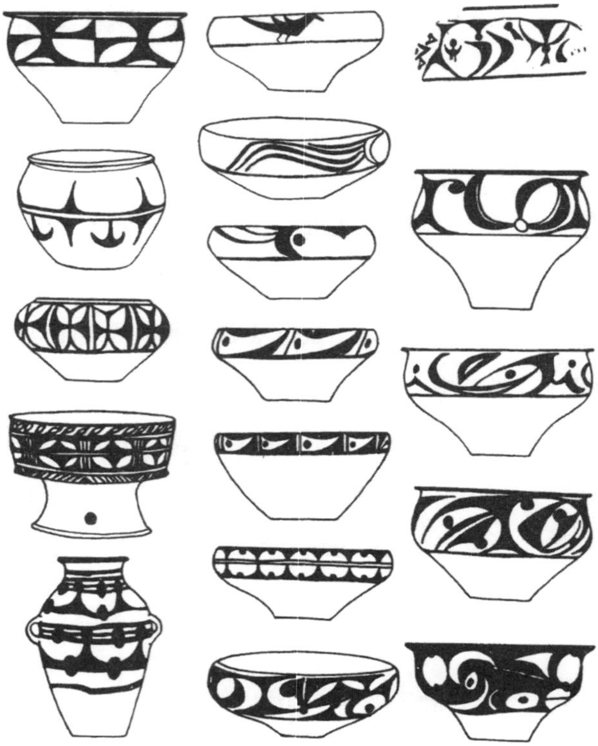

图 8-7　福临堡早期阶段的彩陶
（石兴邦提供）

饰的时代，而重视重在装饰的图案花纹。这种变化源于人们对美的实践和体验，是为适应器用形态的变化而发生的。这时人们多喜用鼓腹器，彩纹被用来协调球体圆鼓状的器体造型，进而由直线三角纹而变形成弧线、曲线组成的弧线三角纹，以使器物显得更加和谐优美。从这一点上说，福临堡人的陶艺技术很高明，他们做出这样富于流动美感的艺术品，费了不少心思。从半坡人时期的直线纹图案及形态花纹，做成适应球体形的弧线花纹，经过了一个弧曲化的实践过程，进而达到了美感意境的飞跃。（见图 8-8）

福临堡时期的彩陶花纹也分两类，一种是以鸟为主饰的象生性纹饰及由鸟纹演变而来的曲线图案花纹；另一种是由鱼纹图案演变而来的弧线纹。

象生性的花纹以鸟饰纹为主饰，多见于关中和陇东以及豫西等相邻地区。从图形看，它与史家时期的鸟纹有所不同。史家时期的鸟纹，多像水禽，而福临堡时期则多为鸦鹊类形象。很可能这一带曾存在过以这类鸟为图腾的氏族部落。由象生到图案化演变的规律和半坡时期的鱼纹演变规律相同，由形象而渐趋图案化。

这些鸟纹多作侧面简化形象，较为逼真。或侧立树枝上，或侧立欲飞，或作飞翔状，或作展翼侧卧状，或作正视飞翔状，也有双鸟比翼飞翔或并立状等

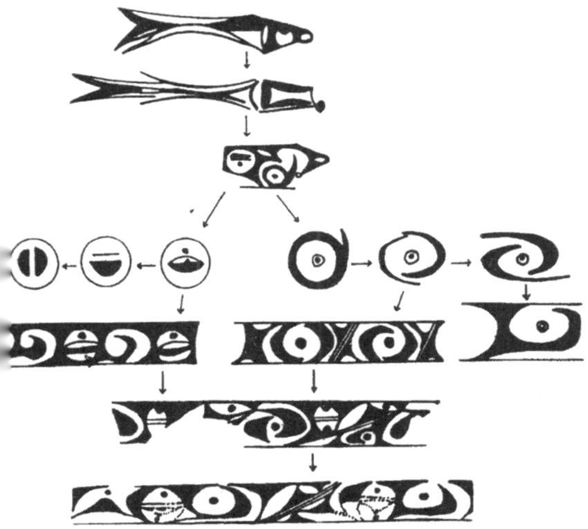

图 8-8　福临堡时期彩陶花纹演变图
（石兴邦提供）

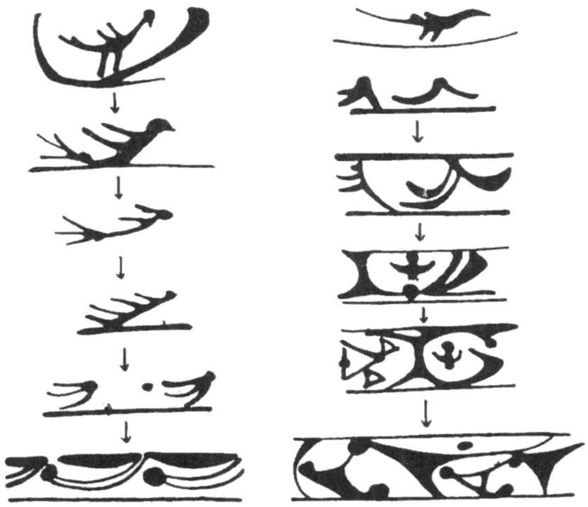

图 8-9　福临堡时期彩陶鸟纹演变图
（石兴邦提供）

图形。其图案化也是分合相统一的，简单分化而后组合成一组纹饰，鸟头简化成圆点，鸟翼简化成弧线，然后用这些圆点线条组合成纹饰带组，环饰于相应的器壁。有很复杂的，也有简明稀疏的，视器形特点与所绘纹图样的不同而异。（见图 8-9）

组成图案花纹的基本要素是圆点、曲线、弧线三角、勾叶、月牙形等。组合方式有两组或三组纹样元素，变化十分复杂。有的分组布饰于器物，往往是对称的或对应的，有的以二方连续的形式作带状环饰于器物周壁，有的作单条装饰，有的作复带装饰，均布局得当，显出纹饰与器形的协调美。

第二节　福临堡晚期阶段的氏族聚落文化

福临堡晚期阶段，是氏族公社从繁荣走向衰落的时期，也是由母系氏族公社向父系氏族公社转变的过渡时代，距今 5500—5000 年。这个时期，物质文化、社会组织以及意识形态都在逐渐发生变化。

与部落联盟的出现和发展相适应，在各个部落中除一般氏族聚落外出现了中心聚落，即在一个社区或地区的诸聚落中，有一个较大的聚落，这个聚落是含有亲缘关系的聚落群的政治、军事、文化和宗教等活动的中心，同时也是氏族首领聚会的地方。一般聚落则是围绕它而进行生产和活动的。

随着中心聚落的出现，出现了用于举行宗教活动或典仪的大型殿堂式建筑，开创了中国古代宗庙殿堂式建筑的先河。

社会生产力有了发展，物质资料比之前丰富，储藏设备规模大，类型多，用于储存不同的东西。

生活用具增添了不少新的品种，饮食具小型化，灶炊具配套。这表明生活习惯和生活方式有了一定的变化。

工艺制作技术有明显的进步和发展，特别是建筑技术和陶制工艺更为突出。

彩陶艺术衰落，具象图案和花纹消失，可能意味着图腾崇拜意识的减弱。

这些新的变化，我们根据对福临堡聚落（一般聚落）和大地湾聚落（中心聚落）的发掘情况，概括加以叙述。

一、耜耕农业

福临堡晚期阶段，人们的经济生活以农业为主，兼营家畜饲养业，农业生产已进入耜耕阶段。所使用的工具，品类多，形制规整，制工精良。开辟耕地、砍伐树木，多用大型石器。以砂岩、玄武岩、石灰岩、花岗岩等不同石料为原料，用磨制法制成的规整的石斧，有四五种不同的样式，体多长方形，也有扁平体弧刃、扁圆体梯形、重厚体长条形等形式，长8—22厘米，都是通体磨光。

耒耜或称为铲，是一种典型的耜耕工具。石质的耒耜，制工精良，体扁平而宽，长方形或梯形。有单面刃的，也有双面刃的。骨制的耒耜，多以兽骨自然形制磨成，作长条形，多是单面刃。也有用鹿角做成的，长10—12厘米，宽3—4厘米。

收割用的镰刀，石、陶制的都有，多了一种翘角方形的形制。碾谷粉的磨具也发现不少，多为椭圆形和卵圆形砾石做成。

福临堡的农业在经济生活中较前占有更重要地位，也反映在工具的数量和品类上，农业工具占81%，而渔猎工具仅占5.8%。

渔猎和采集，虽然在总体的经济生活中居于次要地位，但渔猎工具都制作得比较精良。弓箭仍是主要的狩猎工具，箭头制工精细，都带铤，而且铤体分开。箭头有圆柱长体形、三角平脊形、三角短体带翼形，说明当时人们对射猎十分重视。渔具沿袭以前，只是网坠有了几种新样式。

二、手工业制造技术

制石、制木、制陶、制骨等方面，都较先前水平有所提高，技术方面也有了不少改进。

制木工艺是当时不可忽视的手工业技术。在黄土地带，有些农业工具是用木制的（即使在历史时期还是如此），生活器皿也多有木制的，所以当时的制木工艺是相当发达的。现在留下来的工具，有形可据的是石制的锛子、凿子和斧子。锛子形小而规整，有梯形、长条形、窄长形、扁椭圆形，刃窄而平齐，长 6 厘米，宽 3.5 厘米，厚 1.4—2.5 厘米。凿子是扁长体，体厚而细长，长 6—8 厘米，刃宽 2 厘米。

制陶工艺显著的进步表现在新器物类型的不断增多、陶窑结构的改进和规模增大等方面，这些进步提高了烧制陶器的数量和质量。陶窑的特点是窑室和火膛口距离缩短，几成竖穴窑，窑室的火眼增大，并由孔状扩展成环状，平行排列，使窑室受火力增强，受火面更为均匀，烧制成的陶器不仅火候强，而且硬度大。如大地湾 800 号窑是由横穴窑向竖穴窑过渡的形制，全长 2.4 米，窑室距火膛肩高 1.1 米。火膛作长方形，长 80 厘米，宽 50 厘米，高 46.5 厘米。有三股火道，中间火道为方形，两侧火道呈圆形，直径 12 厘米，以 45° 的倾角进至窑室。窑室为椭圆形，直径 1.16 米，周侧有两个半圆形火道，中间为一个直线式火道，宽 8—10 厘米。福临堡 2 号陶窑窑室直径 1.3 米，上有 5 个长条形火眼顺火道方向平行排列，与 5 条火道相通，火眼长 0.88—1.03 米，宽 10—15 厘米。6 号窑窑篦面有 3 个扁圆形火眼，短而宽，长 44 厘米，宽 24 厘米，下与火道相接，火膛结构为半月形，高 0.68 米，长 1.1 米，最宽处 1.2 米，火口为圆形，直径 45 厘米。这种结构的陶窑火力强，可使陶器硬度增加，陶色匀称。

纺织和编织业已相当普遍，用植物纤维（麻类）和兽类毛发编织布料，以及缝制衣物（囊袋之类）的技术已有一定水平。陶器上留有不少粗细不同的纹样印痕，以及纺织、编织所用的用具、工具等，都显示出纺织和编织工艺的广泛流行。纺织工具主要是陶制的捻线纺轮，有扁圆形的，有中间隆起作半圆形的，有中间隆起周侧作凹弧状的。轮体的平面及侧边均有纹饰，有刺成各种花纹的，也有做成锯牙状的，一般直径2.2—4.8厘米，高1.6—3.4厘米，中间有1厘米左右的小孔。石制的纺轮多为扁平体。纺轮的种类之多和制作之精致证明，纺织是当时人们生活中的一项要事。

衣物大体是采用缝纫和编织两种方法制成的，使用的工具有针和锥两种。骨制纤细光滑的针和长细的锥皆可用于缝制衣物。骨锥为穿刺用，是缝制兽皮衣物的利器，细长而带槽的骨锥，可能是用于编织的。骨锥有些用动物尺骨磨成，尖端很锐利，有些将管骨切成骨片磨成，有些用自然骨片磨出一个锐利尖端使用。

三、一般氏族成员的居室

一般氏族成员的居室还是沿袭早期居室的建筑形式，有半地穴式和地面建筑两类。

半地穴式的房子，作圆角长方形，居住面和墙壁一次做成，穴壁就是墙壁，门开在东边，门道作台阶或斜坡状。居住面都用草泥土铺成，做得还算平整。屋内没有火塘，这可能与当时已经使用陶制灶具有关系。房子面积都不大，福临堡1号房子只有10平方米，7号房子7平方米。居住面分高低二阶，地面铺一层料礓石白灰面。门开在东南方向，门道在房子的东南角，作斜坡状，长2米，宽0.8米，门道与屋内有一道小墙相隔，墙长30厘米，宽15厘米。屋内西边设一小窖穴，穴内又挖了个小储藏坑，分藏不同的东西。12号房子是个浅穴式房子，面积仅3平方米，但建造得很好，墙壁经加工粉饰，地面经火烧烤厚达7厘米，并涂有礓石粉，光滑坚硬。门开在中部，周围立16根壁柱，中间也有6个柱洞。中间有烧火的地方。东西两侧柱洞倾斜，向内聚合而成圆穹形顶。6号房子为长方形，长4.6米，宽1.85米。门开在南壁的东侧，门道是二级台阶，高1.1米，宽1.25米。居住面和墙壁用礓石或草泥土涂抹，光滑平整，西北两侧东墙处有相应的两个柱洞。8 号和 9 号房邻近 6 号房，是两个小的圆形房屋。8 号房距 6 号房 2.5 米，直径 2.1—2.4 米，门开在东南，屋内西壁下有一圆形灶坑，凹入墙壁内。9 号房直径 1.5—1.7 米，东北壁下一灶坑，凹入地下，直径 40 厘米，靠南壁处还有一块垫脚石。房子面积缩小，但数量增多，成为生活配套住宅。5 号房直径 3 米，深 1.2 米，南壁下有一小龛，龛高 6.9 米，深 0.6 米，门开在西壁，有一宽 40 厘米的门道，室内无灶坑。从这一组房子的规模和设施看，6 号和 5 号是住人的，8 号和 9 号房子可能是两者的厨房或储藏室。

椭圆形的房子只有 3 号一座，长 3.4 米，宽 2.5 米，有一条台阶式的门道，门开在东南角，门道长 1.5 米，宽 0.75 米，有四级台阶，屋内南北两侧有对应的两根柱子，周壁用礓石修饰。屋内北部有一个袋状窖藏坑，口径 1.25 米，底径 2.5 米，深 1.4 米，内藏陶器、杂物和染有颜料的石块。

大地湾中心聚落发现的一般氏族成员的房子共 25 座，多为方形和长方形，不论建筑技术还是规模都较福临堡聚落的要好。居室以地面建筑的单间结构为主，面积在 20 平方米左右。这些房子的特点是居住面用多层白灰做成，少量用青灰色礓石渣和细沙混合铺筑，门向东北或西北，门前有 1 米见方的门槛。屋内有 2—4 根大柱子，互相对应，排列整齐，以支撑屋顶。用石块做柱础，或用礓石、碎陶片与小石子混合捶实以垫柱基。火塘做圆形，设在居室中央，有单灶和双灶两种，也有地上与地下之分。地下灶炕还嵌装有火种罐。

现以 820 号房子为例做一说明。这座房子是方形，边长 4.2 米，面积约 18 平方米，居住面用礓石和细沙混合铺成，平整坚硬，门在东北方向，门道长 2.4 米，宽 42—45 厘米，室内中部有两个相连的圆形火塘，前大后小，相距 60 厘米，相互连通，大火塘直径 85 厘米，外周有一厚 10 厘米的圆弧状灶圈，底部后面嵌一个火种罐，火塘边缘并有挡风墙。前面有 3 个插立挡风板的圆窝，左前方的挡风墙面有两排立柱，每排 6 根，以支持挡风墙。小火塘直径 35 厘米。室内散布着数十件日常用物，有彩陶盆、纺轮、石凿等，还有陶笄、石环、陶环、蚌饰等装饰品，反映出浓厚的生活气息。

四、大型殿堂式建筑

福临堡晚期阶段，不仅发现有供一般氏族成员居住的中、小型房子，而且发现有类似殿堂的大型建筑。甘肃秦安大地湾遗址所发现的 901 号房子便是例证。（见图8-10）

大地湾 901 号房子是一座由前堂、后室和东西两个厢房构成的多间式大型建筑，以前堂的建筑最为讲究。前堂宽 16 米，进深 8 米，面积近 130 平方米。正门朝南，正门左右有两个对称的小门，在东墙和西墙上还各有一门通向厢房。从正门进去，迎面有一个大火塘，直径超过 2.5 米，残高约 0.5 米。火塘后侧有两根对称的顶梁柱，柱径约 90 厘米。南北墙壁上各有 8 根扶墙柱，柱径 40—50 厘米，柱下有青石柱础。地面、火塘表面、柱子、墙壁和房顶里面均抹有用料礓石烧成的灰浆，使房屋显得洁净而明亮。地面做工更为讲究，先是平整地

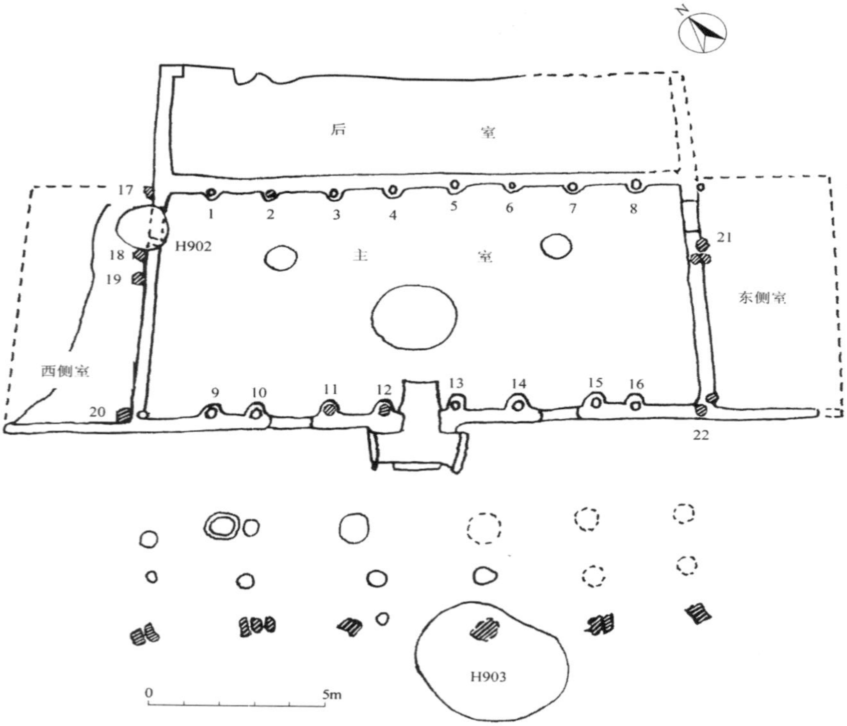

图 8-10 大地湾 901 号房子平面图

（引自甘肃省文物考古研究所：《秦安大地湾——新石器时代遗址发掘报告》，文物出版社 2006 年版）

面并压实，上面铺 10—15 厘米厚的草拌泥，再上面为用小石子、砂砾和人造陶质轻骨料掺灰浆做成的混凝土层，厚 15—20 厘米。表面经压实抹光，呈青灰色，很像现代的水泥地面。经测试每平方厘米可抗压 120 公斤，强度相当于 100 号水泥所铺设的砂浆地面。

后室位于前堂的后面（北面），宽度与前堂相同，但由于受到后期毁坏，进深残长 9.2—14.2 米，残存面积约 50 平方米，估计原有建筑面积应在 100 平方米左右。后室地面为黄土地面，墙壁上也抹有草拌泥。

两个厢房已残破不全，原有面积亦不甚清楚。（见图 8-11）

房子前面还有一个约 130 平方米的地坪，并有两排柱洞，每排 6 个，柱洞前有一排青石板，也是 6 块，与柱洞相对应。西边后排柱洞旁还有一个露天火塘。

房内出土的器物颇为特殊，其中有口径 46 厘米的四足陶鼎，还有箕形陶抄手和平底陶釜等，这些都是其他一般性遗址中所不见的。另外还有钵、盘、罐、瓮等陶器。

这座房子规模宏大，质量考究，远远超过一般的居室，当是一所召开头人

图 8-11　大地湾 901 号房子遗址

（引自甘肃省文物考古研究所：《秦安大地湾——新石器时代遗址发掘报告》，文物出版社 2006 年版）

会议或举行盛大宗教仪式的公共建筑。其中的大火塘也显然不是为一般炊事所用，而可能是用于燃烧圣火。室内出土的这些不同寻常的器物也说明这座房子的公共性质和特殊性质。像这样的大型公共建筑，堪称仰韶时代晚期的原始殿堂。①

福临堡晚期阶段的储藏设施，仍沿袭早期的形制和建造方法，采用地穴式的储藏方法。在坑穴的形状方面，圆角长方形坑数量增多，新出现了一种坑套坑所谓“子母坑”类的窖藏，窖穴的容积也有所增大。

最有代表性的窖藏还是圆形袋状坑、圆形筒状坑和“子母坑”，其中以袋状窖坑最为典型，绝大多数的物件都藏放在这类坑中。这种坑的特点是，都有一个直筒状的瓶颈口，其腹容为上小下大的袋状，一种是斜直壁，一种是圆弧壁，容积大而易保管。口径一般在 60 厘米，底径 1.2—2.7 米，深 1—3.4 米。

这时已有储藏器物的专用坑，如福临堡 24 号坑。这个坑口径 1.6 米，底径 1.8 米，深 1.1 米。坑内埋藏了很多较完整的陶器，并且是有次序地堆放的。大型的器物靠坑壁放，较小的放在中间，陶壶放在中部偏北，内夹两个大石斧，小些的器物则压叠在一起，共计 33 件。还有石、骨等材料制造的工具多件。这个窖穴，就像一座放置工具和用具的小仓库。

圆形筒状坑，大小不一，口径 0.6—2 米，深在 1 米上下，内藏杂物和陶器。

椭圆形储藏坑也有袋状、筒状和锅底形 3 种，其结构和圆形坑一样，口径 0.6—0.85 米，底径 1.3—2.6 米，深 1.8—3 米。锅底状坑，大口圆弧底，口径 1.2—2 米，较浅，内多放陶器，也可作居室用。

大小相套的子母坑的出现，是这一时期储藏设施的一大改进，也是物质丰裕、分类储藏的客观所需。这类坑分为圆形和椭圆形两种。圆形坑更典型些，福临堡聚落发现三个，是在大型袋状坑底部的一侧再挖一个小袋状坑，修建得很规则，大概是为珍藏贵重的东西而建的。小坑口部加上木盖，然后再在上面放置

① 甘肃省文物考古研究所编著：《秦安大地湾——新石器时代遗址发掘报告》，文物出版社 2006 年版。

其他东西。像 134 号子母坑，母坑是个小口细颈圆肩弧壁的袋状坑（口径 0.8 米，底径 2 米，深 1.8 米），子坑的口开在母坑底部的北壁下，呈圆角长方形，西南边留有高 45 厘米的土台，与土台水平位置挖出 0.1 米深的凹槽，以放置覆盖物。土台下为细颈口的子坑，深 1.5 米。加工细致，坑壁平整。坑内尽是食余的螺壳和破碎的陶器。第 4 号子母坑，母坑是斜壁袋状窖穴（口径 1.22 米，底径 1.82 米，深 1 米），子坑口开于母坑的东壁下，为椭圆形袋状坑，口部南北两端各有一高 0.2 米、宽 0.5 米的残月形土台，便于上下和取放物品。子坑口径 0.65—0.86 米，底径 0.9—1.3 米，深 1.54 米，底部有一层铺修很好的硬面，内藏盆、钵、罐等陶器和纺轮、骨锥、骨笄等工具、用具。第 75 号坑是椭圆形子母坑，而且子坑大于母坑。母坑是大口斜壁，口径 1.2—1.5 米，底径 1.5—1.75 米，深 1 米。子坑为圆角长方形弧壁坑，口径 0.4—0.7 米，底径 1.5 米，深 2.1 米，内有二台与坑口位置错斜，口部四角各有一个小圆洞，与子坑垂直的母坑壁上高 20 厘米处也有一个小圆洞，可能是放置木盖的遗迹。

这种储藏坑穴的多样化以及建筑的精工，说明当时人们对物资的储藏很重视并且有了较长时间的储藏需求，并采取各种措施，使储藏更为方便和安全。

在福临堡晚期阶段，生活用具种类增多，制作也更为精致。一般用的器皿沿用早期的一些器类，并做了改进，更为重要的是为适应生活需要创制的新产品增多了。这时的陶制器皿有三个特点：一是大型的储藏器的种类和数量增多了；二是有了一套成套的炊事用具；三是小型的饮食具如杯子、盘子、碟的数量增多了。这些变化反映出生活方式有了新的变化。

从器类说，仍是饮食器、饮具、水器、储物器等类别。饮食器仍沿用早期的几种器物，形制略有改变，主要的是钵类，有敛口浅腹圆鼓腹钵、敛口斜直腹钵等，器内表面多压印有成网络状的暗花纹。新制的两种是尖唇深腹钵和直腹圆折腹钵，都是平底。盆类器物新增加的有敞口宽沿筒腹或斜直腹盆、敞口斜直腹盆、敛口带流斜直腹盆、平唇斜腹盆、平唇深鼓腹平底盆等数种。这些器物的共同特点是，在器物的腹部或肩部附有鸡冠状的鋬手或环器周饰一圈纽丝状凸饰，腹外饰斜绳纹。这种凸饰或把手可在搬移时使用，既是装饰，也考虑到使用方便。这种器物形体较大，一般口径 18—39 厘米，高 15—18 厘米。另外这时还出现了带流盆，在器口处伸出一流水口。带流盆有两种类型：一种是敞口斜直腹盆，一种是直筒形盆。新出现的盘类器物特别多，是流行的日用器类，都是浅腹形的，细分有七八种之多。主要是在口、腹和唇沿之间有所变化，口有敞口、直口、喇叭口之别；腹有直腹和鼓腹；口沿有窄沿、宽沿之分。一般口径 31—43 厘米，高 4.5—7.5 厘米。盂类较少，有敞口圆唇曲腹或弧浅腹形两种，口径 18—32 厘米，高 10—14.5 厘米。碗类也有七八种不同样式，多为敞口或敛口浅腹、直腹或曲腹，平底，表面光素多无纹饰。以小型器居多，口径 10—17 厘米，可在手中托持使用。新添加的碟子多为敞口，斜弧壁或直壁，浅腹，平底素面，口径 12—17 厘米，高仅 6—7 厘米。杯子有四种不同样式，一般以直腹小型器居多，有侈口折唇直腹杯、直口直腹杯、直口方唇弧腹杯、侈口斜直腹杯、口径 5.5—6.5 厘米，高 5—7 厘米。还有辅助的用具器座和器盖，有些器物为圜底，放置不稳，有些碗钵所盛饮食，都需要加盖和座子。当然，当时除了陶制的座子外，用草编成的垫圈之类的东西是一定会有的。陶制器盖多为喇叭口状的覆碗形，有把手便于握持。手把做成圈足状或花瓣状。为适应各种器用，大小深浅不一，一般口径在 13—30 厘米，也有上面加纹饰的。器座的类型较多，多作矮圈状，有凹腰形、直筒形、浅盘形等，和器盖一样大小也不一。圈径 7—28 厘米，高 4.5—5.5 厘米，最低的仅高 1.4 厘米，和器物的圈足一样。

水器类形美而制作工巧，有壶和瓶两件。壶类只有一种，是直口圆唇高领圆折肩，颈部有 7 个凸饰，下腹饰交错纽丝凸带，口径 12 厘米，肩径 19 厘米，高 30 厘米。瓶类是从尖底瓶、平底瓶发展下来的，多是大型器，喇叭口、细高颈、圆肩、凹腰，有耳或无耳，尖底。（见图 8-12）其体饰绳纹，绳纹之上用白色颜料涂绘彩纹。这是纹饰着彩的一大变化。彩纹多饰在颈肩部分，纹样多是连续的旋涡纹，其下平行围饰 2—3 道弦纹、弧边三角与圆圈纹相间而成的一组纹饰。一般口径 9—10 厘米，颈长 10 厘米，高 59—61 厘米，多无耳。平底

图 8-12　福临堡时期的尖底瓶

（杨亚长提供）

瓶多有双耳，高在 40 厘米左右。

储物器是用具中之大宗，像流动仓库一样随时用来盛装各种用物。这类器物有罐、缸和瓮等，后两者均为大型器。

罐类，是用粗砂陶制的耐火器物，既储物，必要时也可作炊器用。均深腹形。常见的有三种：平唇斜直腹罐、直口直腹罐和尖唇敛颈鼓腹罐。这些罐的肩腹部多饰有凸带和把手，多属中型器，口径 26—34 厘米，高 29—43 厘米。新型的有高领罐，平唇圆肩高领深腹，高 31.5 厘米，口径 19.5 厘米。盆形罐，唇斜折，腹斜直，高 17 厘米。圆腹罐，直口窄沿圆腹，高 23.6 厘米。另外还有双耳小罐，一种是耳与口齐，束颈圆腹，高 16 厘米，另一种是耳高出口沿，高 17.5 厘米。

缸是主要的盛储器物，有几种新样式。有平唇直腹缸、平唇折沿深斜腹缸、斜唇弧腹缸、鼓肩凹腰缸和敞口斜直腹缸等。这些缸的腹、肩部分都有一周或数个凸饰，作乳突状或圆饼状，一般口径 35—49 厘米，高 36—51 厘米。

瓮的形制也多，新制造的有圆唇耸肩直腹或弧腹型、敛颈深圆腹型。肩上

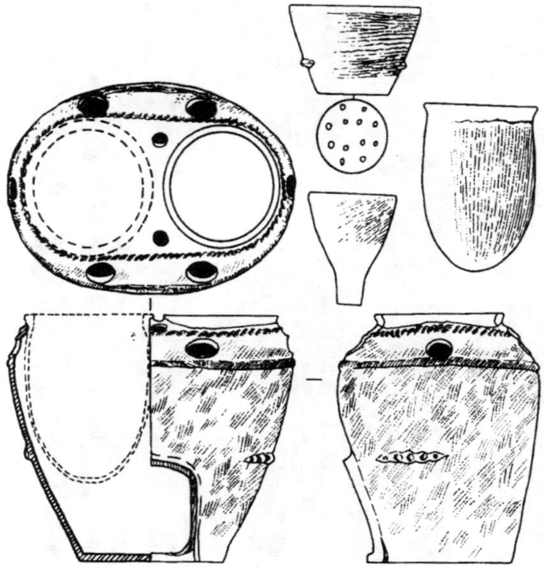
图 8-13　福临堡时期的一套炊具
（石兴邦提供）

有 4 个鸟喙状凸饰，表面平光，多无纹饰，口径 16—35 厘米，高 34—45 厘米。

炊具，主要有釜、灶、甑、滤漏器等。这时随着生活的改善，食物的制作亦有所改进，进而促使炊具多样化。炊具不仅类别多，而且制工良好，并规范化了。人们已不再从火塘直接烧煮食物，而用陶制器物作为炉灶，蒸煮皆可，是生活方式的一大改进。（见图 8-13）

陶制的灶有两种，均用耐火的砂陶制造，做得形巧而合用。灶体为椭圆形，体中下部的一侧为方形圆角的火门（灶口），灶台上架坐两个圜底深腹釜，两侧各有一个 4 厘米 ×3.6 厘米大的椭圆形出烟孔，前后各有一个 5 厘米 ×3.5 厘米的椭圆形出烟孔。两个釜交接的夹角处，有一个直径 2.5 厘米的烟孔，腹两侧中部有一对鸡冠状的鋬手，便于把持移动。灶高 40.5 厘米，肩径 50 厘米，底径 25 厘米。

釜是直口窄沿敛颈，深腹圜底形，口径 19.5 厘米，深 27 厘米，通体饰有绳纹。（见图 8-14）

甑是架在灶上蒸煮食物的用具。有三种不同的样式：一种是直口斜直腹甑，一种是敛口深弧腹甑，一种是侈口浅腹或敛口弧腹甑。底部凿有 4—21 个数目不等的篦孔，孔形有方的、圆的和椭圆形的，排列整齐有序，孔径 2—5 厘米，大的可长至 10 厘米。多为中型器，口径在 24—29 厘米，底径 11—16 厘米，深 15—20 厘米。

图 8-14　福临堡时期的陶灶
（杨亚长提供）

滴漏器，有漏斗和漏盘两种。漏斗作大口细流钵形体，体呈大口斜腹或敞口弧深腹形，下与漏流相连，口径 16—23 厘米，流径 4—6 厘米。漏盘为浅盘形，器壁下部接近底部，均有圆孔，多少不一。有两种，一种是敞口斜直腹，底部周壁有一周小孔；一种是敛口圆唇浅腹型，口径 37—41 厘米，深仅 6 厘米。还有特小的漏盘，口径 7.8 厘米，深只有 1 厘米。

五、福临堡晚期阶段人们的精神生活

福临堡晚期遗存中关于精神和意识形态方面的事物不是很多，从其片段的资料中可概见其一般状况。

葬俗似乎继承了半坡人的习俗，已发现的12座墓葬以单人一次葬为主，二次葬还保留一些，不同的是在墓地中发现一些小孩墓葬不用瓮棺，和姜寨氏族有些相似。

祖先崇拜已有萌芽。这里发现了一些陶祖和石祖，这是祖先崇拜的一种象征，将其具象贴塑于盘、钵的内壁，且颇为神似，塑贴这些形体的器物也许是祭祀时的法器。

与祖先崇拜相联系，原来象征图腾崇拜的彩陶艺术呈现衰落的状态。这也表现出人们的观念，特别以彩陶显示的观念，转移到另一崇拜对象上去了。这也是福临堡晚期人们已从图腾崇拜转为祖先崇拜的迹象之一。所以这时的彩陶纹饰仅留附饰的线纹和简化的圆圈和弧线，而且以单色（白色）为主，间或有黑色，纹饰简单，多饰在尖底瓶的腹颈部分。着彩的器物也有变化，除传统的盆形器外，还在灶、釜、盘上着彩，说明当时人们的用具增多，祭祀祖先的器物也随之有变。常见的花纹是波状旋涡纹、几何形圆点、同心圆、条带纹，少部分用太阳纹和齿轮纹，这可能是另一种观念形态的标志物。纹饰在器物上的装饰各有特点，在瓶的颈部则饰竖斜线纹、几何纹、三角形与圆圈相间构成的图案，圆点和同心圆相套组成的图案。齿轮纹是圆圈周围画几道伸出的齿刺。弦纹是数道弧线相套饰于颈部。条带纹经常是二道、三道平行出现，饰于瓶类的肩部和盆类的腹部。波状旋涡纹是由三条曲线相互勾连旋转，形成一个旋涡纹，或画一个圆圈，中间接连两组曲线，饰于瓶的肩部。一般是由四个元素相互连接盘绕于器物肩部。从这些纹饰的特点看，它们仍是从早期繁缛的曲线花纹演变而来的。由于观念形态的变化，它的作用减弱了，其作为装饰的作用也逐渐消失了。

在大地湾第411号房子中，还发现一幅这个时期的地画。该房子是一座小

型建筑，宽5.82—5.94米，进深4.65—4.74米，面积仅27.5平方米。房门朝北，进门有火塘。房子的地面和墙壁都抹有灰浆，显得非常整洁。特别值得注意的是，在火塘后面的地面上画了一幅原始地画，像是两人（或三人）在两个长方形台子（或土坑）旁边跳舞。每人都双腿交叉，左手摸头，右手持棍棒。台子（或坑内）则放着两个牺牲。其内容可能是描绘杀牲献祭的仪式，也有可能是一幅祈求狩猎成功的巫术画。像这样的原始地画，目前在周边其他遗址中尚无发现。（见图8-15）

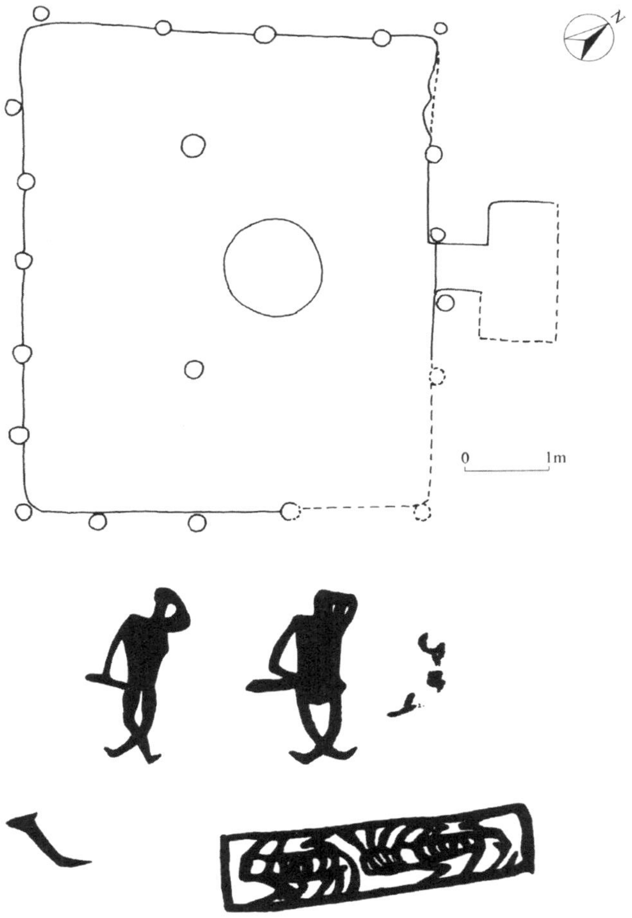

图8-15 大地湾F411号房子平面图（上）及其中的地画（下）
（引自甘肃省文物考古研究所：《秦安大地湾——新石器时代遗址发掘报告》，文物出版社2006年版）

福临堡遗址中还发现一些陶塑，主要有人和动物两种形象，都是写实的，手法较为原始。人的形象发现一具，从仅余的腰身部分看，比例适当，体态匀称，很符合解剖原理。动物塑形手法简练，极富概括力。小型动物形象生动，富于动感。这些雕塑都是用泥条捏制，贴饰于盆、罐的外壁，作为凸饰和把手。（见图 8-16）

图 8-16　福临堡时期的人面形器座与鹰鼎

（杨利平提供）

装饰也是美化人身的意识表现，这时的装饰品制工精美，花式繁多，用石、骨、陶、蚌制的都有，出现了中国最早的佩饰玉璧，体薄而形小，直径仅 2.1 厘米，可做佩饰、耳饰。璧是用来祭祀天地的。骨制的长方形坠饰的两侧都有小孔，可穿挂东西，形状较多，有扁梯形、凹腰形、直腰形，一边有凹槽，凹槽可能在往其他器物上嵌镶时使用。牙饰是利用兽牙磨成扁圆形，刻槽系线佩带。发笄有多种样式，有扁长形、平尖状、双尖状和 T 形等多种。石制的短而粗，最常见的是 T 形圆棒体，石质精美（也有用玉和蛇纹岩制的），长 5—10 厘米。环饰最多，是佩戴在身上或臂腕的，以陶环为主，环体宽 1—5 厘米，直径 4—12 厘米，环壁外周圆弧，断面呈半圆形、等腰三角形、圆形、长方形等不同形状。环外圈饰不同纹样，有纽缘状的凸弦纹、叶片纹、乳钉状纹等。石环壁较窄。

在福临堡时期的窖穴中，发现有牲祭遗存，在62号窖坑中，发现两具鹿的完整骨架，而且是有次序地摆在储藏坑的周边，从迹象看，似为祭天祀神的供奉物。

六、一般聚落和中心聚落

福临堡晚期阶段，是以图腾崇拜为主的母系氏族社会逐渐衰落向以祖先崇拜为主的父系氏族社会过渡的时代。聚落形态发生了变化，从半坡时期的内聚式布局，分化而成平列式布局。这种分化，也反映出社会结构的变化。具体地表现在两个方面：一方面，在聚落内涵上，形成了中心聚落和一般聚落。两者在规模和社会功能方面有显著的不同。一般聚落处于从属于中心聚落的地位。过去各聚落之间不论是以氏族还是部落为单位，都处于同等地位，而这时，中心聚落在含有血亲关系的聚落群中则处于军事、政治、文化和宗教等的中心地位。另一方面，表现为社会血缘团体的凝结与发展。以中心聚落为中心，以大家族为主而形成类似宗教性质的社会组织，即血缘相近的若干个大家族联合而成的政治性的血缘群体。大地湾901号房子背后的社会组织，可能就是以若干个“宗教”集群为中心而形成的社会组织，再由若干地缘和血缘相结合“宗族”集群而凝结成一个大的部落。在这种形势下，这个集团的首领便掌握了整个部落的军权、政权和神权（宗教祭祀权），为进一步组成更大的联盟创造了条件。

大地湾聚落中的大型殿堂式房子所体现的社会功能与具体实用价值，充分地展示了这一时期的社会性质及其变化的特点。901号房子是一个强大的“宗教”中心，也是具有亲属关系共居于一地的同族联合体的中心，这个中心以氏族神的直系后裔为核心，以聚合的经济和军事实力为后盾。这种大型殿堂式建筑，实是我国三代（夏、商、周）时期的“明堂”“大屋”之制的滥觞，是进行祭祀、议政、册命等活动的场所。

这座大型殿堂式建筑有重大的社会功能，它是首领集会布政之处，是享上帝、祀鬼神、人们举行宗教活动的中心殿堂，也是节庆时氏族成员的会聚之所。总起来说，它就是原始氏族社会时期的“明堂”“大屋”，是氏族部落进行政治活动的圣地。

考古资料表明，仰韶时代中晚期出现社会分化的现象已经比较普遍。如在河南灵宝铸鼎原遗址群，发现了数个年代距今5800到5500年的超大型聚落和一批同时期的中小型聚落。其中北阳平遗址和五帝遗址面积都在70多万平方米以上。经过大规模发掘的西坡遗址的围沟聚落内面积为40万平方米。遗址周围环绕有用作军事防御宽达10米的围沟。在遗址的中心部位有一个广场，围绕广场有四座大型建筑基址。基址的室内面积达204平方米，连同室外回廊等附属设施，总面积超过800平方米。这些大型建筑建造得十分考究，推测它们应是该大型聚落中权贵人物居住和举行各种仪式的场所。[①] 壕沟外侧发现公共墓地，其中27号墓长5米、宽3.5米，墓主人为青年男性，墓葬规模比一般氏族成员的墓要大数倍。墓中随葬制作精致的玉石钺和十余件陶器。从该墓葬的巨大规模和随葬玉石钺来看，墓主人可能是居住在这一聚落中拥有军事指挥权的首领。随葬的十余件陶器烧制温度较低，显然不是日常生活所使用的陶器，而是为了随葬而特地制作的冥器，这是在全国范围内迄今所见年代较早的为了随葬而制作的冥器。[②]

距今5300年左右，豫西地区的铸鼎原遗址群衰落，代之而起的是在河南中部郑州地区出现了双槐树、青台、汪沟等数个大中型聚落云集的现象。近年发现的巩义双槐树遗址是这一时期河南中部规模最大、等级最高的遗址，据推断应是当时中原地区的政治中心。

双槐树遗址是一处由三重环壕围绕的大型聚落，遗址现存面积117万平方

① 中国社会科学院考古研究所河南一队、河南省文物考古研究所、三门峡市文物考古研究所等：《河南灵宝市西坡遗址发现一座仰韶文化中期特大房址》，载《考古》2005年第3期；中国社会科学院考古研究所河南一队、河南省文物考古研究所、三门峡市文物考古研究所：《河南灵宝市西坡遗址庙底沟类型两座大型房址的发掘》，载《考古》2015年第5期。

② 中国社会科学院考古研究所、河南省文物考古研究所：《灵宝西坡墓地》，文物出版社2010年版。

米。在最内侧环壕以内，在用围墙环绕形成的 18000 平方米区域内发现成组的大型建筑，共有三排，中间一排面阔五间，两侧的房屋基本对称分布，面阔三间，总面积约 2400 平方米，且布局已经呈现出中轴线理念的端倪。在这组建筑群以南，发现了规模更大的两座单体巨型建筑基址，面积分别为 1600 平方米、1300 平方米。

双槐树遗址的布局与铸鼎原遗址群的布局迥然有别，显示出全新的布局理念，高等级建筑群位于聚落北部正中，几座建筑同一方向，以中轴线贯穿，前后递进。这种以中轴线为中心，东西并排排列的布局，开启了中国古代都城宫室制度的先声，意义深远。

遗址围沟内发现了四处公共墓地，墓葬头向一致，成排分布。房址集中分布和几处公共墓地的存在表明，当时的社会仍然以血缘关系为纽带。四处公共墓地中，有两处墓地的中部各有一个方形夯土台，可能是用于祭祀的祭坊。在距离高等级建筑最近的一个墓地的祭坛附近，还发现数座规模明显大于一般小型墓的墓葬。①

南佐遗址位于甘肃省庆阳市西峰区后官寨镇南佐村，是一处位于陇东黄土高原地区的大型聚落遗址。2021 年以来，考古人员对该遗址进行了较大面积的考古发掘，取得了重大成果而为学界所瞩目。该遗址面积在 600 万平方米以上，核心区有 9 座夯土台基，可能为祭祀性设施。核心区中部偏北处为环壕和带围墙院落所组成的"宫城"区，"宫城"中央为主殿 F1。

"宫城"平面呈长方形，四面建有围墙，东西宽约 55 米，南北长约 67 米，面积近 3700 平方米。围墙为版筑夯土围墙，残高 2 米，厚约 1.5 米。主殿 F1 位于"宫城"中央，为一长方形大型建筑，坐北朝南，南北长约 35 米，东西宽约 20.5 米，建筑面积约 720 平方米，室内面积约 580 平方米，由"前厅"和"殿堂"两部分构成。"殿堂"前部有一个直径约 3.2 米，残高约 0.3 米的圆盘状大型火坛，后部对称分布 2 个直径约 1.7 米的大柱洞，应当是顶梁柱

① 郑州市文物考古研究院：《河南巩义市双槐树新石器时代遗址》，载《考古》2021 年第 7 期。

的柱洞。[①]

南佐遗址宫殿式建筑的发掘表明，该遗址应当是一处具有都邑性质的中心聚落。南佐遗址的考古发现，再一次证实了仰韶时代晚期已经跨入了古国文明的新时代。

① 甘肃省文物考古研究所、中国人民大学历史学院、西北工业大学文化遗产研究院等：《甘肃庆阳南佐新石器时代遗址F2发掘简报》，载《文物》2024年第1期；韩建业、张小宁、李小龙：《南佐遗址初识——黄土高原地区早期国家的出现》，载《文物》2024年第1期。

第九章

龙山时代的父系氏族公社

龙山时代晚于仰韶时代而早于夏代，年代为距今 5000—4000 年，延续时间约 1000 年。可分作早期与晚期两个发展阶段，早期为距今 5000—4500 年，晚期为距今 4500—4000 年。

关中地区所发现的龙山时代早期遗存，有学者称之为庙底沟二期文化; 而龙山时代晚期遗存，则有学者称之为客省庄文化或客省庄二期文化。目前，关中地区龙山时代早期的考古遗存发现较少，对于当时人们的生产、生活以及社会组织诸方面的情况尚不够了解。

考古资料显示，到了龙山时代晚期，关中地区的原始文化出现了区域性分化，即大致以咸阳为界，关中西部与关中东部地区原始文化的面貌呈现差异，或者可以说是大不相同。而陕北地区龙山时代晚期的文化面貌，既与关中西部大不相同，又与关中东部大不相同。对于这种现象，有学者试图以同一种考古学文化的不同地域类型来解释，即将关中西部的这类遗存称为双庵类型；将关中东部地区此类遗存称为康家类型；而将陕北地区的同时期遗存称作石峁类型。也有学者试图以不同文化来解释，即将关中西部、关中东部与陕北地区均视作不同文化。龙山时代晚期文化发生如此区域性的变化，理当与当时人们的共同体（即族群）发生变化密不可分。

下面对关中西部、关中东部以及陕北地区龙山时代晚期父系聚落的相关情况分别进行介绍。

第一节　早期父系氏族公社赵家来氏族公社时期

在关中西部，龙山时代早期遗存主要发现于武功县赵家来和浒西庄，赵家来遗址还同时发现有龙山时代晚期遗存。此外，在岐山双庵遗址和宝鸡市石嘴头遗址中，也都发现有丰富的龙山时代晚期遗存。通过这些考古发现，可以窥知当时父系氏族聚落的大致情况。

考古资料表明，大约在龙山时代早期，就已进入了父系氏族公社阶段。父系氏族制代替母系氏族制，是人类历史上最激烈的社会变革之一。导致这一革命发生的根本原因是经济因素。从仰韶时代中晚期（6000—5000 年前）开始，社会经济得到了迅速发展。不仅有了大规模的聚落遗址，耜耕农业普遍推广，有些地区还出现了犁耕农业，家畜饲养业也日益发达。手工业逐渐成为独立的生产部门。陕西地区的氏族聚落文化的各个共同体也在这样的历史背景下，从母系氏族公社的末期仰韶文化晚期，逐渐过渡到早期父系氏族公社阶段。

一、赵家来氏族公社的时代特色

关中西部龙山时代早期文化的特点，在日常生活使用的陶器器皿上表现得最为突出。这个时期陶器的特征，陶色居于仰韶时代晚期与龙山时代晚期陶色之间，既有灰陶也有红陶。由于时间先后不同，有的聚落灰陶多，有的聚落以红陶为主，而有的遗址却是红灰陶各半。日常最常用的器物种类中，既有像钵、碗、刻槽盆（雷钵）一类在仰韶时代人们日常用具中可觅到其祖型的传统器物，又有像斝、双耳罐、罐形鬲、高领折肩罐一类新产生的器类。器物表面的装饰，已不见仰韶时代特有的彩陶痕迹，继之而起的是以素面抹光、篮纹和绳纹为主的纹饰。这种装饰特点到龙山时代晚期得到了充分的发展。它与三足器鬲、斝、盉、鬶等的普遍出现一起，代表了母系氏族公社文化向父系氏族公社文化的整体过渡，从而形成了赵家来氏族聚落文化的时代特点。

二、农业为主的经济生活

龙山时代的人们过着以农业为主的经济生活，其生产工具主要是石制的石刀、石斧、石锛、石铲、石凿和骨制的骨铲、骨凿、骨锥等器类。其中石刀的数量较仰韶时期有所增加，石斧较为普遍。工具中以农业和手工业工具为大宗，说明农业和手工业已占据着经济生活的主流，并已开始出现行业内部的分工协作。如制陶业中个别出现的模制技术，应是分工协作遗留的例证。渔猎工具所占比重较仰韶文化时期有所下降，如鱼钩、叉、网坠之类的工具已极少见到，说明捕捞经济在这个时期已退居次要地位，而仅仅成为生活的一种补充。同时，对动物的驯养和利用有所发展。这时期的家畜饲养业比较发达，成了农业经济不可缺少的一种重要补充。这可以从发现的栅栏遗址中得到证明。在赵家来聚落遗存中曾发掘出两座栅栏遗迹，栅栏平面呈方形，一处为单间，一处为双间。这两处遗迹都未发现可以确证为人类居住的灶址、白灰居住面等。据发掘者判断，可能是一处饲养家畜的场所。这种栅栏建筑是从地面向下挖出沟槽，然后在其上密集地立柱，并用土把柱子根部掩埋、夯实，使柱子稳固竖立成为围墙。另外，在聚落中还出土了一些猪、鸡、狗等动物的骨骼。家畜饲养业的发达，是农业经济发展和长期定居生活的结果。这种有目的的动物驯养，使人们的肉食来源有了保证，丰富了人们的食物种类，增强了人们的体质，并进一步可以将家畜用于犁耕之类的农业生产。这些进步反映了这一时期经济生活的发达和稳定。

有关农业经济的遗存，除发现大量的农具外，还发现了农作物遗迹多处。在赵家来聚落遗址的窖穴中，发现了成堆成层的炭化谷物，以及粮食作物的秆茎残迹等。这种窖穴坑壁平坦，底部有木板痕迹，应是专用于储藏粮食的窖穴。这些迹象表明，这一时期的粮食产量不仅可供一时之需，而且还有剩余用于储存，表明了这一时期农业的发达程度。

制陶、制石、制骨手工业在这一时期也有了很大的进步，陶器的烧造技术充分利用了封窑过程中的氧化与还原原理，能烧造传统的橙红色陶，也能烧造灰色陶器，并将不同用途的陶器分别制作，更富于实用性。这一时期陶器的特点表现为三足器的出现与器物种类的增加，如斝、鬲、盉等。斝和鬲主要用于炊煮。这种三足炊器较之于仰韶时期的釜、灶有了很大的进步，它不仅简便、稳定，而且着火面增大，熟食速度加快。从外形特征看，它不仅实用，而且线条流畅。陶器的另一个特点就是带耳的器型数量增加。对器耳的利用，是这一时期人们的又一个进步，如双耳罐、双耳杯等。从实用角度看，这种耳鋬给人们拿取东西带来便利，应是进步的体现，也是与传统器物较为显著的不同之处。这一时期的水器，可能是喇叭口圆肩平底罐，这种罐较之于仰韶文化时期的尖底瓶的一大优势，就是它不仅可以用于汲取河水或井水，也可以用于储藏水。水井的出现，改变了人们必须依靠河水生存的局面。这一时期的聚落多选择在距河较远的高地以避水害，但取水相对不太便利，因此储水就成为必要，而喇叭口圆肩平底罐兼有取水和储水两种功能，适应了人们的这种需要。这应是这一时期文化的特征之一。与制陶业相伴的石器制造技术也有了很大的进步。磨制石器不仅有利于器形外表的美观，更多的则用于利刃。随着钻孔技术的成熟与提高，管钻与对钻普遍用于石器制作，于是石制工具与木柄组成的复合工具大量出现，这一进步极大地提高了生产力。同时，石器种类的增加，如石刀、石镰，用于收割，表明生产技术的进步和工具使用范围的扩大。制骨业也是手工业门类中很重要的一个部门。最早的骨器仅仅是骨珠、骨管一类的装饰品，或将某些动物骨骼不加修饰地加以利用。后来人们逐渐认识到了骨器可以作为工具使用。比如这一时期的骨锥、骨凿、骨铲、骨匕等。这些工具多是用鹿角和牛或猪的肢骨、肩胛骨加工制成的。人们对各种动物的肢骨加以磨制、切割和修葺，做出锋利的尖或刃部。但由于骨器的硬度不够，能制作的工具种类是有限的，一般的骨料只能制成笄、针、锥、镞一类小型工具。

三、房屋建筑与聚落特点

这一时期的房屋建筑及聚落形态与整个龙山时代的特点基本一致，但有一些地域性的特点。建筑形式开始形成与对立或等级有关的差别。半地穴式居址继续存在，但出现了以地面建筑为主的建筑格局，并且开始出现夯土筑墙技术。建筑工艺技术有了新的提高，人造石灰大量用于建筑物的地面与墙壁。房址的选择和对地理环境的利用，显示了这一时期人类特有的智慧。赵家来氏族聚落文化分布的地区多为原隰交叉的河垣地带。这里黄土结构疏松，土壤容易离散，雨水冲刷时极易流失。因而，关中西部一带原有的黄土原面经雨水的长期冲刷切割逐渐消失，被切割成千沟万壑，形成了许多原隰。在赵家来氏族聚落分布的漆水河一带的汧水和漆水之间就有积石原、石鼓原、周原等；在漆水河与泾河之间有鹑觚原、白土原、永寿原、始平原、咸阳原等。这里的原隰造成了这一带特有的地形地貌，也是居住在这里的氏族先民聚落特点形成的必然条件之一。

当时氏族聚落的房屋遗址分布在地势高隆、依山傍水的地理环境中。其居住区多分布在一个坡塬上，赵家来聚落所在地就是一处东高西低的坡地。当时的大多数房屋就是顺着坡势建造的。在第一发掘区清理的全部10座房址中，有9座坐东朝西，房屋后墙靠着坡面断崖。这10座房址可分为三种形式。第一种房址为半地穴式，共4座。第二种房址为窑洞式，仅1座。第三种房址为半窑洞半起墙式，共5座。这三种房址的平面形状有长方形和凸字形两种，以凸字形者为多。房址面积大小不一，一般在11—17平方米之间，前墙中部留有门道，有的房址有夯土房基。居住面均为草泥土白灰面，墙皮只涂抹在墙体的下部或整个墙壁均涂抹。整个聚落为夯土院落式，院落中有4座房址，自北向南排列，院落中部偏南处有一道东西向的夯土墙，把院落分成南北两个小院。院落内的居室从当时的坡崖掏进去，窑洞口筑起夯土或草拌泥墙。这些房址均属于半窑洞半起墙的居住形式。村落依坡塬而建，并利用坡塬地形建成半窑洞半起墙式的房址，然后用夯土围墙把房址围成一个单独的院落。在聚落稍晚阶段，院落一侧又出现了栅栏，用以饲养家畜。在房址的周围还有许多窖穴，主要是用来储藏粮食和什物的。在这些窖穴的底部发现有木板痕迹和成堆的炭化粮食遗迹。底部用木板铺垫是为了防潮。[①]

石嘴头氏族聚落遗址位于宝鸡市渭滨区石坝乡东侧的台地上，北临渭河，东濒茵香河，南倚石鼓山，是一处依山傍水自然生态环境较好的文化聚落。这个聚落范围共分东、西、南三区。东区总面积在1460平方米的范围内，共发现窑洞式房址6座、窖穴2个。整个聚落分布在南高北低的三级台地上，分组排列。这种有规律的分布特点，反映了石嘴头聚落文化的社会组织结构形式，每组房址应是大家族居住形式的反映。这一聚落的房址靠台地断崖或斜坡挖成平面呈

① 中国社会科学院考古研究所编著:《武功发掘报告——浒西庄与赵家来遗址》，文物出版社1988年版。

凸字形的地穴，以坑壁做墙壁。房屋结构分居室、门道、甬道三部分。居室中央有一圆形灶面，东、西墙壁处挖有小龛。墙壁用草拌泥抹光或在墙壁下部用白灰抹成墙裙。房址面积大约为 3 米 ×3 米，房内有 2—4 个柱洞，说明其房屋结构应为木架房顶。每组房址的门前有一条道路或活动场地，在房址的周围有圆形或袋状窖穴用来储藏什物。这些特点与赵家来氏族聚落的房址状况基本相同。这两处聚落也有不同之处，如石嘴头遗址房址内的小龛，在赵家来遗址中没有发现。[①]（见图 9-1、图 9-2）

双庵氏族聚落遗址位于岐山县京当镇东南约 2.5 公里的双庵村。聚落的东边和南边有大沟环绕，遗址总面积约 100 万平方米，是目前关中地区发现的龙山时代面积较大的一处聚落。考古发掘将遗址分为 4 个区域。其中 1—3 区位于北干渠以东，4 区在北干渠以西。在 1 区内发现的房址主要是单间式圆形，3 区为陶窑分布区，而分布在 4 区的则多为双间式套间房址，同时还有墓葬和出土物极丰富的窖穴。由此可以看出，这是一处分布很有规律的聚落。套间式房址与单间式房址的分区，反映了房子主人的身份可能有所不同。与套间式房子相联系的储物丰富的窖穴，更说明了它的主人特殊的身份地位。

图 9-1　宝鸡市石嘴头龙山时代晚期房址平、剖面图及复原图
（石兴邦提供）

在这一聚落中还发

① 西北大学历史系考古专业 82 级实习队：《宝鸡石嘴头东区发掘报告》，载《考古学报》1987 年第 2 期。

图 9-2 石嘴头遗址外景
（张明惠提供）

现了大量的窖穴。在被发掘的 3000 余平方米范围内共发现 49 座。这些窖穴形状复杂，有圆筒形、圆袋形、方形圆角、椭圆形和不规则形五种，反映了窖穴用途的复杂性。其中一部分可能用于储藏，在一些灰坑中出土有丰富的陶器、石器、骨器，尤以发掘编号为 H4 的最为丰富。这是一个圆形袋状坑，口径 1.9—2.28 米，深 3.2 米。出土陶器 49 件，有鬲、斝、瓶、罐、豆、瓮、三耳罐等；生产工具 20 件，有石斧、石锛、骨锥、纺轮等，说明这是一处用于储存日用器皿和生产工具的窖穴。在 3 区还发现 6 座陶窑，说明 3 区可能是一处专门烧造陶器的场所，反映了手工业开始出现专门化。这里的陶窑结构为竖穴式，由火口、火塘、火道、窑室四部分组成，在火塘内发现有大量碎陶片等。在窑的南侧发现一副完整的狗骨架，这有可能是祭祀用的，应是开窑前为祈祷烧制成功而进行的祭祀活动的遗留物。

双庵氏族聚落遗址内还发现 13 座墓葬，除 1 座外，均分布在 4 区内。葬式有仰身直肢式、侧身屈肢式、俯身式、仰身交腿式和跪蹲式，墓穴为长方形竖穴，头向不一，随葬品不多，多为 1 件或 2 件，有罐、骨镞、玉凿等。

双庵氏族聚落遗址是一处规模大、空间分布有序、设施齐备的大型村落遗址。不仅有人们生活必需的住房，还有烧制生活用品的陶窑和具有储存等多种功能的窖穴，以及人们死后的归葬地。①

这一时期整个聚落的分布状况，显示了这一时期人们对自然环境的依赖性和选择性。院落化的住宅形式，充分体现了氏族内部大家族的居住特点，是家族结构出现、发展和稳定的标志，院落化的住宅形式已经完全摆脱了仰韶时期的内聚式社会结构形态，表明了这一文化由母系氏族组织向父系大家族的完全过渡。这个聚落之中房址的数量较少，与房址相伴随的其他设施，诸如陶器烧造地、墓葬分布区等还未见有完全集中在同一地区 。这种现象，一方面由于田野发掘限制，另一方面也可能反映了这一时期文化特有的风俗习惯以及埋葬制度有所变化。

第二节　晚期父系氏族公社康家氏族聚落

目前，在关中东部地区所发现的龙山时代晚期的父系氏族聚落遗址主要有临潼康家、临潼姜寨、长安客省庄、西安市太平、华阴横阵和华州梓里等处。

一、康家氏族聚落文化

康家氏族聚落是父系氏族公社晚期的典型代表，代表了龙山时代晚期分布于关中东部地区渭河下游一带的一支具有地方特色的文化。它继承龙山时代早期文化并有所发展，开拓了一个新的历史发展阶段。

父系氏族公社发展到这一阶段，即已叩响了文明时代的大门，整个社会处于动荡之中。原始氏族公社制度在私有制的渗透下已渐趋瓦解，作为社会经济基础的农业发展起来。新农具的使用与新的进步的耕作方式，使农作物品种有所增加，播种面积有所扩大。这些都使农业生产获得了巨大的发展，为社会经济的全面发展打下了坚实的基础。这个时期的手工业，在传统生产门类的基础

① 西安半坡博物馆：《陕西岐山双庵新石器时代遗址》，见《考古》编辑部编：《考古学集刊》第 3 集，中国社会科学出版社 1983 年版。

上，又增加了玉器制造业、红铜冶炼业、象牙雕刻业等新的门类，并在生产工艺上有了极大的提高。而这一时期的畜牧业已不仅仅是农业的一种补充，它已发展成为一个新的门类，为整个社会经济的发展发挥了不可估量的作用。与此相应，采集经济和渔猎经济则居于次要地位。被动地获取生活资料的劳动方式已让位于人类有意识的主动劳动。最能代表这一时期人们日常生活用具的陶器，出现了一整套全新的文化类型品。无论从质地、纹饰，还是器物的形制方面，都发生了明显的变化。这种变化既显示了制陶技术的进步，也蕴含了人们的审美意识和实用价值观，体现了这一阶段人类群体约定俗成的传统习惯。与此相适应，在房屋建筑和聚落居址的布局、结构和设施等各个方面，均表现出一些等级差别和社会分化的因素。宗教、礼仪之举也伴随着社会分层的出现而表现出相应的特征，并渗透在社会生活的各个方面。例如康家遗址房基中有奠基用的兽骨、兽葬坑以及卜骨等，客省庄遗址中的乱葬坑，等等，均反映了宗教、礼仪的内容。族群聚居的聚落在分布范围、地理环境的选择和布局特点上，也均发生了一些变化。这一时期的农业聚落除在浅山区和丘陵区的河岸上有分布外，已经大规模地向平原地区扩展和推进。随着这种地理环境的变化，在龙山时代的各个人类文化共同体的分布范围内，都出现了一些人口相对稠密、居址地层堆积丰厚、延续时间较长的大型聚落遗址。这些聚落内部的组织结构形式也发生了诸多变化。这一时期房屋的显著特点是，无论单间房址或是成排分布的房址，都很有规律地排列成行成组。各组和各排的内部门向多一致分列，以向南为主，而排与排之间则往往不尽一致，有的门向相对排列，排与排之间的距离均等。显然这是经过了统一规划与设计的。它不仅反映了同一部落或父系大家族血缘纽带的强固性，而且也反映了其中各分支父系家族已经出现某种相对独立的趋势。而窖穴的分布往往与排房的门向相对应，窖藏的数量和用途也有了较大的变化。这时期的窖藏不仅仅是储存粮食的窖穴，同时还是埋葬人的墓穴。这些葬有人骨的窖穴中往往都会出现数块卜骨。此外，作为储物用的窖穴也发生了一些变化，不仅在房址周围有发现，在房址内也有分布，并用专门制作的陶制灰坑盖子盖住。这证明了储物窖穴的完善和用途的专一化，也反映了与家庭私有制相联系的内在要求。聚落内单个房址的内部设施也有变化，在单间房址的基础上出现了双间式的套间和“吕”字形双间房。墙壁不仅仅有地面起墙的夯筑墙，还出现了用土坯起墙或修补墙的现象。如康家就发现用56块土坯砖修补的墙壁。同时还出现了壁炉和双连灶，个别房址内出现中间隔墙，墙的两边各设一灶的情况，在有些房址中围绕灶址出现地画。这一阶段聚落的特点，说明这种聚落可能已不仅仅是一个族群的聚居点，有可能在一定范围内还具有政教中心的性质。

康家氏族聚落位于临潼区相桥镇康家村所在的渭河北岸与石川河交汇的三角地带，是一处适宜人类生存发展的理想之地。康家氏族聚落的先民们在这水田交融的原野上，挖穴起墙，建设家园。（见图9-3）

整个聚落的发展可分三个阶段，每一阶段之间，在聚落的布局、结构及房址的相关设施等方面都发生了一些规律性的变化。同时，在每个阶段之间也都有一些迹象表明，这种阶段性发展的出现，可能伴随着生活在这一聚落的人们因各种原因的迁徙和流动。

第一阶段，房址数量少而且分布松散，还未出现成排成行的规律性分布，

图9-3　康家聚落复原图景

（石兴邦提供）

房址的门向不一致，有向西的，也有向南的。房门前多有一圆形袋状窖穴。房址面积小，一般长约 2.5 米，宽约 1.9 米。门前活动面不明显。多为半地穴式建筑，门道有二层台阶。房址地面白灰面薄而且保存差，发现时呈粉末状。房址中心有圆形灶，灶的处理比较随便。房址排列多为单个分布，或者两间为一组。个别房址周围还有白灰坑，坑内藏有纯净的熟白灰。

第二阶段的村落布局发生了较大的变化，房址开始成排成行排列，门向一致，面积有所增大。房内除有中心灶以外，还出现双连灶和壁炉等。门前有房址东西墙壁延伸所形成的活动面，成为一个独立的活动空间。墙壁多为平地起建的夯土墙，曾在一些房间发现圆形鹅卵石与夯窝吻合。有的房中有用方形石块作柱础的，还有的墙壁内有兽骨，可能为奠基之物。这时期房内出现储存粮食或杂物的窖穴，这种窖穴面积小，形状规整，并有特别的陶质盖子，坑内填土多为灰土或含腐殖物的黑土。同时，这一时期的废弃窖穴中出现葬人现象，人骨沿灰坑一边放置，骨骼完整，人骨旁往往出现数块卜骨和大量的陶片、石器及兽骨。另外，常在房址的前后或房与房之间出现埋葬完整兽骨的现象。

第三阶段的整个村落布局同第二阶段差别不大，差异有三点：一是出现了用土坯修补墙壁的做法；二是房址形状打破了方形圆角的规定布局，出现了两次拐角的房址，还有双间式套间房址；三是同一房址内出现中间隔墙，这种隔墙建在白灰面上，可以认为是在房子使用了一段时间之后隔的，颇有点分而食之的意义。

整个聚落面积约 19 万平方米，西边有一条古河道，这条河道大约在汉代时枯竭，而汉代以前应是一处可供饮水和防御的河流。这条古河道以西没有发现房址，而村落的东北部一带曾钻探出一条宽约数米的淤泥沙带，淤泥以东也未见房址，估计应是当时围绕村落而修筑的沟渠一类的防御设施。在村落的中心有一大片空地。整个村落为一不太规则的椭圆形，其西部和东北部一带都有为防御而设的沟渠。中心地区没有房址，成排成行的房址均向着中心地区倾斜，这也许有其特殊的内涵，是这一聚落社会组织结构的反映。①

---

① 陕西省考古研究所康家考古队：《陕西临潼康家遗址发掘简报》，载《考古与文物》1988 年第 5、6 期合刊。

二、客省庄聚落文化

客省庄氏族聚落位于西安市以西约 20 公里处的长安区斗门镇，聚落沿沣河西岸分布。这里地势低平，有很多旧河道和积沙。聚落西南是一条沿河高地，俗称“郿鄠岭”。这一聚落中发现房址 10 座，为半地穴式的由内外两室组成的套间式房址。平面呈“吕”字形，内室有些是方形，有些是圆形，外室则总是长方形。内外两室中都有圆凹形小灶，外室有斜坡出口，对着出口处有一龛形壁炉，在壁炉附近多有一个小的窖穴。居住面为硬土面，没有涂白灰。例如一座大型方形房址，内室为方形，东西长 3.05 米，南北宽 2.7 米；外室为长方形，东西长 5.29 米，南北宽 1.85 米。（见图 9-4）

四周墙壁保存最高为 1.65 米。北壁有一柱洞，洞内填有碎陶片等。室内中

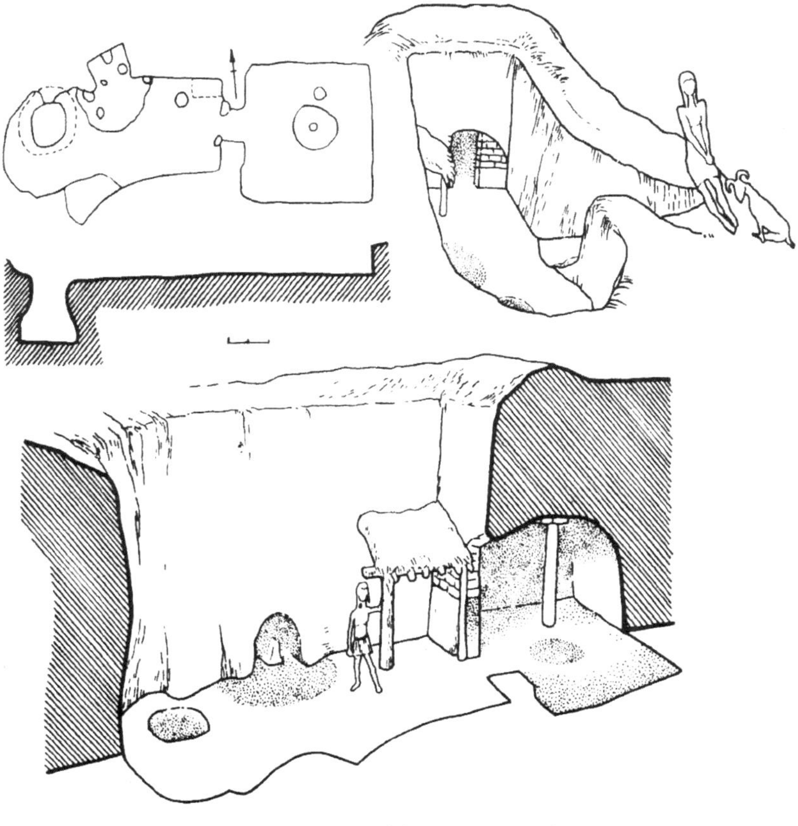

图 9-4　客省庄聚落的房址平、剖面及复原图

（石兴邦提供）

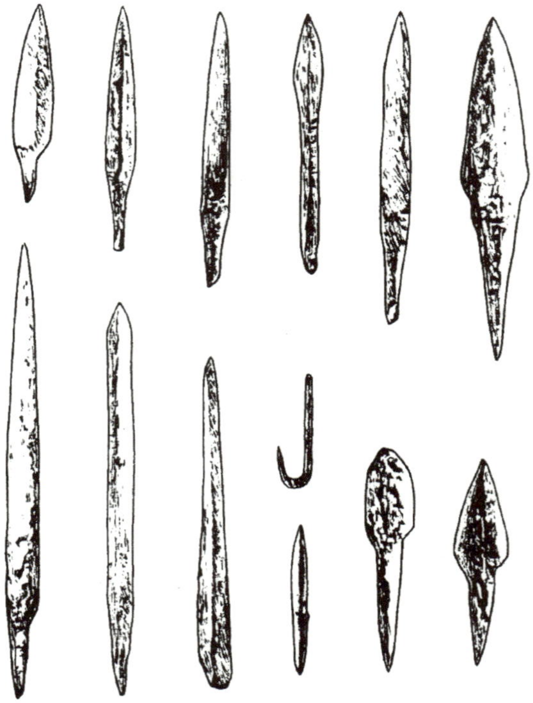

图 9-5 客省庄时期的骨制工具
（石兴邦提供）

央及东壁各有一个凹入地面的圆形小灶，北壁中部有一个大壁炉，附近还有小灶。在外室的西北角有一个袋状形小灰坑，是做储藏用的窖穴。

客省庄聚落遗址中有一种袋状窖穴富有典型意义，这种窖穴共发现43个。其特点是坑口很小，坑壁斜直，坑底最大。在这批窖穴中，发现有埋葬人骨的现象，有的坑内埋有5具之多。这些坑内人骨的埋葬状况与康家聚落的灰坑葬人现象有所不同，这些人骨多埋葬在灰土里，是窖穴废弃之后葬入的，人骨多散乱无章，个别人骨旁发现有骨镞或陶罐、兽骨等物品。（见图 9-5）

在这一聚落中还发现有烧制陶器的陶窑，陶窑由下段火膛、中间火箅子和窑顶组成。窑的体积较小，烧陶量小，应是家族使用的陶窑。这里的陶窑与康家聚落的陶窑基本一致。

客省庄氏族聚落是一个原始农业经济发达、手工业门类齐全的氏族部落。在遗址中收集到的各种生产工具共261件，按其用途可分为以石斧、石锛、石凿为代表的砍伐工具，以骨铲、石刀等为主的农业生产工具和以纺轮、针、锥、磨石等为主的手工业生产工具，另外还有渔猎工具和武器，如矛、镞、弹丸、鱼钩等。而最能代表其手工业发达程度的是陶器，这些陶器的种类及制陶方法与康家聚落基本一致。[1]（见图 9-6、图 9-7）

① 中国科学院考古研究所编著：《沣西发掘报告：1955—1957年陕西长安县沣西乡考古发掘资料》，文物出版社1963年版。

图 9-6　客省庄时期的陶器（一）
（石兴邦提供）

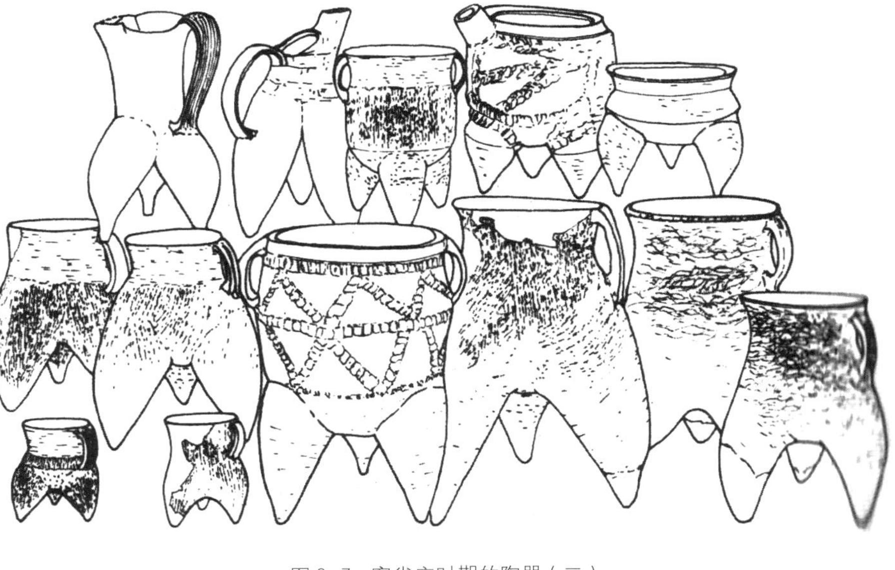

图 9-7　客省庄时期的陶器（二）
（石兴邦提供）

三、西安太平聚落遗址

太平遗址位于陕西省西安市西咸新区沣东新城斗门街道太平村东侧，地处秦岭北麓向渭河谷地延伸的一处河流阶地上，东北距西安市主城区约 15 公里。自 2021 年 3 月起，考古人员对太平遗址开展了科学、系统的考古发掘与研究；到 2023 年 9 月，累计发掘面积 4600 平方米。确认该遗址是一处大型的客省庄二期文化聚落遗址，年代为距今 4150—3700 年。（见图 9-8）

太平遗址由东西并列的两个环壕构成，面积不小于 100 万平方米。环壕口部宽度 15—20 米，底部宽约 10 米，深约 5 米。当时环壕内应有水流，可能与自然河道相连通，起到防御、防洪、排涝及满足人们日常生活用水的重要作用。到了遗址晚期环壕被废弃，成为堆放生活垃圾的场所。通过发掘得知，环壕体量巨大，修建过程甚为复杂。这反映出太平遗址所在聚落已经具备一定的社会组织和公共资源调配能力。

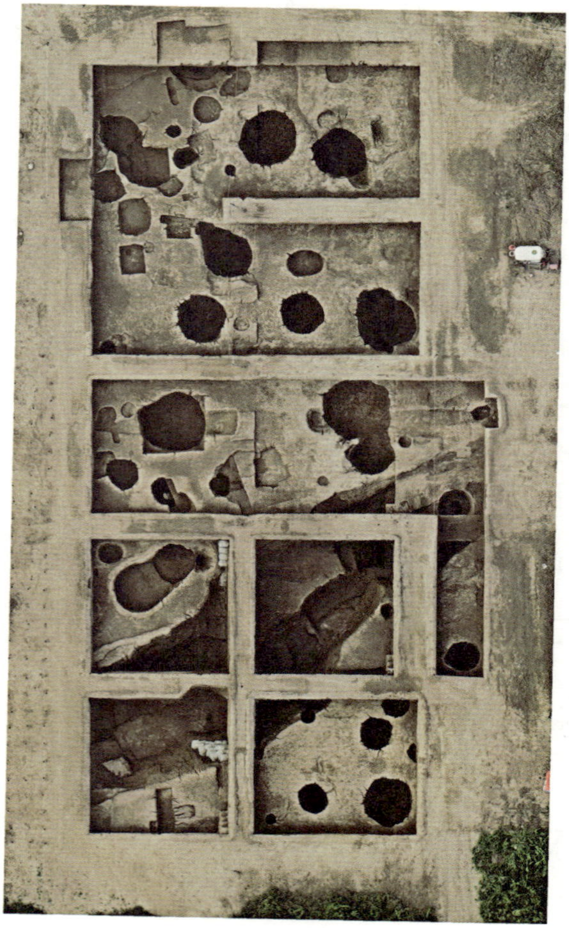

图 9-8 太平遗址发掘现场

（王小庆提供）

遗址中发现了形式多样的居住建筑。其中第 9 号房址（考古发掘时的编号）为一处半地穴院落建筑，院落平面形状为椭圆形，围墙壁面较光滑、陡直，部分墙壁有用泥涂抹的痕迹，室内地面平坦，有不连续的少量白灰面。房址东南部有两级生土台阶，应为院落出入口。后室平面形状为方形，门道向东，有三级生土台阶。房间中部有一处火烧圆形灶面，西南部有一件较完整的龟甲，房间内还发现有三件柱状红陶器。侧室平面近方形，门道向南，房间中部有一曲尺形烧土范围，并有一处椭圆形火种坑。

太平遗址还发现有地面式方形建筑、“吕”字形半地穴建筑、圆形深穴式建筑，还有使用土坯的窑洞式建筑等。这些多种多样的建筑形式表明，太平遗址的先民已拥有高超的建筑技术。他们在沿用传统的地面式建筑、半地穴式建筑的基础上，创造出了使用土坯的窑洞式建筑以及人工夯土台基等新的建筑形式。

遗址内发现了二十多座客省庄二期文化时期的墓葬，以竖穴土坑单人墓为主，另有部分灰坑、灰沟埋人现象。其中 5 号墓葬为竖穴土坑墓，因受后期破坏仅存东半部，墓葬填土中有木质朽痕，可能与葬具有关。墓底葬一人，仅存头骨及部分肢骨。墓内陪葬玉璧一件，位于墓主盆骨右侧。墓葬中部接近人骨的填土范围内，有密集分布的朱砂，尤其是玉璧下方的朱砂最为明显。第 20 号墓葬为竖穴土坑墓，墓底埋葬一人，墓主右侧腕部和右手下方出土玉环各一件。在该墓填土中发现上下两层颜料，上层为白色和黄色，主要分布在墓主头部；下层为朱砂，附着于墓底和墓主骨架之上。朱砂的使用作为贵族葬仪中不可或缺的物品，最早出现于龙山时代的陶寺文化，此后为二里头文化所继承，成为商周墓葬制度的重要组成部分，并一直延续至战国时期。

遗址中还发现少量祭祀遗存，如第 186 号窖穴的上部瘗埋有玉石器，中部发现大量灰烬，底部瘗埋大量动物骨骼，经鉴定有狗、猪、羊、猛禽类和部分啮齿类动物。遗址中还出土了大量卜骨，多以羊、猪的肩胛骨制成，形状规整，灼痕清晰可辨，不见修整、钻、凿的痕迹，是我国古代占卜祭祀传统的早期代表。墓葬、祭祀遗存和卜骨的发现，为了解太平遗址先民丧葬方式与礼仪、宗教信仰等精神文明提供了重要的物质资料。

出土遗物非常丰富，主要有陶器、玉石器和骨器等。陶器中常见器形有单把鬲、斝、花边口沿平底罐、喇叭口高领折肩罐、单耳罐、器盖等。（见图 9–9）

石器主要有斧、铲、锛、刀、锥、镞等。玉器主要有璜和环，并有少量半成品和玉料。（见图 9–10）骨角器主要有骨 凿 、骨刀、骨镞等。

图 9-9　太平遗址出土陶器
（王小庆提供）

图 9-10　太平遗址出土陶器与玉器
（王小庆提供）

发掘资料显示，太平遗址是迄今为止在关中地区发现的规模最大、保存最完整的龙山时代环壕聚落遗址，该遗址的发掘为进一步了解中华文明的起源和早期发展提供了实证资料。[①]

四、横阵聚落文化

横阵氏族聚落遗址位于华阴市敷水镇西南的秦岭山脉北侧山麓下。聚落的北部是一片低地，南部是一台地。台地沿秦岭山坡呈南高北低的倾斜状态。整个聚落总面积约 12 万平方米，是一处中小型聚落遗址。聚落内发现房址 5 座，为方形圆角半地穴式房屋建筑，居住面用白灰涂抹，并辅以草拌泥，中部有圆形灶面，门向南。房址内部结构、外观形态与建筑方法均与康家聚落基本一致。

在聚落内房址周围还发现 19 座窖穴，有圆形、方形和不规则形三种，窖穴内出土有生产工具和生活日用陶器等。另外，

① 王小庆：《西安太平遗址：关中地区文明诞生的前夜》，载《光明日报》2023 年 9 月 17 日第 12 版。

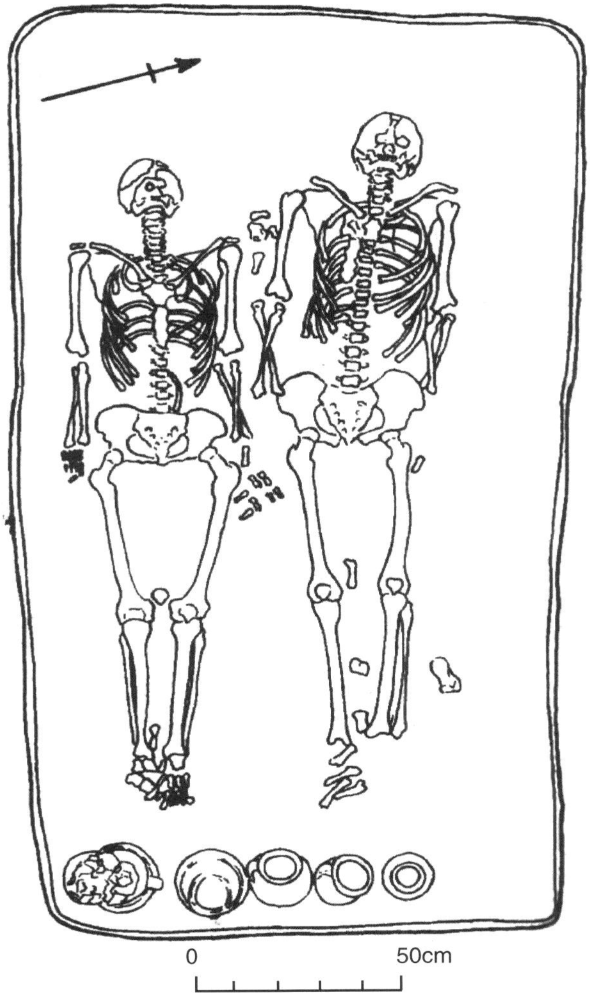

图 9–11　龙山时代晚期的男女合葬墓（横阵墓地）
（引自《考古学集刊》第 4 集）

在聚落的偏南部，有一长方形竖穴土坑墓，是一座男女二人合葬墓。男女主人均为中年，都是仰身直肢葬式。墓内有陶罐等随葬品 6 件，置于墓主人的足下。（见图 9–11）

横阵聚落的人们的日常生活用具以陶器为主，陶器的质料与形状根据生活中的不同需要分别制作，如用于炊煮的鬲、夹砂罐等器皿，多用夹砂粗灰陶制作。用作盛器的壶、碗、杯、盆以及各种带耳罐类，则用泥质陶制作。在陶器制作方法上采用多种手段，分别制作不同器类和同一器物的不同部位，反映了手工业部门出现了分工协作现象。还发现大量石制、陶制和骨制生产工具，其中以石制工具最多，以斧、刀、镞类为大宗。这些工具均经磨制，刃部锋利，制作精良。[①]（见图 9–12）

斧是一种砍伐工具，而横阵聚落位于秦岭北侧的山麓低地，距山较近，山

① 中国社会科学院考古研究所陕西工作队：《陕西华阴横阵遗址发掘报告》，见《考古》编辑部编：《考古学集刊》第 4 集，中国社会科学出版社 1984 年版。

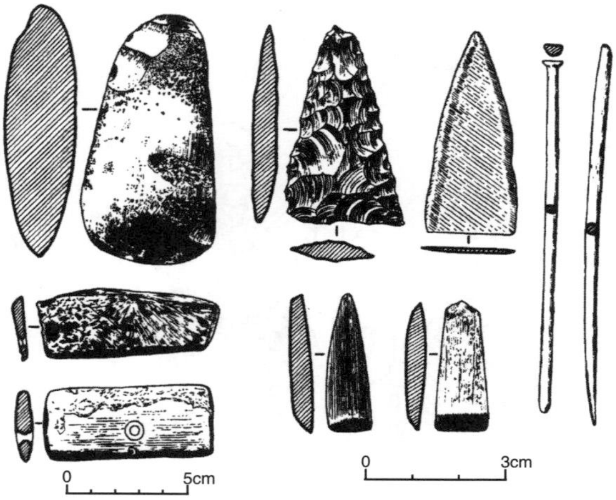

图9-12 龙山时代晚期的工具(横阵遗址)
(引自《考古学集刊》第4集)

上有茂密的林木与灌木丛，斧的砍伐作用就显得更为重要。因此，横阵遗址中斧的出土量较多。石刀是一种收割工具，这里存在的大量石刀，反映了这一聚落农业生产与收获的发展程度。

五、姜寨氏族聚落文化

姜寨氏族聚落是在姜寨仰韶时期旧址上建立起来的。聚落处于一个依山傍水的优越自然环境之中，既有山前黄土台塬的富饶，又有临、渭两河交汇三角地带的肥沃，是史前时期人类居住和生产生活的良好选择地之一。

这一源远流长的氏族聚落遗址，属龙山时代父系氏族社会晚期的村落中心，位于遗址的东部、西部和中部地区，面积不算太大。整个聚落的迹象表明，到龙山时代姜寨氏族聚落已走过了它的鼎盛时期，开始走向衰落。聚落的整体布局不甚规整，房屋分布零散，而且数量较少，仅发现12座房址。房址的外形以方形单间式结构为主，个别为圆形单间房址，有半地穴式和地面建筑式两种。房址的内部结构与建筑方法与康家聚落基本相同，但房址的门向并不统一，柱洞较少。

姜寨氏族聚落遗址中还发现58个窖穴，这些窖穴集中分布在聚落的东部地区。其形状复杂多样，有圆形袋状、方形袋状、圆筒状、锅底状、不规则形、椭圆形、长方形、方筒形等不同形状，以圆形与方形数量最多，表明了这个时期的窖穴形状渐趋划一，而且容积略大，窖穴的底部、穴壁都较平整，有的涂有草泥土。

这一时期的聚落遗址中发现的墓葬较少，仅有7座，分布在聚落的中部，其中一座为瓮棺葬，其余为土坑墓。葬式多仰身直肢，无随葬品。

姜寨聚落遗址中反映其经济生活状况的生产工具有100余件，质料有石、骨、角、陶等。用于农业和日常生产活动的工具占绝大多数，有石斧、石锛、石凿、石刀、石锄、砥磨石等，约占生产工具总数的68.5%；用于狩猎的工具有石球、骨镞等，约占 13.4%；用于粮食加工和缝纫纺织的有石磨盘、磨棒、陶纺轮、骨锥等，约占 18%。其制陶业比较发达，制陶技术、陶器类别、纹饰、陶质以及器形特征等，都与客省庄聚落、康家聚落基本一致。

六、梓里氏族聚落文化

梓里氏族聚落遗址位于渭南市华州区西南梓里村，渭河的支流石堤河从聚落旁流过。聚落的东部、北部和东南部地势较高，西南面为低洼地，聚落总面积约 12.5 万平方米。这一带属于河流冲积形成的平原地带，平畴旷野，一望无际，是一处理想的人类居住地。仰韶时代的人们就曾在这里生活过。在龙山时代的聚落里虽然没有发现房址，但发现了 22 个窖穴。这些窖穴的形状比较单一，只有两种形式，一种是圆形袋状，另一种圆形筒状。但窖穴的内涵和用途却比较复杂，大约有三种类型。一种是灰坑葬，如其中第 4 号坑，为圆形袋状，口径 2.2—2.7 米，底径 3.42 米，深 1.56 米，坑底东南坑壁处发现两具保存完好的人骨，无葬具和随葬品，应是利用窖穴埋葬人的灰坑葬。第二种是祭祀坑，如第 11 号坑，为一个不规则的圆形坑，口径 1.8 米，底径 3.3 米，深 3.69 米。坑底周围有一周二层台，坑内埋有一具完整的牛骨。这种把家畜完整埋葬，并有二层台用来放置物品的窖穴，应是用于某种礼仪的祭祀坑。第三种是用于储藏的窖穴，其中第 5 号坑为圆筒形窖穴，口径与底径均为 2.8 米，坑壁及坑底均平光，坑底有一层类似印痕的编织物痕迹，应是用于储藏粮食或其他家什的窖穴。

梓里氏族聚落人们的日常生活用具仍以陶器为主，器类与康家聚落、客省庄聚落的器类基本一致，但这里出土的装饰品与礼仪品却是与其他聚落遗址所不同的。这里出土的装饰品有玉璧、玉琮、玉饰、绿松石饰、牙饰等，而玉琮的形状、纹饰等都与殷墟妇好墓的Ⅱ式玉琮相似，应是一种具有权力象征意义的礼仪器。这大概是父系氏族社会晚期崇尚权力的必然产物。另外，在这一聚落中还发现有卜骨和陶祖。卜骨、陶祖和具有权力象征意义的玉琮的出现，反映了龙山时代晚期父系氏族社会进入鼎盛时期的时代特点。因此，梓里氏族聚落应是关中东部地区父系氏族社会晚期的代表。[①]

---

① 西北大学历史系考古专业 77 级实习队：《陕西华县梓里村发掘收获》，载《西北大学学报》（哲学社会科学版）1982 年第 3 期。

七、延安芦山峁聚落遗址

延安芦山峁聚落遗址位于延安市宝塔区李渠镇，遗址面积约 60 万平方米。大营盘梁位于芦山峁遗址核心区，是由坡状的自然山梁垫土夯筑而成的巨大台基，南北长约 160 米，东西宽约 100 米，在台基的顶部呈“品”字形分布着 3 座院落，其中一座大型院落位于北部正中，其南部两侧是两座面积在 400—600 平方米左右的小型院落。一号院落为前后两进的四合院式建筑。在院落内中部偏北处，并排分布着 3 座主体建筑，每座建筑面积约 200 平方米。3 座建筑之间有 3 米宽的过道。遗址中出土了数量较多的筒瓦和板瓦，把我国古代开始使用瓦的历史提前到距今 4300 年前。在这组建筑的南端还有一个小型广场。芦山峁遗址大规模的聚落体量，特别是“宫殿”式建筑群的出现，显然应是当时陕北地区最高统治者的居所或祭祀场所，标志着当时这一地区社会分化已相当严重。[①]

八、神木的聚落文化

考古资料表明，早在仰韶时代早期，关中地区就有居民持续不断地向陕北地区迁徙，从而不断形成聚落。到了龙山时代，陕北地区聚落遗址的数量陡然增加，史前文化亦随之呈现繁荣景象。据文物普查资料获知，目前仅榆林一地就发现史前时期遗址 4446 处，其中约半数以上即属于龙山时期。

不过，由于考古发掘有限，目前对于该地区仰韶时期的聚落形态仍缺乏深入了解。龙山时代早期的考古资料亦显得不够充分。龙山时代晚期，随着神木石峁和神木新华两处遗址的考古调查与科学发掘，从而使当时居民的生产、生活状况以及聚落形态得以较清晰地呈现出来。下面对两处遗址的相关情况做一介绍。

1. 大型石城聚落——石峁遗址

石峁遗址位于神木市西南 40 多公里的高家堡镇，地处黄土高原北部的黄河西岸，毛乌素沙漠的东南缘。遗址位于两河（秃尾河与洞川沟）交汇形成的山峁台塬之上，主要有外城和内城两道城垣。内、外城墙多系石块垒砌而成的石墙，全长约 10 公里，宽约 2.5 米。外城以内总面积达 400 万平方米以上，气势恢宏，

① 陕西省考古研究院、西北大学文化遗产学院、延安市文物研究所：《陕西延安市芦山峁新石器时代遗址》，载《考古》2019 年第 7 期。

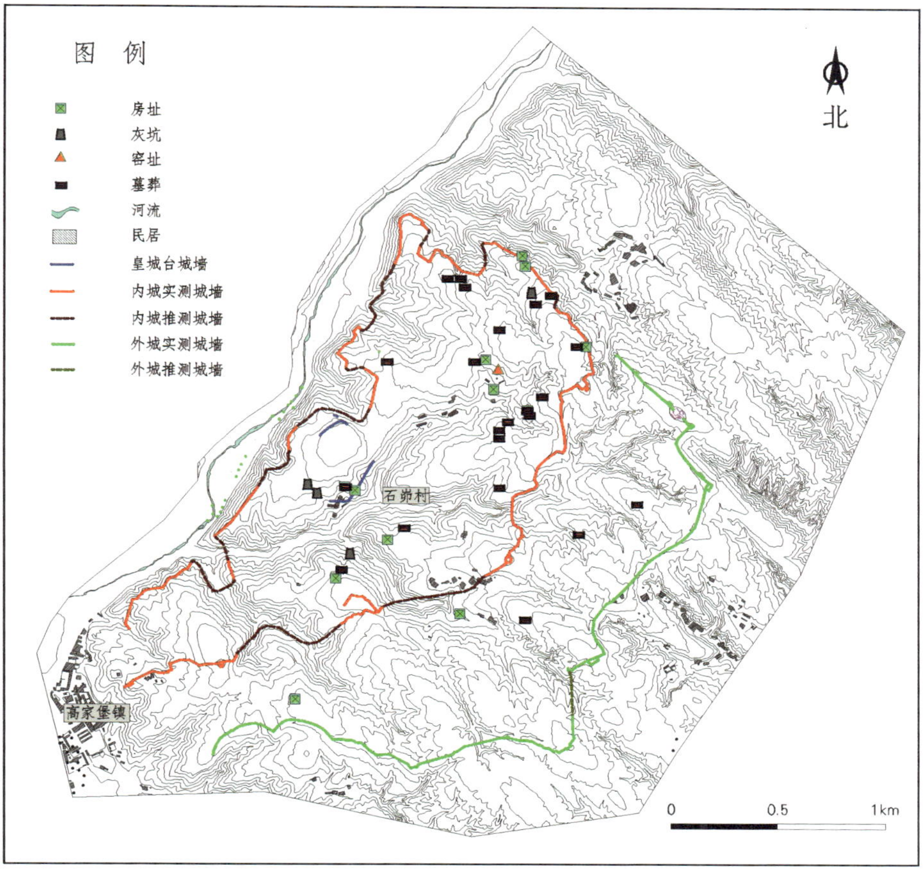

图 9-13　石峁城墙分布

（邵晶提供）

为国内外同时期遗址所罕见。碳十四系列测年以及大量器物标本显示，石峁石城的始建年代不晚于距今 4300 年，大致废弃于距今 3800 年前后。（见图 9-13）

2012—2014 年，考古人员对石峁城址的外城东门进行了发掘清理，基本查明了该门址的形状与结构。东门址在门道两侧各修建有一个墩台，南北对称；门外和门内都建有瓮城；门两侧分别建有门塾。整个东门址占地面积约 4000 平方米，是目前国内所见年代最早、设计精巧、保存较好的一处城门门址。[①]（见图 9-14）

① 陕西省考古研究院、榆林市文物考古勘探工作队、神木县文体局：《陕西神木县石峁遗址》，载《考古》2013 年第 7 期。

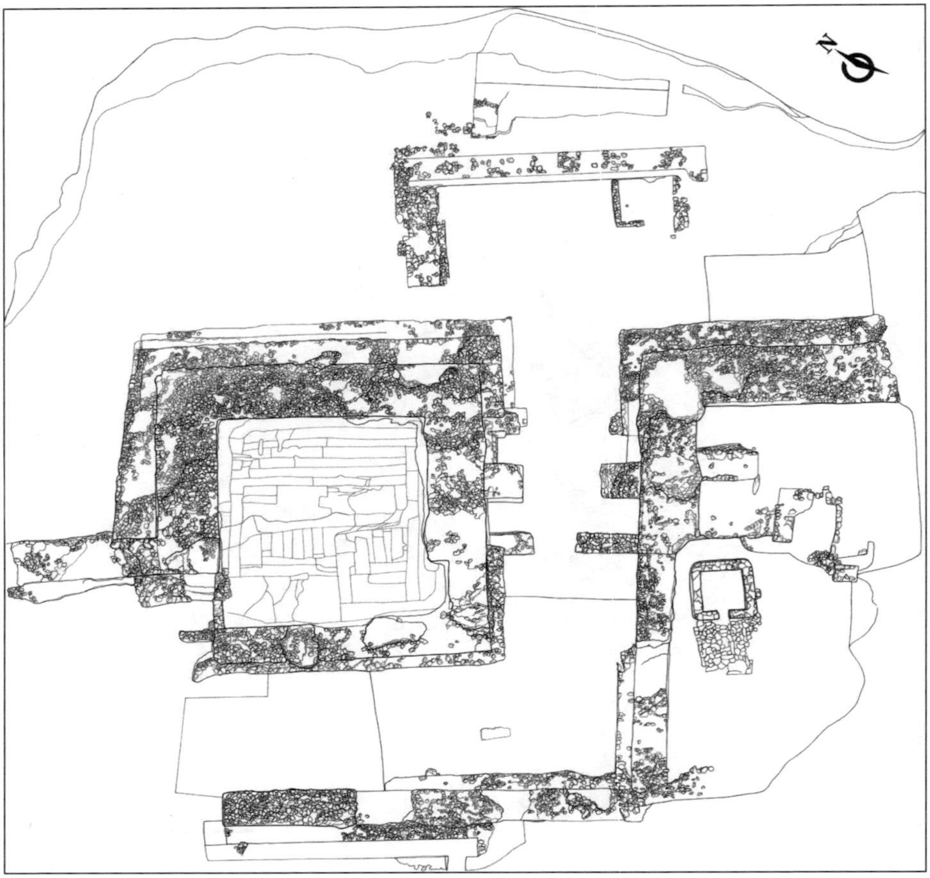

图 9-14 外城东门平面图
（邵晶提供）

石峁城内以自然沟壑为界，可区分为 16 个相对独立的小山头，每个山头上都分布有居址、墓葬等遗迹。城内中心位置有一个山头俗称皇城台，面积较大，地势较平缓，考古人员调查时见有直径 1 米左右的石柱础，表明当时这里应当有大型建筑。

在城垣内部，目前已发现房子、墓葬以及祭祀坑等遗迹，同时出土有大量的生产工具和日用陶器等遗物。

1981 年发现 2 座房址，位于洞川沟南岸的山峁上，均为单室，平面呈长方形。1 号房址近东西向，残长 3.04 米，宽 1.5 米。室内铺有白灰居住面，房门前并有用碎石所铺设的路面。2012 年在后阳湾地点发掘清理了 2 座残房址，均为窑洞式建筑，坐北面南，门向南开。室内墙壁残高约 2 米，自下而上逐渐内收，推测应为弧形顶。居住面为白灰面，室内中部有一灶坑。2 号房内灶坑为圆形浅坑，直径 0.95 米，深 0.1 米。这些小型房子，应当是聚落内一般成员的居所。

墓葬区位于城内的东北部，已经发掘清理的墓葬都是竖穴土坑墓，但依葬具不同可分三种：一为木棺葬，二为石棺葬，三为瓮棺葬。木棺葬者如后阳湾 1 号墓，墓坑为东西向长方形竖穴土坑，长 3.05 米，宽 1.6 米，深 2.95 米。墓主为一 20 岁左右的女性，侧身屈肢，头向西面南，使用木棺。墓主身旁随葬有 3 块猪下颌骨。石棺葬以石板做棺，如后阳湾 2 号墓。此墓亦为东西向长方形竖穴土坑墓，墓坑长 1.5 米，宽 0.7 米，深 2.2 米。经初步鉴定墓主系一少年，头东而葬。墓底铺有石板，应属石棺的底部。由于此墓曾被盗扰，石棺的形状结构不明。墓主身旁有少量红色颜料，可能为朱砂。墓内未见随葬物品。瓮棺葬以大型陶器作为葬具，主要用来安葬小孩。如 1981 年发现的 2 号墓，此墓墓坑长 1.9 米，宽 0.8 米，深 1.8 米。葬具为一三足瓮与一件大口缸的残片，墓主为一小孩，头向东，面向上，颈部佩戴有绿松石坠。墓内随葬有石刀 1 件、陶斝 2 件、陶罐 2 件。上述墓葬的墓坑均较狭小，且多无随葬物品，墓主身份当为一般平民。①

在石峁城址外瓮城南北向石墙的外侧，还发现一个近圆形的土坑，坑内埋有 24 个人头骨，很可能是修筑城墙时的奠基坑或祭祀坑。

石峁居民的日常生活用具同关中地区龙山时代氏族聚落的用具具有较大的差异。这里的陶器以灰陶为主，纹饰复杂多样，以篮纹、方格纹、圆圈纹、划纹、镂孔等为主。制陶技术以轮制为主，兼有模制和手制。器类以斝、罐、鬲为主，三足瓮、盉、碗次之，杯、瓶、器座极少。斝、鬲、罐的外形特征同关中地区的同类器物也有较大差别，罐为泥质高颈罐，鬲则为高领袋足分裆鬲，斝多无

---

① 陕西省考古研究院、榆林市文物考古勘探工作队、神木县文体局：《陕西神木县石峁遗址后阳湾、呼家洼地点试掘简报》，载《考古》2015 年第 5 期；西安半坡博物馆：《陕西神木石峁遗址调查试掘简报》，载《史前研究》1983 年第 2 期。

图 9-15 石峁城墙东门远眺
（邵晶提供）

双耳，敛口。在这一聚落中还发现大量的石、骨制生产工具，如凿、斧、刀、锛、纺轮等。

石峁聚落文化的又一特点是较多地使用玉器，这里的玉器不仅有工具，如锛、铲等，还有一些具有特殊用途的器物，如牙璋和大型多孔玉刀等。这些玉器的出现，反映了父系氏族制社会晚期社会组织结构的复杂性以及特定历史条件下地域性文化发展的特殊性。

综上不难看出，石峁遗址不仅规模宏大，并且有两道石墙；东门址不仅防御设施完备，而且气势雄伟；城内核心位置极可能存在大型建筑；而且出土有高等级的玉器。以上情况表明，该聚落绝非一般性聚落，很可能是一处早期国家的都城遗址。（见图 9-15）

2016—2018 年，石峁考古队对皇城台东侧偏南的一处门址进行了考古发掘，了解到该门址是上下皇城台的一处门址，也是目前皇城台所确认的唯一一处城门遗址。该门址规模宏大，结构复杂，保存良好。门址由东向西，自下而上依次由广场、外瓮城、南北墩台、内瓮城、主门道等构成。登临者须沿铺石坡道穿过三重门道，经过三道拐折方可抵达皇城台台顶。①

2019 年，石峁考古队重点对位于皇城台顶部的大台基进行了考古发掘，了解到该大台基的平面大致呈圆角方形，边长约 130 米，夯（硬）土筑芯，四周以石墙包砌。大台基南护墙已发掘长度约 120 米，城墙最高残存约 4.5 米，外表用大小不一的砂岩石块错缝砌筑，石块之间用草拌泥粘接，墙面上还发现多个纴木洞。在南护墙南侧还发现另外一道石墙，走向与南护墙平行，宽约 1.6 米，残高 0.8—1.1 米，其与大台基南护墙之间形成了宽约 9 米的夹道，夹道内有断续分布的踩踏面。2019 年度最重要的发现是在大台基南护墙处发现了 70 件石雕，这些石雕多数出土于大台基南护墙的倒塌堆积内，少部分在南护墙的墙面上发现。这些石雕绝大多数为雕刻于石块一面的平面形雕刻，以减地浮雕为主，也有少量为阴刻或圆雕。雕刻内容大致可分为神面、神兽、人面、动物和符号五类，其中以神面题材石雕数量最多，雕刻也最为传神。石雕中多见对称式构图，即以一正视神面为中心，两侧各雕出一个侧视神面。石雕中最大者石块长度超过 2.6 米。除平面形石雕外，还发现有少量立柱形石雕，立柱上雕刻有两相对称的神人形象。其中一件编号为 47 号的石雕出土时还矗立于夹道地面之上，石雕高近 1 米，底部还留有固定石柱的石砌圆圈。系列测年数据显示，皇城台大台基修建和使用年代不晚于公元前 2000 年左右，南护墙石雕的年代也应不晚于公元前 2000 年左右。② 由于目前皇城台大台基的考古发掘刚刚开始，其功能与性质的确定尚需进一步考证研究。

根据石峁遗址的考古发掘，主持考古发掘工作的研究人员认为：“石峁城址的社会功能不同于一般原始聚落，已经跨入了早期城市滥觞阶段作为统治权力象征的邦国都邑的行列之中。”③ 石峁遗址“是我国北方地区的超大型中心聚落。

---

① 陕西省考古研究院、榆林市文物考古勘探工作队、神木市石峁遗址管理处：《石峁遗址皇城台地点 2016~2019 年度考古新发现》，载《考古与文物》2020 年第 4 期。

② 陕西省考古研究院、榆林市文物考古勘探工作队、神木市石峁遗址管理处：《陕西神木市石峁遗址皇城台大台基遗迹》，载《考古》2020 年第 7 期；陕西省考古研究院、榆林市文物考古勘探工作队、神木市石峁遗址管理处：《石峁遗址皇城台地点 2016~2019 年度考古新发现》，载《考古与文物》2020 年第 4 期。

③ 孙周勇、邵晶：《石峁是座什么城》，载《光明日报》2015 年 10 月 12 日第 16 版。

规模宏大的石砌城墙与以往发现的数量庞大的石峁玉器，显示出石峁遗址在北方文化圈中的核心地位”[①]。皇城台应系石峁城址的核心区域，当已具备了早期宫城性质，或可称为“王的居所”，是目前东亚地区保存最好的早期宫城建筑。[②]

2. 一般性小型聚落——新华遗址

据文物普查资料可知，目前在榆林地区共发现史前时期遗址 4446 处，其中面积在 1 万平方米以下者 2982 处；面积在 1 万—50 万平方米之间者 1452 处；面积在 50 万—100 万平方米之间者 11 处；面积在 100 万平方米以上者仅石峁遗址一处。遗址面积在 100 万平方米以上者可算作大型或超大型中心聚落，面积在 50 万—100 万平方米之间者可算作中型聚落，而面积在 50 万平方米以下者均可算作小型遗址。神木新华遗址面积仅 3 万平方米，而且未发现城墙或环壕，因此可算是一般性小型聚落。

新华遗址位于神木市西南大保当镇东北新华村附近一个叫彭素圪瘩的土丘之上，遗址东西长约 250 米，南北宽约 120 米，总面积约 3 万平方米。海拔 1190—1200 米。新华遗址在石峁遗址的正西方向，两地相距约 30 公里。

1996 年与 1999 年，考古人员对新华遗址进行了考古发掘，从而发现了大量人类活动留下的遗迹与遗物。经碳十四测定，该遗址的兴废年代为距今 4150—3900 年，与石峁石城大致处于同一时期。而从物质遗存所反映的文化面貌来看，这两个遗址应当属于同一文化，即属于同一族群所创造的人类文明。

新华遗址共发现房址 35 座，陶窑 5 个，窖穴（灰坑）189 个，墓葬 91 座，祭祀坑 1 个。房址分布得比较分散，看不出有成排、成组或其他有规律性的布局。各种遗迹相互混杂，亦看不出存在居住区、制陶区与墓葬区的明显分界。以上情况表明，该遗址应当是一处居葬合一，且混杂分布的小型聚落遗址。

35 座房址均为单间结构的半地穴式建筑，从平面形状来看，有矩形、圆形和不规则形三种。其中矩形圆角房址 18 座，圆形房址 14 座，不规则形房址 3 座。

---

① 陕西省考古研究院、榆林市文物考古勘探工作队、神木县文体局：《陕西神木县石峁遗址》，载《考古》2013 年第 7 期。

② 陕西省考古研究院、榆林市文物考古勘探工作队、神木市石峁遗址管理处：《陕西神木市石峁遗址皇城台大台基遗迹》，载《考古》2020 年第 7 期。

房址的面积都不大，一般在6—10平方米，最大者约15平方米。这种小型房子，在当时应当是供单个家庭所使用的居室。室内地面多为自然踩踏而形成的硬面，个别也有铺垫料礓石和黄土及给地面涂抹白灰者。居住面上大多保留有火烧痕迹，个别室内则有形制规整的灶坑。保存有门道的房址共17座，门向大都朝丘包向阳面的西或南方，只有个别房址门向朝北。

5座陶窑发现时大都遭到后期破坏，仅残存部分窑室和火膛。从残存迹象看，这些陶窑应为横穴式结构。

189个窖穴（灰坑）中计有圆形竖坑75个，圆形袋状坑13个，椭圆形坑26个，长方形坑31个，不规则形坑41个。（还有3个窖穴被破坏已看不出形状）值得注意的是，在5个坑中发现有埋人现象，且埋葬草率，无任何随葬物品。另外，在一个坑的底部则埋有一条狗。

91座墓葬中有竖穴土坑墓78座，瓮棺葬13座。竖穴土坑墓中除1座为双人合葬以外，其余均为单人葬。78座墓中有75座的墓主为成年人，另外3座为未成年人。墓向以西北方向者居多，向东、向南者较少。78座土坑墓中均未发现葬具痕迹，葬式以仰身直肢为主，屈肢葬者次之。除2座墓中有少量随葬品外，其余76座墓中均无任何随葬物品。13座瓮棺葬中有9座分布得较为集中，另外4座则较分散。瓮棺葬的墓主全都是未成年人。瓮棺多以两件大型陶器套扣而成，其中以高领折肩罐作为葬具之一的有7座，以三足瓮作为葬具之一的也有7座，配套使用的陶器有双鋬鬲、圈足罐、大口尊和斝等。

经对墓葬中出土的18具人骨进行科学检测，专家认为这批人骨显现出亚洲蒙古人种头骨上常见的一般综合特点，这表明他们与现代和古代的东亚类群的形态距离比较接近。也就是说，当年新华遗址的居民应当属于东亚蒙古人种。另据相关研究获知，关中地区仰韶时期和龙山时期的居民都属东亚蒙古人种，这种情况似乎说明，当年新华遗址和石峁遗址的这批居民很有可能是从关中地区逐渐迁徙而来的。

新华遗址中还发现一座祭祀坑，其位于遗址的西南部。祭祀坑平面呈长方形，东西长1.4米，南北宽0.46—5米，深0.12—0.22米。（见图9-16）坑内埋藏

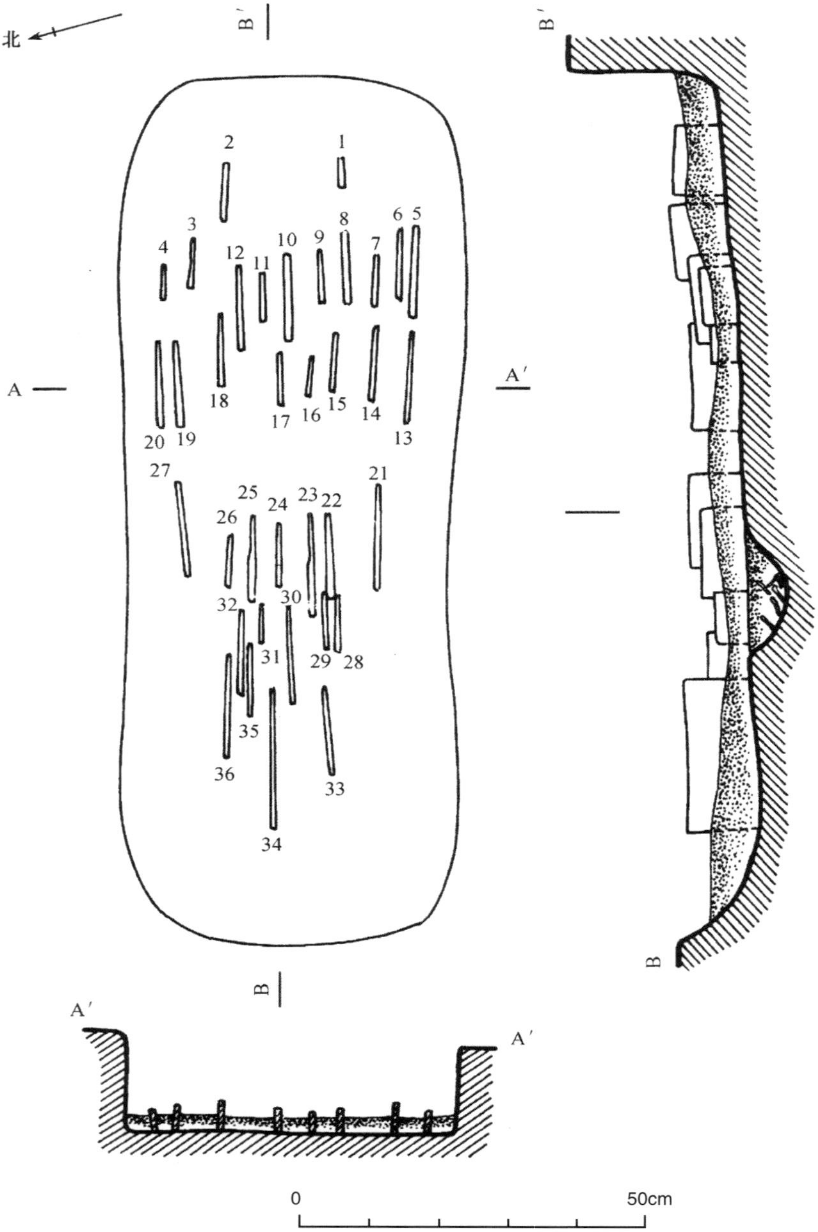

图 9-16　新华 1 号祭祀坑

（引自陕西省考古研究所、榆林文物保护研究所：《神木新华》，科学出版社 2005 年版）

有32件玉器，主要器型有玉刀、玉钺、玉铲、玉璋、玉璜，此外还有玉环、长条形玉坠和玉笄形器等。据观察，这些玉器中有不少属于礼器，已经没有生产性实用功能，拥有这些玉器，很可能只是财富与身份的象征，而将其作为祭祀神灵的供品进行掩埋，则显示了祭祀者的一片诚心。

新华遗址中出土的文物亦非常丰富，按用途区分主要有各种工具和日用陶器等类别。通过这些出土遗物，可大致复原当时的生态环境以及居民的生业模式。

各种工具中以农业生产的相关工具数量最多，其中用于砍伐和垦殖的工具主要有石斧、石铲和骨耜、骨铲等；收割粮食的工具主要有长方形穿孔石刀和长方形陶刀；加工粮食的工具主要为石碾盘和碾谷棒。手工业工具主要有石锛和石凿等；制陶工具主要有陶拍和陶垫等；和纺织缝纫相关的工具主要有石纺轮、陶纺轮以及骨锥、骨针等；可能用于狩猎的工具主要有石球、石镞和骨镞等。出土遗物中还有骨笄、玉环、玉坠和穿孔蚌壳等装饰品。此外，还发现有数量较多的卜骨，以及大量的多种动物遗骸。

从房址和大量的农具来看，当时居民的生业模式是以农业为主的定居生活。在遗址中还发现有数量较多的家猪骨骼，也从一个侧面反映了当时农业的重要地位和发展情况。

新华遗址中还发现了山羊和大角羊的骨骼，其中大角羊的牙齿和角均显示出和绵羊相似的一些特征，而绵羊则是人类饲养的物种。因此，推测当时居民除了农耕生产以外，也可能已经开始养羊。值得注意的是，在新华遗址中还发现了一些家牛的骨骼，从角的特征看应为黄牛类，其牙齿中等大小，冠面花纹较简单，也较平整。动物学家认为，这些特征都是家养黄牛的主要特征。如果当时已经饲养黄牛并且用于耕作，那将会极大提高生产力。

在新华遗址中，还出土有为数不多的狩猎工具。同时发现了数量较多的细石器，细石器中则有较多石镞，说明狩猎活动仍在当时的经济生活中占有一席之地。

当时居民的日常生活用具主要是陶器。新华遗址所出土的日用陶器以夹砂灰陶为主，泥质灰陶次之。器表纹饰以绳纹、篮纹为主，附加堆纹和方格纹次之。这些陶器按用途可粗略分作三类，即炊煮器、饮食器和盛储器。炊煮器多为夹砂陶质，器型主要有鬲、甗、斝、盉、甑等。鬲多有双鋬，少数有单耳把手。双鋬鬲器形高大，大者通高 45 厘米，口外或肩部均有两相对称的鸡冠状双鋬，以便搬移；单把鬲器形稍小，但便于把持。甗、斝、盉器形也大，亦多有双鋬。饮食器多泥质灰陶，器型有钵、碗、盆、盘、豆、杯等。钵、碗器形不大，通高多在 4—11 厘米。钵多大口小平底，碗底则多有矮圈足。盆多中小器形，一般高 8—16 厘米，腹有深有浅，有的并有对称双鋬。盘、豆均中小型器，皆浅盘高柄，柄有粗有细，有的柄部并有圆形或三角形镂孔。杯皆小型器，高 3—7 厘米，均大口浅腹，有的并有单把。盛储器多泥质灰陶，器型主要有三足瓮、大口尊、喇叭口折肩罐、圈足罐等。三足瓮器形高大，最大一件通高 66 厘米。皆敛口、深腹、圜底，底下有三个袋状足。大口尊皆泥质灰陶，大口、深腹、小平底。大者高 32.4 厘米，小的高 14 厘米。有的腹部有双鋬。喇叭口折肩罐多泥质灰陶，大者高 44.4 厘米。圈足罐皆泥质灰陶，侈口、深腹、平底，底下有圈足座，大者通高 48 厘米。除以上所述外，日用陶器中还有为数不多的侈口圆腹罐和圆腹双耳罐，并有一些器盖和器座。

在新华遗址所出土的动物骨骼中，除猪、狗、牛、羊为家养动物外，还有一些野生动物，如鹿、狍、羚羊等。从这些动物可以看出，当年新华遗址周围应是一种以草原为主，有小片树林，周边分布有沙漠的环境。和现今当地的自然环境相比，差别并不很大。[①]

综观关中西部、关中东部以及陕北地区龙山时代社会发展的相关情况，可得到以下几点认识：

（1）与仰韶时期相比，龙山时期的农业生产又有了显著的进步和发展。各种农耕工具不仅数量增多，而且质量大为提升。石斧、石铲和骨耜、骨铲等垦殖工具的广泛使用，使农耕和大面积的土地开垦成为可能。石刀、石镰等收割工具的普遍出现，表明粮食种植面积的扩大和收获量的增加。特别是水井的开

① 陕西省考古研究所、榆林市文物保护研究所编著：《神木新华》，科学出版社 2005 年版。

凿和利用，一方面与人类聚落由河岸台地向距水源较远的平原纵深扩展以及长期而稳定的定居生活相适应；同时，也是对水资源季节性变化的一种调节。它不仅可以提供生活、制陶用水，还可以用于小规模的田圃灌溉。

家畜的数量也迅速增长。家畜的主要种类有猪、牛、羊、鸡、狗等，尤以猪的饲养为大宗。在客省庄聚落遗址中普遍发现猪骨和牛骨，鸡作为家禽，喂养也很普遍，康家氏族聚落的灰坑中曾发现大量的鸡骨。而牛的饲养，可能已不仅仅是以宰杀食肉为目的，在很多时候可能还用于农耕。康家聚落遗址曾发现一个灰坑（窖穴）中多为大型动物的骨骼，经初步鉴定，多为牛的骨头。家畜的饲养建立在较为发达的农业的基础之上。

这一时期，近水域的捕捞经济已成为经济生活的一种补充，这一方面与距水源较远有关，更重要的是经济生活可以不依赖捕捞。但是，由于历史传统的沉淀，这种获取食物的方式仍然存在。在康家聚落遗址的灰坑中曾发现大量的鱼骨和淡水蚌壳等水生动物遗骸。不过，随着人们居住环境的变化和农业的发展，采集经济在人类的经济生活中已逐渐失去了主体地位。

（2）这时期的手工业在专业化生产的强化过程中，发挥了更大的效能。在陶器制造业中，陶窑有所改进，容积增大，从而使陶器的生产能力得到提高。在制作技术上，分部模制和慢轮修整技术不仅使器形更加规整，也提高了效率，同时使一些复杂而精美的器物的制造成为可能。以钮、盖、把手、流口、高柄、袋足为特征，器物更加丰富多彩，在一些器物上呈现出实用性与艺术性的和谐统一，而在另一些器物上又有某种分化。如双庵遗址和康家遗址中的鬶、盉、高旋钮双层器盖等，虽是一种具有实用意义的器物，更多地则表现了非实用的艺术性。这一时期陶器制作的另一特点是模制技术的提高和普遍使用，许多器物将袋足、底、颈、流部分别制作，最后粘合成器。尤其是三足器类内的“反绳纹”，是这一文化的特点。它是因使用废弃的残袋足做内模而形成的。这种分器模制工艺，也反映了制陶业内部的分工协作和专业化程度，是集约化经济协作在手工业门类中的渗透。

制玉工艺作为石器制作技术的次生形态，在工艺技术上有了很大的提高。

它虽然保留了制石技术的实用性功能，但根据玉器的特点和质料，更多地发挥了玉器非生产性的装饰作用和文明社会前夕孕育萌生中的礼仪因素。无论在用料选择，还是在研磨、切削、勾线、钻孔、磨光、花纹刻画以及造型上，都有了较高的水平。制作工匠应是由石器制造业中那些富有经验而且技术精湛的工匠脱胎出来的。龙山时代的玉器，在关中地区发现得虽然不多，但仍具有它的时代特点。而在陕北地区的石峁、新华等遗址中却出土了大量玉器，器型有牙璋、多孔玉刀和玉铲等，反映了这一地区龙山时代玉器的风格。玉器和石器虽都取决于制石工业的发达，但这些精美的玉器与石器相比，已脱离了原来的实用意义和世俗意义，具有了特定氛围下的特殊含义，即作为权力和财富的象征物所具有的社会、政治意义。它们大多与文明时代的“礼器”有着直接的内在联系。

（3）从考古资料来看，大约在仰韶时代晚期，就已经出现了中心聚落与一般性聚落之间的差别。种种迹象表明，当时一些大型聚落可能已经出现了早期国家，从而跨入了古国文明阶段。陕北地区的考古资料表明，龙山时代晚期，社会分化更趋严重。如目前在榆林地区所发现的史前的聚落遗址，即可明显地分为大、中、小三个不同层级。龙山晚期阶段的石峁聚落，不仅修筑有规模宏大的石墙城垣，而且建有雄伟的城门等防护设施，俨然一副早期国家都城的气派。而相同时期的许多小型聚落，不仅面积狭小，并且没有任何防护措施（如围墙、环壕等），显然应当属于一般性民居村落。这种情况说明，当时可能已经出现了城乡分野与阶级分化。

（4）龙山时代晚期已经发生社会分化，这在当时的墓葬材料中也能得到反映。如在与陕西东部毗邻的山西襄汾陶寺遗址，所发现的700多座墓葬依贫富差别可区分为大、中、小三个等级。其中大型墓约占总数的1.3%，中型墓约占11.4%，小型墓约占总数的87.3%。从葬制和随葬品等方面来看，大、中型墓与小型墓主人之间的区别，已不仅是贫富的差别，还应有身份地位的差别。[①]

① 中国社会科学院考古研究所山西工作队、临汾地区文化局：《1978—1980年山西襄汾陶寺墓地发掘简报》，载《考古》1983年第1期。

目前，关中与陕北地区尚未发现龙山时期的大型墓葬，已发现的数百座墓葬全部为小型墓葬。即使在这些小型墓葬之间，也可看到存在一些差别。例如，宝鸡石嘴头遗址所发现的2号墓葬，为一长方形竖穴墓，长、宽都较一般墓为大，坑底有人骨两具，一具为墓主人，位居墓底中部，另一具仅有部分骨骼，没有扰乱，推测是被肢解后作为殉葬牺牲而葬入的。墓中的随葬品分三处放置，不仅有各种陶器、石器，还有少见的玉锛、玉璧、玉斧、绿松石饰等较贵重的饰品。墓底散布有较多的朱砂，还有红、黑色漆器痕迹，显示出这座墓的墓主人可能具有不同一般的地位和身份。

与上述葬例形成鲜明对照，当时还有相当一批中小型聚落已看不到较完整的公共墓地。规模较大的、有严格布局的氏族公共墓地被以个别家族或家庭为单位的分散的埋葬集群所替代。墓葬头向毫无规律，绝大多数墓葬没有或仅有极少量随葬品，表现出一种普遍的贫困。这充分说明了社会贫富分化和等级差别所达到的程度。

在客省庄等聚落遗址中，还有非正常死亡的“窖穴葬”和“乱葬坑”。窖穴葬一般骨架未经扰乱，人骨完整，在人骨附近有些用猪或鹿的肩胛骨做的卜骨。这类窖穴葬发现的不太多，但似乎有其特殊的社会含义。而乱葬坑中，人骨架大多十分凌乱，没有随葬品，死者多身首异处。这些乱葬坑可能与把人作为牺牲用于祭祀的活动有十分密切的关系。

事实证明，龙山时期正处于原始社会的解体时期，这种解体最主要的前提和条件之一，就是经常性剩余产品的出现。这些剩余产品为劳动的社会分工、生产的细小化以及人剥削人提供了现实可能性。氏族墓地的分区与等级制度，非常明确地告诉我们，在部落联盟和父权制大家族中存在着不容忽视的贫贱差别，个别特权阶层，已掌握了氏族和家族内部的一切权力，他们已远远地脱离劳动，至少在氏族平等的掩盖下，已经完成了他们对权力的扩张与独占。个别墓葬中的特殊随葬品和豪华葬具及殉人现象的出现，表现了他们在私欲的膨胀和权欲的支配下，对氏族内部成员或战争中的俘虏有随心所欲支配的权力。战争为部落首领们提供了用武之地，而他们又趁着氏族成员对他们的拥戴而蜕变为剥削者和压迫者。窖穴葬、乱葬坑表明了在氏族成员之下更为悲惨的社会底层的生存状况。他们或是触犯氏族规约或禁忌的人，或是战争中的异族俘虏，他们完全失去了人的地位，被作为一种高级的牺牲来敬献给神灵。这时期占卜、祭祀等宗教活动已成为人们生活中的一部分，它们作为统治人们思想的工具，正发挥着神秘而巨大的作用。

总之，种种迹象表明，大约在仰韶时代晚期，一些文化和社会发展较快的地区就已经出现了早期国家，从而跨入了古国文明的新时代。

第十章

陕南地区汉水流域的氏族聚落文化

陕南地区是秦岭以南汉水流域的一个自然生态文化区，北邻关中，西接甘陇，南连四川，东界豫鄂，面积约 7 万平方公里。依其地形地貌特点可分为秦岭山地、大巴山地和汉水谷地三个大致呈东西向平行分布的地带，其中丘陵山地约占总面积的 90％。汉水流经巴山、秦岭之间，其干流与支流两岸峡谷盆地交替出现，形成了汉中、安康、西乡 3 个小盆地，3个盆地地势平坦、土壤肥沃、气候宜人，具有良好的农业生产条件，是人类理想的劳动生息之地。

考古学材料证明，早在数十万年以前旧石器时代的梁山文化时期，这里和关中地区一样就有人类生息繁衍。经过长期的延续发展，在距今 9000—8000 年期间，进入了新石器时代。陕南地区大体和关中地区文化的发展同步，在同一类型文化模式的规范下向前发展。陕南人是从关中地区迁徙来的，或是受关中文化影响而发展起来的，因此也经过相当于前仰韶时期、仰韶时代和龙山时代等不同阶段。在陕南地区，我们依典型遗址将其相关文化及发展阶段命名为李家村氏族聚落文化、龙岗寺氏族聚落文化、何家湾氏族聚落文化和白马石氏族聚落文化等几个发展阶段。（见图 10-1）

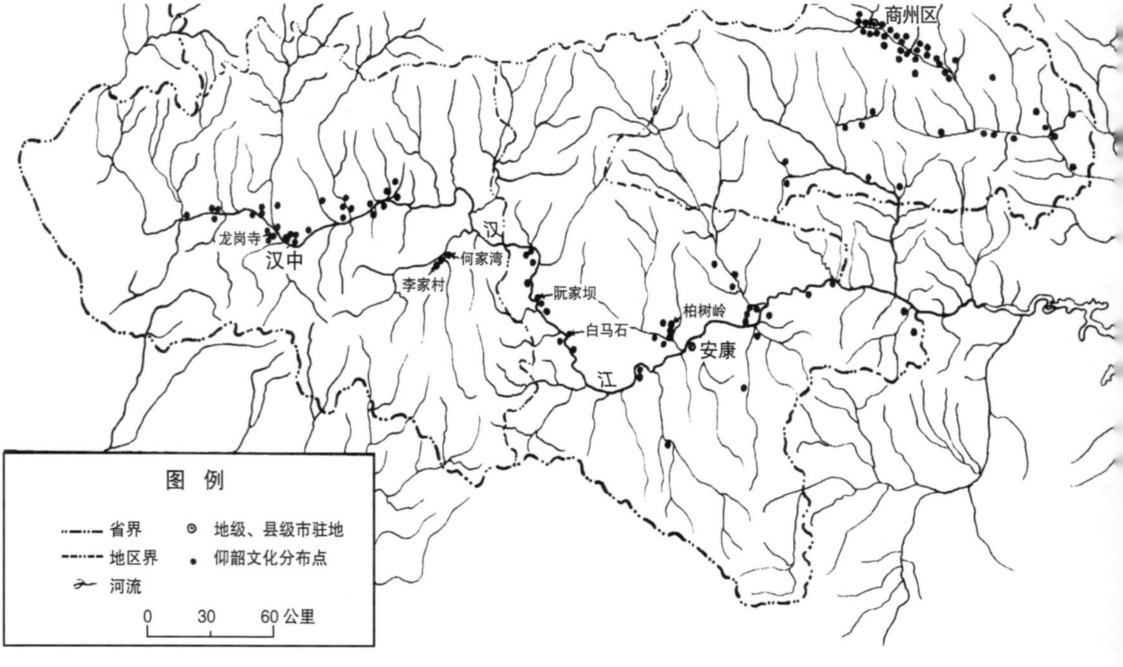

图 10-1　汉水流域仰韶文化遗址分布图

（石兴邦提供）

第一节　李家村氏族聚落文化

李家村氏族聚落文化是陕南地区目前发现最早的新石器时代氏族聚落文化，距今 8000—7000 年，与关中地区前仰韶时期的白家氏族公社大致同时。因最早发现于汉中市西乡县李家村，所以就以“李家村”命名。[①] 现已发现这一文化系统的聚落遗址有 10 余处，主要有西乡何家湾，南郑龙岗寺，紫阳白马石、马家营，汉阴阮家坝等处。当时的居民过着以农耕为主的定居生活，聚落多营建于河旁两岸的阶地之上。从物质文化遗存分析，这个阶段可分前后两个不同的时期。（见图 10-2）

图 10-2　李家村遗址外景

（张明惠提供）

一、早期阶段的文化面貌

从有限的考古材料中，我们尚不能详细地勾画出当时聚落的结构和布局。从发现的窖穴、墓葬以及出土的生产工具和生活用具（主要是陶器等文化类型品），可概知当时人们的生产和生活状况。

① 陕西省考古研究所、陕西省安康水电站库区考古队：《陕南考古报告集》，三秦出版社 1994 年版。

生产工具有石制、骨制的砍砸器、刮削器、斧、铲、网坠，以及针、锥、镞等缝纫和渔猎工具。石器用打制和磨制的方法制成，技术较简单。骨制工具多是利用兽骨管状肢骨裂片磨制而成的。

日用陶器别具特征，与关中地区的白家文化大类相同，具体特点各有差别。最常见的器物是炊煮用的三足陶罐和饮食用的圜底钵和圈足碗。器物用细砂硬陶制作，胎壁较薄。由于烧造技术尚不熟练，器物表面往往呈现灰褐色斑块。有的陶器内外表面颜色不同，多呈外红内黑色，这是由于采用倒烧方法（翻扣放置）造成的。大多器物外表饰细绳纹，有些碗、钵口沿饰黑彩宽带纹，这是陕南地区制作彩陶之始。（见图 10-3）

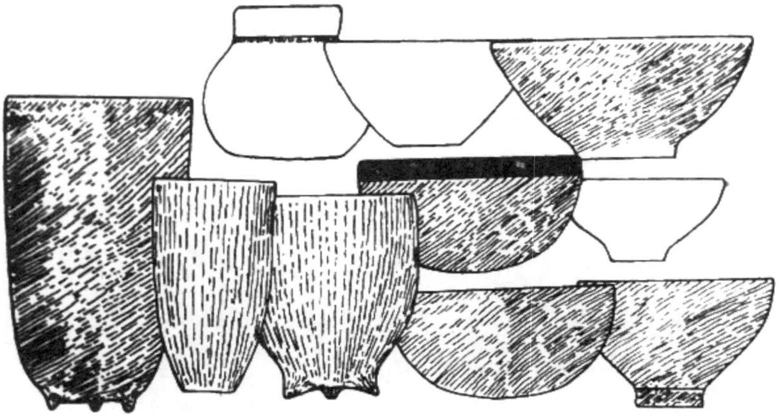

图 10-3　李家村文化早期的陶器
（石兴邦提供）

当时居民储藏东西的地窖，平面以圆形和椭圆形最多，另有瓢形、长方形、方形和不规则形等。窖穴的容积都小，口径、边长和深度一般都在 1 米左右。在这些窖穴中发现了不少工具和用具。

二、中期阶段的聚落遗存

这个时期的遗存较少，仅在马家营和白马石聚落中发现了成人和小孩墓葬各 1 座。成人埋在竖穴土坑中，坑长 1.78 米，宽 0.64 米，深 0.1 米。人骨已腐朽，性别年龄均无法辨认，只发现了几件随葬陶器，放在人头骨前面，计有三足陶罐 1 件、圜底陶钵 2 件（其中 1 件饰有黑色带彩）。小孩是用瓮棺埋葬的，放置于圆形土坑中，葬具为三足陶罐和圜底钵，其内还随葬 1 件小三足罐。

三、晚期阶段的文化遗存

晚期遗迹、遗物较丰富，有居室建筑、烧陶的窑址、窖穴、墓葬以及大量的工具和用具遗存。

居住的房子，在李家村聚落只发现 1 座残迹，为一方形地面建筑，面积约 40 平方米，房子中间有一个瓢形灶坑。居住面为土做的踩踏面，没有特别加工。这是这一时期面积最大的房子，较白家聚落的房子要进步得多。

窖穴共发现 20 多个，平面形状以椭圆形为最多，还有长方形和不规则形坑。引人注意的是，在李家村聚落中发现了一个圆形袋状坑，在坑的下半部还设有两级旋转式台阶，以便人们上下。这也是当时建筑进步的表现。

烧陶器的窑址，只发现 1 座残迹。由残存情况看属于横穴窑，是陶窑最早的一种形式。窑室呈圆形，直径约 1.6 米，比半坡时期的还要大些，可见这时的烧陶技术已有了进步。

生产工具以磨制的石器为多，有斧、铲、锛、凿、刀、矛头、镞、石球等类。此外还有磨谷盘和磨棒，是用自然卵石稍作加工即行使用。骨制工具以针、锥和镞为多，陶制工具仅见扁梭形的锉子。

日用陶器，常见器型除前期使用的几种外，这时多了平底碗、细颈深腹壶、细颈圆腹双耳壶、圆腹凹底罐、鼓腹小平底罐及折腹小平底罐等多种，比前期的种类丰富多了。器用多样化，说明人们的饮食生活较前丰富。

墓葬发现了 15 座，其中成人墓葬 10 座，小孩瓮棺葬 5 座。成人多为单人二次葬，在长方形竖穴土坑中，人骨是按解剖单位放置的，呈仰身直肢状，头向西北或正北，面部向上。多有随葬品，大都放置于人骨的足下或小腿骨上。随葬的东西有石铲、骨锥等生产工具和碗、钵、壶、罐等日用陶器。瓮棺葬也是埋于长方形竖穴坑中，多立置于坑中，葬具为三足罐并扣以圈足陶碗。有的罐和碗的底部有意凿一小孔，以利于小孩灵魂出入。有的瓮棺中还放置有小型钵、碗、三足罐和凹底罐等随葬品。

李家村文化看来是承袭了白家文化传统而在陕南地区发展起来的，时代虽稍晚于白家文化，但在陕南地区有了新的发展，在烧陶技术和房屋的建筑等方面，都较白家文化有所发展，而且具有自己的特点。

第二节 龙岗寺氏族聚落文化

龙岗寺氏族聚落文化的时代，相当于关中地区仰韶时代的半坡－史家文化时期，距今7000—6000年。这个时期的聚落遗存目前发现的数目较多，其中以龙岗寺聚落的早期遗存较典型。所以，我们以龙岗寺来命名这个时期的文化。[①]

这个时期的聚落，除龙岗寺外还有西乡何家湾、紫阳马家营和汉阴阮家坝等处。[②]就目前所据有的资料，对聚落形态及特点还掌握得不够清楚。但从龙岗寺聚落的遗存看，居住区和墓地是分开的。在何家湾聚落中发现了30多座房屋基址，但分布零散，看不出规律的布局，难以恢复其聚落原貌。

从发现的遗迹看，房屋多为圆形地面建筑，少数为方形地面建筑，其特点与半坡时期相似。这时已建有长期固定的氏族公共墓地，同层墓葬的层积和坑位排列得整齐有序。

通过对墓葬人骨的观察分析，这时人们的体质特征与关中地区的居民属于同一种系类型（东亚蒙古人种类型），但这里的居民含有更多接近南亚人种类型的特征，并在体高及颧宽等方面少量带有今日华北地区人种的特征。

对这些聚落遗址中所出土的大量动物骨骼的鉴定结果表明，当时陕南地区的动物群属于比较典型的亚热带动物至暖温带动物过渡的动物群落，其中也有现今分布于热带的个别种属。如果把动物群所反映的生态环境与关中地区做一比较，可以发现陕南动物群中的东洋界种类要更多一些。这就说明当时陕南地区的气候不仅要比今天温暖湿润，而且也比当时关中地区的气候更温暖湿润一些。所以这是一种相当优越的生态环境，在这种生态环境中，龙岗寺文化时期

① 陕西省考古研究所编著：《龙岗寺——新石器时代遗址发掘报告》，文物出版社1990年版。

② 陕西省考古研究所、陕西省安康水电站库区考古队：《陕南考古报告集》，三秦出版社1994年版。

的人们才得以长期定居，文化才能日益兴盛发达起来。

和关中地区一样，当时这里的居民过着以农耕为主的定居生活，兼营家畜饲养业和采猎活动，以获取生活资料。在诸多聚落中，都发现大量的石斧、石铲、石锄、石刀等工具。龙岗寺遗址中发现有种植谷物（粟）的皮壳以及豆类的籽实遗存。何家湾遗址出土的红烧土块中发现有稻米颗粒和茎、叶的印迹。研究者认为，在何家湾、龙岗寺等聚落中有猪、狗、牛、羊和鸡等家禽家畜。渔猎生产在当时也很发达，许多聚落中出土了不少石球、网坠、鱼钩等工具，同时伴出有大量的猎获的鸟、兽、鱼、鳖和软体动物骨骼。在许多兽骨上还留有工具切割的痕迹。在龙岗寺遗址中还发现采集而来的藜和朴树籽等遗留。龙岗寺文化时期，经历 800—1000 年，研究者把它的发展分为早、中、晚三个时期。

一、早期阶段的文化面貌

在何家湾聚落中曾发现 4 座这一时期的居室建筑基址，全为圆形地面建筑，直径 4.8—6 米，结构与半坡聚落的基本相同。从残迹观察，室内居住面未经火烤，踩踏面比较坚硬，墙壁用木骨插柱，再编篱涂泥。窖穴以方形袋状和方形竖穴最多，圆形竖穴和不规则形次之。

生产工具以磨制的石器为主，有斧、锛、石球、石镞和网坠，还有打制的砍砸器等。骨制工具有锥、针、匕、镞和铲，也有陶制的锉。

日用器皿的类型较多，有 10 余种不同的器型。有钵、碗、小头细颈壶、小口平底瓶、直腹罐、斜直腹罐、鼓腹罐、圆腹罐、折腹罐、尖底罐、双耳罐、三耳罐和四耳罐等类，质料以粗砂红陶为主，细泥红陶次之，还有少量的细泥灰陶器物。绝大多数陶器是用泥条盘筑法制成，个别小型器物是用手捏制的。部分器物外表饰有纹饰，以绳纹为最多，弦纹、戳刺纹和指甲纹次之，还有相当数量的彩绘纹饰。

绳纹和弦纹全都饰于夹砂陶罐的腹部，有时两种纹饰混施于同一器物上。引人注目的是，不少弦纹不仅间隔等距，而且首尾接合得很精确，可能是借助轮盘而旋划成的。戳刺纹多见于夹砂陶罐的上腹部，指甲纹则多见于陶罐的器身中部。彩绘纹全都施于细泥器物上，只有红地黑彩一种。纹样有宽带纹、折波纹、平行线纹几种，施绘于钵、碗的口沿或壶类或尖底器的腹部。

这一阶段的墓葬发现不少，以长方形竖穴墓为多，也有个别方形竖穴墓。葬式以单人仰身直肢葬为主，也有合葬。其中有成年女性二人一次合葬和成年女性与小孩两人二次合葬各 1 例。人头向西北。墓内一般都放有随葬品，每墓少的 1—2 件，多的可达 20 件。随葬品主要有斧、锛、镞、针、匕等工具，以及钵、碗、壶、罐等日用器皿，有的还有绿松石等装饰品。不少人骨架上存留有红色颜料，墓内还放置有研磨颜料用的石球和磨臼，可能这些墓葬的主人是彩陶绘制者。

二、中期阶段的聚落遗存

这一时期的文化类型器比早期阶段更多、更精美，除上述诸项外，还有不少原始艺术品和多种装饰品。

在何家湾聚落中，发现这一时期的房屋基址 9 处，但大部分的形制大小以及结构不明，有形可据者仅 1 座，为圆形地面建筑，墙壁为木骨草泥结构，经火烤而成较坚硬的砖红色。屋内居住面是用纯黄土敷垫经过踩踏或夯打，然后再经过火烤而形成的硬面，厚约 2 厘米。窖穴除早期的两种外，还有椭圆形袋状、椭圆形竖穴和不规则形坑，不过为数不多。

这时人们制造和使用的工具与前期基本相同。所不同的是，新出现了不少玉制工具，有些不仅制作精细，而且器形很大。在龙岗寺聚落遗址中所出土的 24 件玉制工具是选用淡绿色或白色半透明状软玉磨制而成，器型有斧、锛、铲、刀、凿和镞 6 种。其中两件双面斜刃玉刀，一件长 17.8 厘米、宽 7.8 厘米、厚 1.6 厘米；另一件稍小，长 16.6 厘米、宽 7 厘米、厚 1.6 厘米。磨制得非常精细，刀柄部各有一个对钻的小穿孔。石制工具数量较多，器类虽与早期一样，但有些器形很大。如龙岗寺墓地中出土的两件大型石铲，一件长 48 厘米、宽 8.8 厘米、厚 0.2 厘米；另一件略小，长 46.8 厘米、宽 7.6 厘米、厚 2.2 厘米。这两件大型石铲，比同类工具中正常使用物大三四倍，因此恐非实用器物。（见图 10-4）在长江流域的大溪文化遗存中，也曾发现过超大的石斧，出土时枕于死者的头下，其大小与龙岗寺出土者相若，因此它们很可能具有同样的功用，石斧中较大的可能是厌胜辟邪用的“法器”。

生活用具中，除早期常见的几种器型外，这时又增添了新的品种。如深腹盆、浅腹盆、小头壶、人面壶、菱角形壶和勺、侈口圜底鼎、兽头尖底瓶、小口球腹罐、敛口球形罐、敛口浅腹罐、小口深腹罐、桃形罐、盂等10余种。

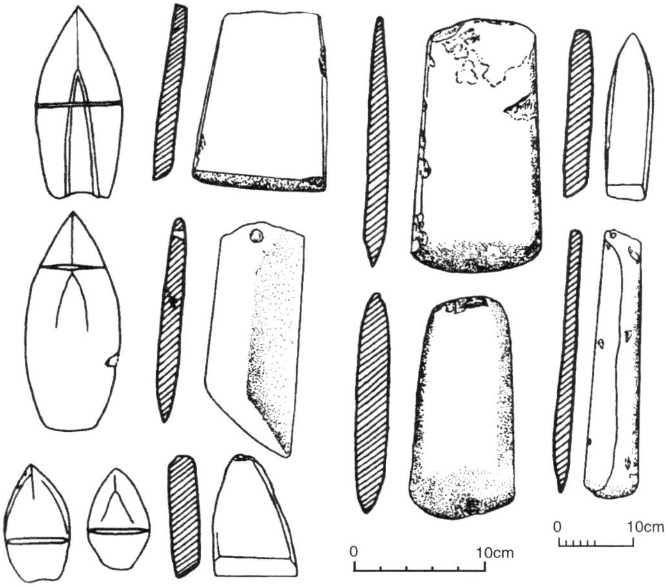

图10-4　龙岗寺人的石（玉）制工具和武器
（杨亚长提供）

不同的泥料多用来制作不同用途的器类，细泥红陶多用来制作饮食器具，如钵、碗、盆、壶、瓶、盂等；夹砂红陶则多用以制作炊煮器和储藏器，如罐、瓮等。

陶器的颜色一般比较纯正，说明制陶术较前已有了明显的进步。器物上的装饰花纹和早期基本相同，只是多了附加凸饰和划纹。其时仍以绳纹为主，戳刺纹数量增多，多施于陶罐的腹部。指窝纹多见于陶罐的中腹部，往往排列整齐，环绕器物一周或数周。指甲纹印深而整齐，多饰于陶罐的下腹部。划纹多见于钵、碗类器物的底部，往往刻画出一个圆圈。

彩绘纹样较多，设色用黑、红两色，以黑色为主。彩绘多施于饮食器和水器上，绝大多数绘于器物的口外或上腹，亦有个别通体施彩者，有些钵、盆的内壁也饰有彩绘。彩绘纹样除宽带纹和折波纹外，还有平行条纹、网纹和人面纹等。

有些器物的底部还留有席纹和布纹，这是制陶时作为敷垫所留下的。席纹有十字纹和人字纹两种，布纹经纬清晰，每平方厘米有经纬线各7—11条，粗径0.8毫米。席、布纹的发现，说明当时的编织和纺织技术已发展到一定的水平。（见图10-5）

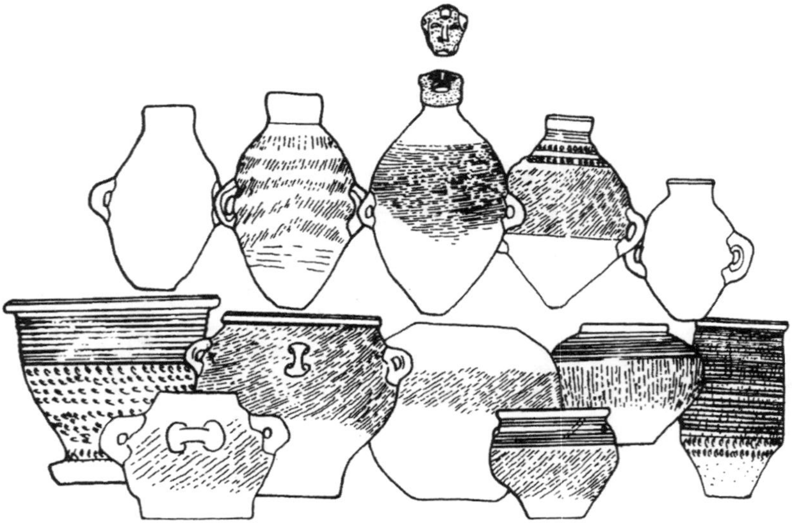

图 10-5 龙岗寺文化中期的陶器

（杨亚长提供）

在龙岗寺聚落遗址还发现了一定数量的印纹白陶。这是和关中地区不同的，是陕南地区先民新创的，也是制陶术进步的重要标志。这种白陶泥质很细，其中掺和有少量的云母片末。器表油滑而略泛光泽，并压印有浅浮雕式花纹图案，非常美观漂亮。据观察，图案的制作过程是首先用带刃的工具剔底，以突显出浅浮雕式图案，然后再在剔底处压印出连珠状的花纹。龙岗寺聚落出土的一件大口盘形器的口外画有一周短斜线，斜线下有一周连弧状压印纹和两道直线状压印纹，在压印纹和刻画短线之间涂以红彩。在印纹之下饰有浅浮雕式图案，第一种图案略似写意形的弯角大嘴兽面，第二种图案似窗棂形。陶器达到如此精美的地步，足见当时龙岗寺人的工艺技术已经相当高妙了。

中期的原始艺术品主要有彩陶、骨雕和陶塑三类，如下所示：

网纹彩陶钵，出土于龙岗寺第 334 号墓葬，质地为细泥红陶，器形为敞口、深腹、圜底。口径 15.6 厘米，高 6.7 厘米。口沿外饰一道黑彩宽带纹，器内壁绘有三组基本对应的黑彩三角形网格纹。器形浑圆美观，纹彩鲜丽和谐，具有自然的流感美。

人面纹彩陶罐，龙岗寺 23 号窖穴出土，是一件敛口深腹小底罐，质地为细泥红陶。口径 18.4 厘米，高 48.4 厘米，为大型器。在口沿下绘有三条平行线纹，平行线下平分器体圆周绘画出六个并列的人面纹。人面外廓呈圆形，大小基本相同，高宽均在 10.4 厘米左右。六个人面呈现出两种表情：一种作闭目沉思状；一种作双目圆睁状，好像表现人们对事物的观察或思考两种态度。这两种表情的人面相间排列，间隔等距，人面之间填充有上下顶角相对的三角纹。在人面的下面画有三道平行线纹，线纹之下又画出六个并列的人面纹，其特点与上层的六个相同，人面之间也填充有对称三角纹。这两层人面纹，第一种形态和第二种形态上下垂直相对。在下层人面纹的下部画有一条横线，横线之下画有五个横向平行排列的花瓣状图形。这件陶罐上的人面纹颇为生动地表现出人们观察与思考时的两种不同神态，可能是具有特殊用途的重要器物。（见图 10-6）

图 10-6　龙岗寺人的彩陶
（杨亚长提供）

人面器口细颈陶壶，龙岗寺第 376 号墓葬出土，是一件细泥红陶制的细颈、折腹、小平底壶，通高 14.6 厘米。器口的人面作桃形，直径 6.4 厘米。下颏尖而突出，双目呈扁圆形，鼻梁高高隆起，鼻根下有两个圆形小鼻孔。两耳呈弯月状，凸起于两颊的上部，左右基本对称。嘴、眼及鼻孔均与器腹腔穿通。

兽头形器口尖底瓶，龙岗寺第394号墓葬出土。质地为细砂红陶。器口为猪头形，短颈、深腹、弧凸曲壁、双耳、尖底，通高18厘米。兽头的双目作弯月形，两耳微耸，耳轮上各穿有一个小孔。鼻梁凸起，鼻翼下有两个圆形小鼻孔。吻部前突而略上拱，口呈扁圆形。头部满布戳刺纹，表示鬃毛。兽的双目、鼻孔和口均与器腹腔穿通，头顶也有一个直径1.2厘米的小圆穿孔。

陶塑浮雕式的鸟与蜥蜴，发现于龙岗寺第143号窖穴，质地为夹砂红陶。完整器形为一深直腹陶罐，罐的上腹饰弦纹，中腹饰指甲窝纹。在弦纹之上浮贴了捏塑的一只小鸟和一条蜥蜴。鸟为圆头小睛，颈细而长，嘴巴张开，鸟身很小，鸟的眼睛是戳刺成的小圆窝，鸟嘴系压划而成，鸟的颈与蜥蜴的四肢均压印成间断状。

骨雕人头像，出土于何家湾第190号窖穴，是用截取的一段兽类管状骨雕刻而成。采用圆雕技法，生动而真实地刻画出人物的面部形象。脸面作瓜子形，粗眉大眼，眼珠突出，高鼻梁，小嘴巴，神态端庄自然。头像高2.5厘米，颈部直径0.9厘米。从颈部残断痕迹看，这件雕像原有身躯，是一件完整的半身或全身雕像。由于雕刻技法古朴粗犷，其性别尚难做出准确判断，仅从面部特征来看，似为一中年男性的头像。

上述各种艺术品除骨雕人像外，其他器型既是日常生活实用器物，又是制作技艺精湛的原始艺术品。实用和美观的和谐统一，说明原始人的艺术创作是和当时的现实生活密不可分的。这些着意刻画的艺术题材，理当是与当时现实生活和思想活动密切相关的事物与概念的生动反映。

三、中期阶段的埋葬习俗

这个时期出土最丰富的遗存是在龙岗寺聚落发现的一个保存较为完整的氏族墓地，共有168座墓葬。168个死者的尸骨分作两层埋葬，下层74座，上层94座。尸体埋葬得比较集中，方向基本一致，排列整齐有序，每层墓葬的布局形成一个整体。其中150座是长方形竖穴，大人小孩大都是单人仰身直肢葬，只有为数不多的是 2 人或 2 人以上的仰身直肢一次合葬或二次合葬墓。一般单人葬的墓坑为长方形或圆角长方形竖穴，也有少数埋在梯形或方形坑中。合葬的墓坑一般较宽大，除了长方形竖穴外，也有方形的。个别合葬墓则为大坑内套小坑埋葬。如龙岗寺第 145 号墓，墓坑近方形，长 2.9 米，宽 2.88 米，深 0.34 米。坑底并排挖了 3 个深 0.1 米至 0.26 米的长方形小坑，每个小坑内埋有一具人骨架。其中 2 具人骨为二次安葬，另一具则为仰身直肢一次葬。（见图 10-7、图 10-8）

本期墓葬中未发现葬具，只有少数墓中有树枝腐朽灰，且大多覆盖在人骨之上，有的黏附于墓底，其形状不像木板朽灰。可知这一时期埋人时，有时在尸体的上下覆垫着一层树枝。

在 155 座单人墓葬中，仰身直肢是最普遍的葬式，人骨架一般头向西北，面向上，上肢垂直放于两侧，下肢伸直。但也有少数面向一侧，手臂上屈或下肢交叉。引起人们注意的是，在仰身直肢保存得较好的墓葬中，发现不少个体有肢体残缺现象，如缺少手掌或手臂、足趾或小腿骨等。从现场观察，这种缺

图 10-7　龙岗寺墓地第三层墓葬分布图
（杨亚长提供）

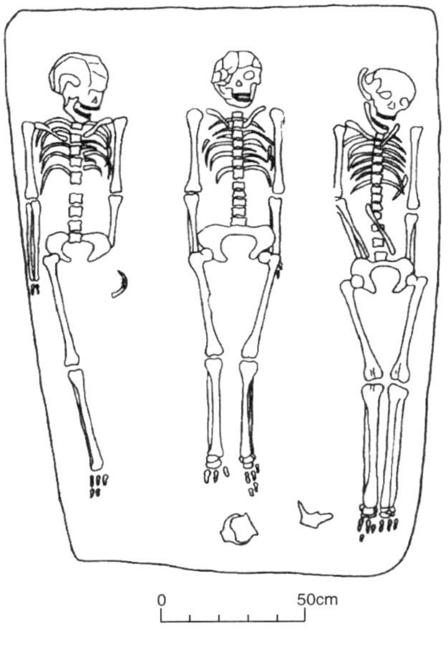

图 10-8　龙岗寺三人同坑合葬墓
（杨亚长提供）

趾断肢现象是人为造成的，是当时在一定观念支配下有特殊含义的一种葬仪，证明这一时期也存在“割体葬仪”的习俗。

龙岗寺墓地的 11 座合葬墓中有 2 人仰身直肢一次合葬墓 3 座，包括 2 个女性成人合葬墓 2 例，成年女性和儿童合葬墓 1 例；2 人二次合葬墓 4 座，包括成年男性合葬 1 例，成年女性合葬 2 例，成年女性和小孩合葬 1 例；3 人二次合葬墓 2 座，包括成年男性合葬 1 例，1 个成年男性与 2 个成年女性合葬 1 例；4 人二次合葬墓 1 座（3 个成年女性与 1 个小孩）；6 人二次合葬墓 1 座（均为成年男性）。

这些墓中绝大多数放有随葬品。随葬品中以陶制生活器皿为主，最常见的是钵、碗、盆、罐、壶、瓶、盂等。生产工具有石、玉制的斧、铲、锛、刀、凿和骨制的铲、刀、匕、镞、针等。此外还有绿松石坠、石环、骨环、骨管、牙饰等装饰品。一般男性随葬品以生产工具类为多，女性和小孩则多随葬装饰品。随葬品大多放置在小腿骨上或足下部，少数放在体侧和头前。工具多在人骨的一侧，装饰品多在所佩带的部位。

四、晚期阶段的生产生活

这一时期的遗迹和遗物与中期大致相同，但在某些方面则显示出生产生活更为进步一些。

居住的房子仅何家湾聚落就发现 22 座，全为地面起墙建筑。因破坏严重，保存较好能辨识出形制的仅 4 座：方形 1 座，圆形 3 座，面积都较大。方形房子残长 5 米，宽 4.5 米，面积 20—30 平方米。门向不清。居住面的建筑过程是：先垫一层黄土踩实，再敷抹一层细泥，然后经火烧烤而成砖红色硬面。房屋中间有一个方形灶面，长 1.05 米，宽 0.98 米，因长期使用被烧成青灰色，而且非常坚硬。室内发现 11 个支撑屋顶和作为墙壁木骨的柱洞，柱径 22—35 厘米，深 20—39 厘米，有些下面用石块或碎陶片做柱础。3 座圆形房子因损坏难计大小，其建筑结构与方形房子相同。

这时的窖穴以方形竖穴为多，方形袋状次之，另有少数圆形、椭圆形锅底状和不规则形竖坑。

生产活动仍继续前期的农耕等生产，工具类型和质料也相同。石制工具主要用较精细的磨制法制作，用陶泥制作的纺轮较前期增多。

日常使用的陶器，除前期使用的主要器物外，这时又增加了新的品种，有盘、簋形器、豆、杯、大头壶、葫芦形壶、瘦长体尖底瓶、瓮和器座等类。

陶质仍以细泥红陶为主，夹砂红陶次之，细泥黑陶和灰陶亦有一定比重。纹饰与前期同，彩陶花纹主要有人面纹、兽面纹、鱼纹、变体鱼纹、蛙纹、几何形的三角纹、宽带纹、折波纹等。（见图 10-9）

和中期一样，这时的绘画、雕塑艺术也较发达，饰有绘画的彩陶器和骨雕品数量较多。主要有以下几种：

人面纹彩陶盆，何家湾 242 号窖穴出土。质地为细泥红陶，器形是直口、宽平沿，深腹，曲壁，小平底。口径 30.8 厘米，高 14 厘米。口唇饰黑彩三角纹，

图 10-9 龙岗寺文化晚期的陶器

（杨亚长提供）

器内壁绘四个对称排列的人面纹。人面呈圆形，圆睛，小型扁口，头顶饰羽状饰物，耳际戴齿状环饰。

蛙纹彩陶盆，出自何家湾聚落的242号窖穴。细泥红陶制，器形与人面纹盆相同，只是略大一些。盆的口唇面绘三角纹和网纹，器内底部仅存一蛙纹，蛙身呈椭圆形，头部有两个小圆睛，蛙背上绘有四条纵向细直线，直线之间填充许多小圆点，四肢弯曲，作游动状。这幅游蛙图写实性较强，形象生动逼真。

陶塑猪（兽）头，为何家湾聚落的先民所塑造。用细泥红陶制，兽的吻部突出，嘴巴张开，嘴上部有两个圆窝以示鼻孔。两个眼睛是用手指按成的小圆窝，眼中并刺戳有小窝表示眼珠。从残断部分看，双耳系小竖耳。整个头部遍饰戳刺纹，似表鬃毛。兽头的颈部以下残缺，从颈部残迹观察，完整器物应为一件兽头器口的细颈壶。兽的嘴巴与器腹腔穿通，兽头残高2.6厘米。

线刻人面纹骨管，出于何家湾168号墓，用兽类的管状肢骨制成。管体作圆柱状，中空，下端略粗。（见图10-10）上端直径3.2厘米，下端3.5厘米，高4.4厘米。骨管的上部雕刻一圈连续的细线波折纹，其下用细线雕画出三个紧密相连的人面像，人像的头顶之间加饰倒三角形线纹。三个人面皆呈圆形，神态各异，表现出喜、怒、哀三种不同的表情。（见图10-11）

图10-10 何家湾人的骨雕人像

（杨亚长提供）

表现喜悦的面像作椭圆形，面宽3.5厘米，高3.7厘米。两眼作弯月形，鼻子高大，鼻底翻转，鼻孔呈扁圆形，口大而扁，牙

图 10-11　何家湾骨刻人面纹图
（杨亚长提供）

齿硕大外露。嘴角有向两侧分开的弧线以表示胡须。两眼的上部有向两侧分开的弧线以表示眉毛和头发。这些描写刻画，表现出人面作开心欢喜的神态。

表现哀苦的面像呈圆形，面宽 3.1 厘米，高 3.6 厘米。眉毛和鼻子联结作“T”形，两眼呈扁圆形，下眼睑下垂似布袋状，中间各刻画有一条斜竖线，似乎表现正在哭泣之状。口大而扁，口中用一条横线分成上下两半，上半并用三道竖线分隔以表示牙齿。人面的神态作悲哀伤感状。

表示恼怒的面像呈椭圆形，面宽 3.3 厘米，高 3.7 厘米。高鼻，大扁口，两眼圆睁，牙齿硕大。口与鼻间有两道分开的髭须，额上有向两侧分开的毛发。其神态作怒目龇牙状。

上述这三个人面像的雕工比较精细，线条亦颇流畅，是用坚硬而锋利的工具雕刻而成。值得注意的是，这三个人面像既有较强的写实性，也富有艺术夸张之处。如鼻子呈“T”形，鼻梁高大，鼻底翻转，嘴与牙齿都较硕大等形象，都与常人有所不同，因而具有一定的神秘色彩。尽管这些人面有不少夸张或失真之处，但仍不失为一件原始古朴、形神兼备且富于夸张和浪漫色彩的艺术珍品。

通过这件原始艺术品，我们似乎可以看到，当时的人们在农业或渔猎有了收获之后或在劳动之余心理上的欢愉；也可看到当时恶劣的自然环境、艰辛的生产条件以及伤残病死等因素带给人们的创伤；还可看到先民面对现实，向大自然怒目抗争以求生存的顽强精神。

这一时期的装饰品数量亦较多，品类有石环、石佩饰、绿松石坠、骨管以及牙饰等。

第三节　何家湾氏族聚落文化

这个时期，相当于关中地区的福临堡聚落文化早期，亦即仰韶时代中期。在陕南地区发现的这一时期的聚落遗址有10多处，经过发掘研究的有8处，以何家湾发现的文化较典型，故以“何家湾文化”命名这一时期的文化类型，距今6000—5500年。[①]（见图10-12）

属于这一时期的系统的考古资料较为缺乏，因此对其聚落布局、建筑结构尚不够了解。已获知的只有少数窖穴、少量的工具和日用陶器，并有为数不多的陶塑艺术品。

在龙岗寺晚期和安康花园柏树岭等聚落中，发现了少量的窖穴，形制较规则，

图10-12　何家湾遗址外景
（张明惠提供）

① 陕西省考古研究所、陕西省安康水电站库区考古队：《陕南考古报告集》，三秦出版社1994年版。

坑壁整齐，以圆形为多，一般口大底小，直径在 1 米左右。

工具全部以磨制法制成，有石制的斧、锛、铲、刀、凿和碾谷盘；骨制的铲、锥；蚌制的刀；陶制的锉子和纺轮等。这些工具的形制大多与前一阶段出土的相同，但陶纺轮数量增多，形状多样化，有圆饼状、馒头状和算盘珠形等不同样式，且表面多饰有绳纹、划纹和戳刺纹等装饰，实用与美观兼具。

这时人们日常使用的代表性器皿有敛口凹底或小平底钵、敞口圜底小钵、大口深鼓腹彩陶盆、敛口深斜腹盆形甑、釜形鼎、双唇口瘦长尖底瓶、侈口鼓腹罐、敛口深斜腹瓮、伞盖状捉手器盖等。（见图 10-13）

这些日用陶器以细泥红陶为多，夹砂红陶次之，此外尚有少量的细泥灰陶、黑陶和夹砂灰陶。细泥灰陶中除光亮的素面陶外，有的还饰有彩绘。夹砂陶的绝大多数则饰有稀疏的交错细线纹、绳纹、指窝纹、弦纹和附加堆纹。

彩陶主要有钵、盆、罐等器型，彩绘多施于器物的口沿和腹上部。彩陶纹饰绝大多数为勾叶圆点纹、弧线三角纹和圆圈、圆点、斜线、三角及其所组成的图案花纹。颜色除有少量的紫红色彩外，全为黑色，少量器物为红地白衣再着黑彩。

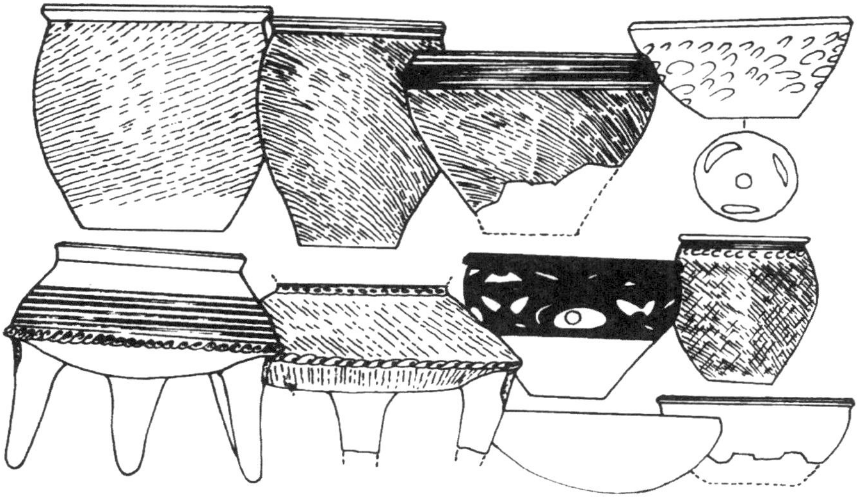

图 10-13 何家湾人的陶器

（杨亚长提供）

其他纹饰最常见的是附加凸饰，或称附加堆纹。形状有尖喙深目的鸟头形，也有压印有指窝的竖条状。多附饰在瓮罐之类大型器物的上腹部，一般横围器物一周。这些凸饰一方面可以增加器物的牢固性，并有较好的装饰作用，另一方面有利于器物的提携搬动。

这时的陶制艺术品中具有代表性的是陶塑人面像。标本出土于安康柳家河遗址，为夹砂红陶制。人的头面呈卵圆形，颞部两侧较宽，颊面两侧内收，颏下部平齐。人面像正面隆起，背面内凹，颇似面壳状。人面像的两眼呈扁圆形下凹，眉弓呈弧形；鼻梁挺直，呈蒜头状；嘴巴下凹呈张口状；耳扁平，耳轮下穿一小孔。额上部突起与颜面部形成明显的界限，似乎表示头顶部蓄有头发或戴冠。顶部正中及两耳上部各有一个小穿孔，好像头上原来插有羽毛之类的装饰物。这件人面塑像的五官位置安排恰当，比例准确，可以看出为一两颊比较消瘦的中老年男子形象。头像高 10 厘米，面阔 7.5 厘米。其很可能是氏族首领或巫师之类特殊人物的形象。

这时发现的装饰品，以陶环为最多。均为灰、黑泥陶所作，其断面作圆形、半圆形、三角形等，为佩饰或臂镯饰。另一种为陶球，用细泥制作，一般直径 3.5 厘米，有的表面饰有指甲窝纹。

第四节　白马石文化

这一时期相当于关中地区的龙山时代，年代距今 4500—4000 年。这时的聚落遗存发现了 10 多处，发掘过的主要有紫阳白马石、西乡红岩坝和何家湾，以白马石二期的文化遗存较有特色，故以“白马石文化”为名。①

这一时期是陕南地区原始社会的末期，与周围地区（除关中外）都发生了较为密切的联系。但发掘出的资料很少，多限于文物而未见聚落形态。

这一时期可分早、晚两个阶段。早期文化遗存只发现了工具和陶器两类。工具有石制的斧、锛、凿、杵、铲、矛、网坠等，都是磨制的。骨器仅见锥和

① 陕西省考古研究所、陕西省安康水电站库区考古队：《陕南考古报告集》，三秦出版社 1994 年版。

铲两种，全用长骨片削磨而成。

陶器与龙岗寺和何家湾聚落时期都有不同，以泥质灰陶和夹砂红褐陶为主，并有少量的泥质红胎黑皮陶。器类有小口折肩瓮、小侈口折肩罐、侈口深腹罐、大口双耳罐、高领鼓腹罐、深直腹罐、侈口卷沿盆和少量的钵类器物。器表纹饰以绳纹为主，也有附加凸饰和锥刺纹的。

晚期文化遗存以白马石二期文化为代表，年代为距今4300—4000年，文化特点与关中地区有所不同。

这时没有发现居室建筑，只发现了两个窖穴。窖穴呈椭圆形和不规则形，前者口径1.8米，深0.38米。内藏一般工具和陶器。

工具类遗物大体与早期相同，以石制的斧、铲、锛、凿、镞、网坠和纺轮等最多。石材多从河卵石中选取，然后略经打磨即成，有些则用琢制法做成雏形，仅磨光刃部即行使用。陶纺轮和骨锥等纺织缝纫工具也在普遍使用。

最能代表这一时期文化特点的是陶器。代表性的器类有喇叭口高领折肩罐、侈口鼓腹罐、小口圜底罐、直口深腹尖底罐、大口小平底盆、细柄豆、粗柄豆以及小平底碗和小陶杯等。陶质以细泥磨光黑陶和红胎黑皮陶为主，夹砂褐陶次之，此外也有少量的细泥红陶、细泥黑陶及夹砂红陶。器表以素面为多，常见的纹饰有篮纹、绳纹、弦纹、压印纹、划纹和刺点纹等典型纹饰。（见图10-14）

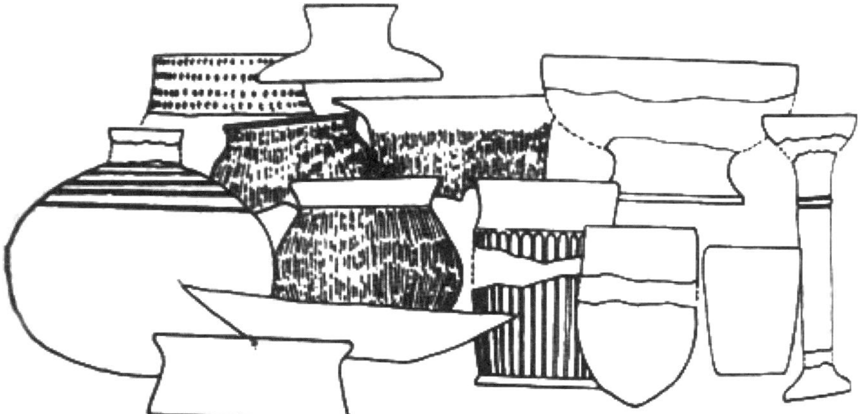

图10-14　龙山时代白马石人的陶器

（杨亚长提供）

这一时期葬制采用石棺葬，具有地方特色。石棺墓只发现 2 座，保存较好的一个的形制是长方形，呈东西向。墓口长 72 厘米，宽 44 厘米，深 28 厘米。石棺分两壁、两档和底，无盖。两壁及两档各置一块石板，底平铺有两块石板。石板均系片岩，长短宽窄不一，最大的一块长 42 厘米，宽 21 厘米，厚 2—3 厘米。墓内人骨已朽，仅存留 2 枚小孩牙齿，未见随葬品，这种石棺葬与关中等地区所流行的土坑墓以及瓮棺葬差别较大。

从白马石二期文化出土物的特点及类别看，它与关中地区的龙山时代文化、汉水下游江汉平原地区的青龙泉三期文化差别都很大。但它的许多特点则与四川与重庆的巴蜀文化早期较接近，说明它们之间应有较密切的联系。像前述的典型器物高柄豆、小平底钵、尖底罐、圜底罐以及器盖、器座等，同四川新繁水观音、广汉中兴场与重庆忠县㽏井沟等地出土的同类器物风格一致。这种一致性表明，白马石二期文化与巴蜀文化早期的关系要比关中地区的龙山时代文化及青龙泉三期文化更为密切，由此可以认为白马石二期文化应是巴蜀文化的一个重要来源。

第十一章 炎黄时代

炎帝和黄帝是中华民族的人文初祖，由于他们都生活在史前时期，因此许多研究者认为，炎帝和黄帝其实是我国史前时期的两大氏族组织（相当于部落或部落联盟）的名称。由于氏族组织的首领称作炎帝、黄帝，因而他们的氏族组织也称炎帝与黄帝。由于这两个氏族组织存在的时间较长，故其首领并非一人，而是数人或数十人。下面，我们将炎帝和黄帝所生活的时代分别称作炎帝时代和黄帝时代。

第一节　炎帝与炎帝时代

炎帝和黄帝是华夏民族的共同祖先，从相关传说来看，在年代上炎帝要早于黄帝。如前所述，炎帝实为部族之名，而且这个部族在史前时期曾经存在过较长时间。传说炎帝部族的第一位首领叫作魁隗，最后一位部族首领叫作榆罔，至于中间还曾经存在过哪些炎帝，现在已难一一考究。《帝王世纪》说："炎帝神农，……在位一百二十年而崩……凡八代，及轩辕氏也。"谯周《古史考》云："炎帝之后，凡八代五百余年，轩辕氏代之。"《吕氏春秋·慎势》则云"神农十七世有天下"。一则云"八代"，一则云"十七世"，两者相距甚远。若取八代而积500年，则每代（世）平均在位65年左右，似不可能。若取十七世而积500年，则平均每世在位30多年，似乎合乎情理。因此，可以认为炎帝部族从第一位首领到最后一位首领，其间曾经十七世（代）而达500多年。不管如何推断，炎帝部族的发展肯定经过了一段漫长的岁月。

炎帝部族在漫长的历史发展过程中，所创造的物质文明在考古文化上应该有自己的表现。但到目前为止，究竟哪一种考古学文化是炎帝部族创造的，仍处在研究与探讨之中。根据炎帝部族所处的社会历史发展阶段，我们认为，炎帝部族所创造的文化，大致相当于仰韶时代的早期阶段，亦即半坡－史家文化时期。

一、炎帝部族的发祥地

目前，关于炎帝部族的发祥地有陕西、湖北、湖南、山西、甘肃、山东、河南、四川、河北等说法，其中影响较大的是陕西说、湖北说和湖南说。陕西说的主要依据是对姜水的考证，因为《国语·晋语》记载说："昔少典娶于有蟜氏，生黄帝、炎帝。黄帝以姬水成，炎帝以姜水成。成而异德，故黄帝为姬，炎帝为姜。"这段文献是最早关于炎黄传说的记述，且被认为是可靠的。《帝王世纪》记载说："神农氏，姜姓也。母曰任姒，有乔氏之女，名女登，为少典妃。游于华阳，有神龙首感女登于尚羊，生炎帝，人身牛首，长于姜水，因以氏焉。"由此看来，炎帝部族应当发祥于姜水流域。

那么，姜水又在哪里呢？北魏郦道元在《水经·渭水注》中说：“岐水又东迳姜氏城南，为姜水。”郦氏在这里很明确地指出，姜水为今陕西宝鸡渭水流域的一条支流。明、清之际的《大明一统志》《凤翔府志》《宝鸡县志》等志书均记载姜水是指今宝鸡市区渭河南岸的清姜河，姜氏城是指今姜城堡。著名考古学家徐旭生经过考察以后认为：“姜城堡附近却有很好的彩陶艺术，在我国历史的黎明时期就有人居住。毫无疑问，姜城堡和清姜河的名字，以及很特别的神农庙……全像是渊源有自，并非后人的臆造……全是姜姓所居旧居，可能性也很大。”[①]著名考古学家邹衡认为：“所谓‘炎帝以姜水成’，我们可以理解为炎帝族最早活动的地方在姜水。古之姜水，据《水经·渭水注》所载是在姜氏城南，即今岐山县周原一带，但不知道确定地点。不过，《大明一统志》载凤翔府宝鸡县南七里有姜氏城，城南也有姜水。此姜氏城今名姜城堡，往南即益门堡，堡西有一水今仍名清姜河。古代传说，本来难得考实，以上两说孰是孰非，不必过于拘泥，但总是在凤翔府地，即今宝鸡市区之内。”[②]根据上述文献记载和近人考证，可知“炎帝以姜水成”的“姜水”应当在今陕西宝鸡一带。从而说明炎帝部族应当发祥于宝鸡一带的渭水流域。

湖北说的主要依据是郑玄注《礼记》云“厉山氏，炎帝也，起于厉山，或曰有烈山氏”；《帝王世纪》云“神农……本起烈山”；有近代学者考证后认为，厉山（烈山）在今湖北随州。[③]湖南说的主要依据是屈原《远游》诗曰：“指炎神而直驰兮，吾将往乎南疑。”有近代学者考证后认为，屈原诗中的“炎神”即炎帝，“南疑”为今湖南的九嶷山。[④]

二、神农与炎帝

关于炎帝与神农氏的关系，历来就有两种不同的说法。一种说法认为两者为同一人；另一种说法则认为两者并非同一人。《世本·帝系》认为炎帝就

---

① 徐旭生：《中国古史的传说时代》，广西师范大学出版社2003年版，第47—48页。

② 邹衡：《漫谈姜炎文化》，见宝鸡市社科联：《炎帝论》，陕西人民出版社1996年版，第1页。

③ 吴量恺：《神农氏的兴起与炎帝文化的效应》，见湖北省社会科学联合会、湖北省随州市人民政府组编：《炎帝与炎帝文化》，湖北人民出版社1991年版。

④ 林河：《炎帝出生地的文化考析》，载《民族艺术》1997年第2期。

是神农氏，《汉书·古今人表》亦称“炎帝神农氏”。然在《管子》《吕氏春秋》《史记·封禅书》等书中，炎帝和神农氏则各有事迹，显系两人。

《帝王世纪》记载说：“神农氏，姜姓也。母曰任姒，有乔氏之女，名女登，为少典妃。游于华阳，有神农首感女登于尚羊，生炎帝，人身牛首，长于姜水，因以氏焉。”按照该书的说法，神农氏是姜姓，而炎帝是神农氏的儿子（应为后代），长于姜水，因以为氏。可能炎帝族壮大后袭其父（先祖）神农氏之号，作为神农氏的接班人，成了新一代的神农氏。因此，后人才将炎帝族称为神农氏，这可能是炎帝又称神农氏之由来。

依据对史前社会的研究成果，我们认为所谓的炎帝和神农氏，他们都应当是史前时期的氏族名称。《帝王世纪》云炎帝出自神农，说明炎帝氏族的前身为神农氏族。炎帝出自神农氏族，理所当然可称神农氏。因此，我们认为神农氏应当为炎帝氏族的别号。

炎帝也是姜姓农业部族首领的世袭称号。炎帝不止一代，当然也不止一个人，从这个意义来说，它是一个群体。当然，若具体到某一代首领，炎帝又是活生生的一个人，具有历史人物的品格，是个真人。这样，炎帝神农氏的神圣称号应当归于每一代炎帝。

三、炎帝部族的扩张

炎帝又号神农氏，是我国史前时期的氏族组织，发祥于今宝鸡一带的渭水流域，经历过漫长的生存与发展，最后被黄帝部族所取代并同化。目前，因各方面资料所限，我们还无法确认炎帝神农氏时代所创造的文化遗存，因而也无法将其与某种考古学文化做确切对应，只能根据炎帝神农氏时代的社会发展状况做一些初步推测。

《庄子·盗跖》谓：“神农之世，卧则居居，起则于于。民知其母，不知其父。与麋鹿共处，耕而食，织而衣，无有相害之心，此至德之隆也。”《商君书·画策》谓：“神农之世，公耕而食，妇织而衣，刑政不用而治，甲兵不起而王。”民知其母而不知其父，显然可与史前时期的对偶婚制相对应；刑政不用、甲兵不起则说明当时尚未进入阶级社会，而应当属于母系氏族社会的发展阶段。研究表明，前仰韶时期的白家－老官台文化时期，以及仰韶时代早期的半坡－史家文化时期，其社会发展阶段都处于母系氏族社会时期。

《左传·昭公十七年》记载说："炎帝氏以火纪，故为火师而火名。"以上记载说明，炎帝氏族是以善用火并使火服务于人类而闻名的。考古发现证明，火的发明利用始于旧石器时代。火在人类进化史上的意义非同小可，它不仅给人类带来了光明，驱走了黑暗，而且更重要的是扩大了人类的熟食范围，加速了人类体质的进化。炎帝虽不会是火的发明者，但炎帝时期火被广泛地应用于人们的日常生活却是事实。在白家－老官台文化和半坡－史家文化的房址中，常常会发现灶，也会经常看到日用炊器中多有外表被火熏烧的痕迹。

《周易·系辞下》谓："包牺氏没，神农氏作， 斫木为耜，揉木为耒，耒耨之利，以教天下，盖取诸《益》。"《逸周书·尝麦篇》谓："神农之时，天雨粟，神农遂耕而种之。作陶冶斧斤，为耒耜锄耨，以垦草莽，然后五谷兴助，百果藏实。"以上记载是说，神农氏时期不仅发明了农耕工具耒耜，同时也发明了农业，并且开始烧制陶器。从考古资料来看，白家－老官台文化时期的居民们已经开始了以农耕为主的定居生活。在当时的物质遗存中，不仅发现有石斧、石铲等农耕工具，有些遗址中还发现了当时农作物的籽实，并且发现有加工粮食的石磨盘与石磨棒。在宝鸡关桃园前仰韶时期遗址中，不仅发现有大量的日用陶器，还发现了6座烧制陶器的陶窑。在关桃园遗址中，还发现了23件骨耜，这些骨耜均用牛或鹿的肩胛骨磨制而成，通长25厘米、宽12厘米左右。从农业、用火、制陶等方面的情况来看，神农氏时代与前仰韶时期的情况基本相符。

从以上所述而言，似可推断神农氏时代大致相当于前仰韶时期，即白家－老官台文化时期；而炎帝神农氏时代，则大致相当于仰韶时代早期，亦即半坡－史家文化时期。白家－老官台文化和半坡－史家文化都以陕西渭水流域为基地，其正好与神农氏和炎帝神农氏时期的活动地域相吻合。因此可以认为，白家－老官台文化遗存，应当就是神农氏时代的文化遗存；而半坡－史家文化遗存，则应当是炎帝神农氏时代的文化遗存。[①]

传说炎帝是在他的父母巡游华阳的途中感神龙有孕而生的，华阳就是现在

① 参阅杨亚长：《炎帝、黄帝传说的初步分析与考古学观察》，载《史前研究》1987年第4期。

秦岭以南的地区。汉水流域与渭水流域之间虽然横亘高耸的秦岭山脉，但自古以来它们之间的文化交流并未隔断，前仰韶文化时期秦岭南北的文化面貌呈现出令人吃惊的一致性，彼此的文化现象大同小异，都流行三足器和圈足器，并且这种一致性越到后来越明显。由此看来，渭水流域的炎帝神农氏部族越过秦岭与汉水流域的文化进行交流的传说应当是真实的。据说炎帝的妻子是活动于四川雅砻江流域、岷江流域一带的独龙族的女儿。这一族团活动范围向北已到陕甘川交界的地区，到炎帝孙灵恝的儿子互人时，曾在这里建立了互人国。互通氐，即氐羌。在陕南川北一带有支氐羌族，可能就是炎帝氏族从渭水流域南迁与当地人民相互融合后的族团。在广大的西南地区至今仍有许多关于炎帝的传说，四川有崇拜祭祀炎帝的习俗，也流传着炎帝误食断肠草的说法。成都市内的红石柱街过去有座祭拜炎帝的炳灵祠，塑成炳目三眼状的炎帝被认为是古蜀人的氏族神。广西的壮族和贵州、云南一些地区的少数民族认为炎帝是他们的始祖，这些都表明了曾有一支炎帝的子胄越过秦岭向西南迁徙，并为那里的文化发展做出了贡献。

炎帝神农氏部族中还有一支溯渭水而上迁移到西北地区。这些先民通过陇山，循着后来的汧陇古道向河湟地区而去，与生活在那里的羌人融合，形成羌族。在古代文献中有很多关于羌族的记载，他们有的过着定居的农耕生活，有的过着游牧生活，也有一支据说进入西藏与当地的土著人融合形成了后来的藏族。

生活于西北的羌族，在商周之际曾多次与中原地区交流，殷墟甲骨文中多次出现它的名字。《诗经·商颂》中也有“昔有成汤，自彼氐羌，莫敢不来享，莫敢不来王”的诗句。周武王伐商时，羌族还加入了有庸、蜀、微、卢、彭、濮等八个方国组成的联合军队。春秋战国及其以后活动于西北又频繁与中原发生联系的戎人中，有相当一部分和炎帝氏族有关，他们均可以追溯到史前社会时的炎帝部族。

根据传说资料和后世姜姓族群的分布踪迹，可知当年曾有炎帝神农氏族裔沿黄河而下，向东迁徙。“入豫，南至江汉，遗迹于随县之列山；北至山西，散布于长治之耆（黎）；东至陈，袭太昊之旧迹；又东至鲁，袭大庭华胥之故都。”[①]炎帝神农氏向东迁徙的地域涉及华北平原、山东半岛以及江汉平原的广大地区。现今仍在上述地区流传的许多关于炎帝神农氏的传说，应当就是在这一背景下产生的。

炎帝神农氏部族在向东方拓展过程中，与当地的土著能和谐地相处。他们都经营农耕，生活方式基本一致，宗教信仰都属自然泛神崇拜。传说炎帝神农氏很有德政，可能是指他这个外来氏族没有强行改变土著氏族的宗教信仰，能宽容与尊重对方的崇拜物。

根据文献记载和考古资料可知，在今黄河下游的鲁北一带，商周时期曾集中分布有许多炎帝神农氏后裔所创建的姜姓国家。如逄（今山东济阳）、纪（今山东寿光）、州（今山东安丘）、夷（居地不详）、向（今山东莒县）、齐（今山东临淄）等。考察这些姜姓国家的来历，可知其大都属于炎帝神农氏后裔所创建的旧国。还有一些春秋战国时期被认为是少数民族的伊洛之戎、姜氏之戎、陆浑戎等，相传也是炎帝神农氏部族的后裔。

传说到了炎帝的第八代孙为首领时，他们向东发展到河北一带。这时在山东半岛的东夷部族成为雄踞东方的强大族团，人口众多，经济发达，其首领蚩尤据说有 72 个或 81 个弟兄。[②]他们“烁金为兵，割革为甲，始制五兵”[③]，侵占兼并了周邻的其他氏族，并来到河北一带与炎帝部族相遇。可能因宗教信仰和文化传统的不同，为争夺生活资源，他们之间发生了冲突，这是上古史上一场旷日持久的战争。炎帝部族在榆罔的带领下从中冀一直打到涿鹿。蚩尤看到炎帝部族日益强盛，时刻觊觎着榆罔的首领地位，“蚩尤氏强，与榆罔争王，逐榆罔”[④]，“蚩尤乃逐帝，争于涿鹿之阿，九隅无遗”[⑤]，榆罔兵力不济，在战争中失利，遂率领残兵跑到黄帝部族那里去寻求支援。

黄帝部族与炎帝部族之间有血缘关系，他们都是从少典氏族中分化出来的，

① 王献唐：《炎黄氏族文化考》，中华书局 1996 年版。
② 《太平御览》卷七四引《龙鱼河图》。
③ 《太平御览》卷三三九引《兵书》。
④ 《庄子·盗跖》。
⑤ 《逸周书·尝麦篇》。

最初也活动在陇东、关中西部，后来由于经济生活的方式不同，黄帝部族以农耕兼营游牧的生活方式向黄土高原的北部发展而去。这时炎帝部族也由华北北部东迁到河北北部。榆罔与黄帝联合后，经过狂风暴雨的夏季、酷热难熬的秋季，到大雾迷茫的冬季，最终降服了蚩尤部族，实现了上古史上最大的一次文化融合。（见图 11-1）

黄帝部族与炎帝部族在东迁过程中也发生过大规模的冲突，战败后的炎帝

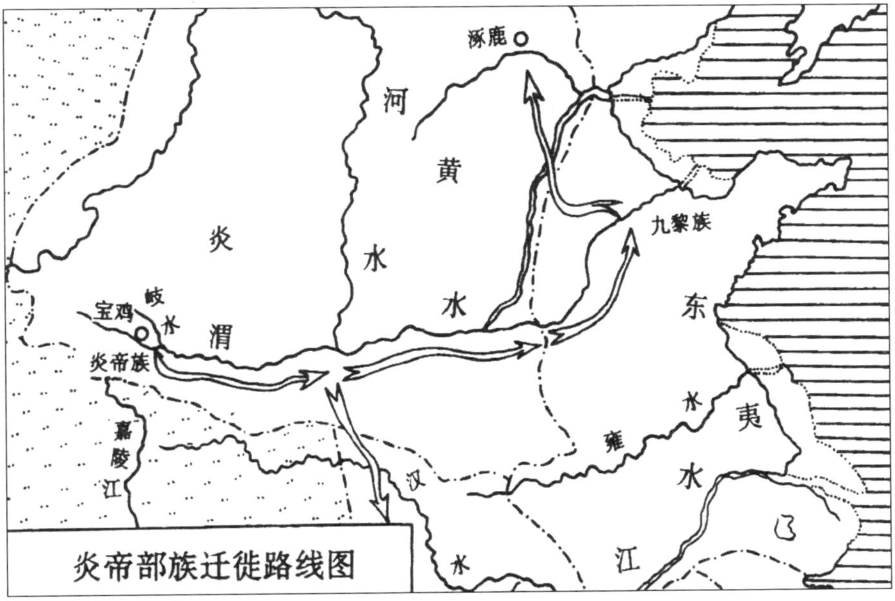

图 11-1 炎帝部族迁徙路线图

（石兴邦提供）

部族一部分归化于黄帝部族中，一部分以祝融为首领向南迁徙，活动于湖北、湖南一带。[①]

共工、四岳是炎帝部族东迁后两个著名的首领，共工是祝融的儿子，生活在今河南辉县市一带。这个氏族善于治理水患，共工的儿子句龙也是位治水能手，后因不能有效地平定水患，被尧放逐到河北北部。四岳又名伯益，是共工的后裔，曾因帮助大禹治水有功，在河南南阳建立了吕国。

---

① 《山海经·海内经》。

炎帝是中国上古史上黄河中游第一个部族联盟的奠基人，在渭水中游宝鸡地区姜水一带成长起来。他艰苦创业，推进了农耕经济的进一步发展。也正是炎帝时期，姜炎氏族从偏居宝鸡的地方农耕氏族一跃而成为关中地区姜炎部族的核心，并创立了一些对后世社会进化有巨大作用的文化制度。

姜炎文化作为陕西西部的一种地域性文化，为中华民族文明社会的形成做出了贡献。那支没有迁徙仍居住在陕西关中的姜炎后裔，后来与先周文化的形成紧密相关。传说炎帝的后裔姜原曾抚育出周人的始祖农神后稷。周人在姜炎文化的基础之上成就了“郁郁乎文哉”的周代文明。

第二节 黄帝与黄帝时代

黄帝是神农氏炎帝之后的一个传说人物。《史记·五帝本纪》谓：“黄帝者，少典之子，姓公孙，名曰轩辕。”《史记》正义曰：“黄帝，有熊国君，乃少典国君之次子，号曰有熊氏……”目前，学术界普遍认为，所谓黄帝，其实如同神农氏炎帝一样，也是我国史前时期的一个氏族组织。由于该氏族组织的首领称作黄帝，故该氏族组织亦称黄帝。从传说资料来看，黄帝部族后来战胜并且同化了神农氏炎帝部族，从而成为更为强大的氏族集团。由于该氏族集团存在了较长时间，因而其首领黄帝并非一人，而是数代或数十代。

根据传说资料可知，在我国史前时期曾经存在有三大氏族集团，其中以炎帝和黄帝为代表的氏族组织属于华夏集团，主要居住于今渭水流域以及黄河中游的陕西、河南一带；东夷集团主要居住于黄河下游的山东一带；苗蛮集团的活动中心则在今长江流域的湖北、湖南一带。当时，三大氏族集团曾呈三足鼎立之势，它们之间曾经有过相互交流与融合，也曾发生过摩擦对抗甚至战争。

一、黄帝部族的发祥地

目前，关于黄帝部族的发祥地主要有河南、河北、陕西、甘肃、山东、辽宁、内蒙古、湖南、广西等诸说，其中影响较大的是河南新郑说、陕西北部说、河北涿鹿说、山东寿丘说和甘肃天水说。河南新郑说的文献依据主要是《史记·五帝本纪》：“黄帝居轩辕之丘。”《史记·五帝本纪》裴骃集解：“（黄帝）有圣德，受国于有熊。”《帝王世纪》：“新郑，古有熊国，黄帝之所都，受国于有熊，居轩辕之丘。”《大明一统志》：“轩辕丘，在新郑县境，古有熊氏之国，轩辕黄帝生于此故名。”陕西说的主要依据是《国语·晋语》：“黄帝以姬水成，炎帝以姜水成。”姬水或说可能是岐水，或说可能是渭水，前者在陕西，后者主要流经陕西。黄帝陵在陕西北部，黄帝族后裔姬姓周人发祥于陕西西部。徐旭生说：“看古代关于姬姓传说流传的地方，可以推断黄帝氏族的发祥地大约在今陕西的北部。”① 河北涿鹿说的主要依据是与黄帝密切相关的涿鹿之战和阪泉之战的战场均在河北涿鹿。甘肃天水说的主要依据是《水经·渭水注》：“黄帝生于天水，在上邽城东七十里轩辕谷。”山东寿丘说的主要依据是《史记·五帝本纪》：“黄帝生于寿丘，长于姬水，因以为姓。”而寿丘即今山东曲阜。（见图 11–2）

鉴于河南新郑与甘肃天水都有轩辕丘或轩辕谷，有学者认为：“这有两种可能：一种可能是黄帝早期建立轩辕国，居轩辕丘，后来迁到有熊把轩辕丘的地名也带过来了，并在此建国立都创业。还有一种可能，即黄帝先在东方

图 11–2　轩辕黄帝像

（石兴邦提供）

① 徐旭生：《中国古史的传说时代》，广西师范大学出版社 2003 年版，第 49 页。

建国创业，后来有一支迁到天水并建立了轩辕国，把轩辕丘的地名带去，因为没有较大的事迹，在后代的史书上泯灭了。因此，两个轩辕丘在我们认识上可以暂时并存。究竟两个轩辕丘谁早谁晚，还需要进一步研究。”①

就以上诸说而言，河北涿鹿主要为黄帝与炎帝、蚩尤发生战争的古战场，似不可能成为黄帝部族的发祥之地和长期居住之地；山东曲阜则为少昊之墟，是东夷部族的大本营，因此亦不大可能是黄帝部族的发祥和长居之地。如果排除以上两个地方，似可认为黄帝部族应当发祥于渭水流域以及黄河中游的中原地区。

二、黄帝时期

黄帝是我国史前时期的一个氏族组织，如同神农氏炎帝部族一样，该部族亦当经历过一定时期的生存与发展。但是，黄帝时代到底经过了多长时间？其间又曾经历过多少代（世）黄帝？典籍中却无明确记载。

近年，有学者考定黄帝时代为十代，积年 1520 年。起始年代为距今 6420—4900 年，目前可暂备一说。②

有说黄帝（可能为第一代）活了 110 岁，做了 100 年的部族首领，死后被安葬在陕西黄陵县桥山。

《史记·五帝本纪》谓：“黄帝居轩辕之丘，而娶于西陵之女，是为嫘祖。嫘祖为黄帝正妃，生二子，其后皆有天下：其一曰玄嚣，是为青阳，青阳降居江水；其二曰昌意，降居若水。”

《国语·晋语》谓：“黄帝之子二十五宗，其得姓者十四人，为十二姓，姬、酉、祁、己、滕、箴、任、荀、僖、姞、儇、依是也。”这些不同的姓氏，都应当属于黄帝部族的分支氏族。

黄帝为姬姓之始祖，而周人即为姬姓，说明姬姓周人应当发源于黄帝部族。《史记·周本纪》云：“周后稷，名弃，其母有邰氏女，曰姜原。”帝舜“封弃于邰，号曰后稷，别姓姬氏”。“邰”据考证在今陕西杨凌。如上

① 许顺湛：《五帝时代研究》，中州古籍出版社 2005 年版，第 60 页。
② 许顺湛：《五帝时代研究》，中州古籍出版社 2005 年版。

记载说明早在史前时期，姬姓周人的祖先就已居住于渭水流域的杨凌一带，并与神农氏炎帝姜姓后裔世代通婚。

武王灭商建立西周王朝以后，渭水流域和黄河中游成为姬周王朝的腹心之地。随着大批王室贵族分封立国，姬姓族裔的分布地域得以空前扩大。《左传·僖公二十四年》记载富辰谏曰："昔周公吊二叔之不咸，故封建亲戚，以蕃屏周。管、蔡、郕、霍、鲁、卫、毛、聃、郜、雍、曹、滕、毕、原、丰、郇，文之昭也。邘、晋、应、韩，武之穆也。凡、蒋、邢、茅、胙、祭，周公之胤也。"在上述这些姬姓封国中，比较著名的如晋，位于今山西晋南的翼城、曲沃一带；燕，为召公封国，位于今北京房山境内；鲁，为周公封国，位于今山东曲阜；曾，为文王之子南公封国，位于今湖北随州。由于黄帝为姬姓始祖，因此西周时期姬姓封国的广泛分布，可视作黄帝部族后裔们的对外传播。

《史记·五帝本纪》谓：黄帝"东至于海，登丸山，及岱宗。西至于空桐，登鸡头。南至于江，登熊、湘。北逐荤粥，合符釜山，而邑于涿鹿之阿。"丸山，据《括地志》在今山东临朐县界，岱宗即泰山。鸡头在甘肃，《史记·秦始皇本纪》载"巡陇西、北地，出鸡头山"。熊当为熊耳山，据《括地志》云："熊耳山在商州上洛县西十里。""荤粥"即后来的匈奴。如果真像《史记》所讲的，黄帝建立战功和巡幸的地方如此之广大，他就有点像后来的秦始皇了，但这在当时是不可能的。如果把黄帝理解为一个部族，则它活动的地方仍是以中原为中心而与四周发生交涉，这与考古学文化的分布状况还是基本吻合的。

传说黄帝时代曾有诸多发明与创造，概括起来主要有如下诸端：

第一，发明宫室、舟车、杵臼、耒耜、弓矢、规矩、衣裳、釜甑……，普及社会生活的方方面面，处处事事初显文明气象。

第二，创制历法，敬授农时。《世本·作篇》："黄帝使羲和作占日，常仪作占月，臾区占星气，伶伦造律吕，大桡作甲子，隶首作算数，容成综此六术而著调历也。"

第三，改进农业、畜牧业。《史记·五帝本纪》有黄帝"治五气，艺五种""时播百谷草木，淳化鸟兽虫蛾"之记载。

第四，弃用结绳记事，发明文字记事。《世本·作篇》记载，黄帝使"沮诵、仓颉作书”，沮诵、仓颉为黄帝左右史。

第五，任命行政、军事长官，建立了初级行政、军事机构。如《史记·五帝本纪》记载，黄帝“以师兵为营卫。官名皆以云命，为云师。置左右大监，监于万国”。

以上功业当然不是一个人在短时期内所能完成的，而是黄帝部族成员长期集体努力的结晶。史家将这些发明创造归功于黄帝一人，从而塑造了黄帝无所不能的圣人形象。

根据黄帝部族所处的历史发展阶段，我们认为黄帝部族所创造的文化，大致相当于仰韶时代的中、晚期，即庙底沟文化和西王村类型文化时期，亦即本书所述的福临堡文化时期。其理由主要有三：第一，前述已明，神农氏炎帝时期大致相当于仰韶文化的早期，其所创造的考古学文化为半坡－史家文化遗存。传说中神农氏炎帝部族曾被黄帝部族所取代并被同化，说明在年代上黄帝部族要晚于神农氏炎帝部族。而仰韶时代中、晚期正好晚于仰韶时代早期，考古证据亦明确显示半坡－史家文化曾被庙底沟文化所取代。第二，根据文献记载和传说资料可知，黄帝部族的发祥地和长居之地主要在渭水流域以及黄河中游的中原地区，而考古发现证明，庙底沟文化的分布地域以黄河中游为中心，北到内蒙古；南至陕南、豫西南；西达青海东部；东至豫北、冀南一带。因此看来，黄帝部族的主要活动地域与庙底沟文化的分布区域基本相合。第三，黄帝时代的一些发明创造，在仰韶时代中、晚期文化遗存中可以找到实证。例如，传说黄帝发明釜甑，而釜甑在庙底沟文化与西王村类型文化遗存中常有发现，且为典型器种；传说黄帝时代发明了宫室，而大地湾仰韶时代晚期第 901 号房址则堪称原始宫殿；等等。因此可以认为，黄帝时代应当大致相当于仰韶时代的中、晚期，而庙底沟文化和西王村类型文化则很可能就是黄帝部族所创造的文化的遗存。①

这里需做补充说明的是，随着近年来神木石峁遗址的一系列考古新发现的逐渐面世，神木石峁遗址引起了学术界的高度关注，学者们就该遗址的族属和

① 参阅杨亚长：《炎帝、黄帝传说的初步分析与考古学观察》，载《史前研究》1987 年第 4 期。

性质展开了热烈讨论。沈长云率先对石峁遗址的归属进行探讨，他在《石峁古城是黄帝部族居邑》一文中认为，“这座古城不是别的，正是传说中黄帝部族所居住的居邑”，“这座古城所蕴含的考古文化分布的范围及其附近地区，应当就是黄帝部族活动的地域。而这座城址的相对年代，则应当是黄帝部族及其后裔活动在历史上的时期。黄帝活动在石峁所在的陕北黄土高原是史有明言的……既然石峁附近的榆林、子长一带有黄帝的冢墓，还有人们祭祀黄帝的祠堂，则黄帝生前和他的部族在此一带活动是无可否认的”。①

陈民镇随即发表题为《不要把考古与传说轻易挂钩——也说石峁古城》一文，表示不同意沈长云的看法，“在目前的条件下，将新石器时代的考古遗存与古史传说轻易挂钩都是危险的”，黄帝的年代距今约 5000 年，“这也是通常人们对黄帝时代的认识”，沈长云认为石峁古城直接与黄帝有关，“至少是与一般的记载相冲突的”。而陈民镇认为，中国新石器时代的城址可以归纳为“两个传统”，分别是以长江流域、黄河流域为代表的“土筑传统”和以“面向草原”板块为代表的“石筑传统”。石峁古城所属的文化与长城以南的文化有明显区别，总体来说属于长城以北的文化，即“面向草原”板块。石峁古城居于微妙的过渡地带，农耕文化与游牧文化在此碰撞。从文化性质看，石峁遗址很难说与一般认识中的华夏文化存在直接联系。“目前而言，我们尚难将黄帝文化落实到某种考古学文化”。②

沈长云发表回应文章《再说黄帝与石峁古城——回应陈民镇先生》一文，他表示，“所谓不要将新石器时代的考古遗址与古史传说轻易挂钩，这话我也赞成。但这里的关键似乎并不在可否让考古学遗址与古史传说挂钩，而在于这样的挂钩是否准确与合理”。“大多数学者”所说的不一定就是真理，黄帝为“五帝”之首而远在尧舜之前，这个“一般认识”并不准确。他认为，陈民镇的说法“是经不起推敲的”。此外，陈民镇将石峁古城所属的考古学文化归入草原文化的范畴，并且将石峁居住的人群视作与南方农耕文明相对立的人群，“完全是一种想当然的做法，不严密又不科学”。沈长云重申了自己的看法：“石峁古城

① 沈长云：《石峁古城是黄帝部族居邑》，载《光明日报》2013 年 3 月 25 日第 15 版。
② 陈民镇：《不要把考古与传说轻易挂钩——也说石峁古城》，载《光明日报》2013 年 4 月 15 日第 15 版。

作为周人祖先黄帝族的居邑，也可称得上是华夏民族的发祥地。”①

2015年，沈长云发表《黄帝之时以玉为兵》一文，再次认为“石峁古城就是活跃在这一地区的黄帝部族的居邑”。除前述文章列举的文献及考古资料外，“石峁出土的大量玉器亦是石峁古城属于黄帝部族居邑的很好证明”，在《山海经》等古书中也可以找到旁证。作为黄帝部族直系后裔，周人对玉的崇拜也是石峁遗址属于黄帝部族的“有力证明”。②

关于石峁古城的族属与性质问题，除上述讨论而外，目前所见还有尧帝避洪水所居之幽都③、上古西夏都邑④、大禹治水与共工斗争时被毁的“不周山”⑤等多种说法。这种多说共生的原因，主要是因为资料（传世文献和考古发现）严重不足而引起的，因此，期待今后能有更多的新资料发现。⑥

三、部族之间的冲突与融合

传说在黄帝时代，部族之间曾经发生过严重冲突。《史记・五帝本纪》记载说：“轩辕之时，神农氏世衰。诸侯相侵伐，暴虐百姓，而神农氏弗能征。于是轩辕乃习用干戈，以征不享，诸侯咸来宾从。而蚩尤最为暴，莫能伐。炎帝欲侵陵诸侯，诸侯咸归轩辕。轩辕乃修德振兵，治五气，艺五种，抚万民，度四方，教熊罴貔貅貙虎，以与炎帝战于阪泉之野。三战，然后得其志。蚩尤作乱，不用帝命。于是黄帝乃征师诸侯，与蚩尤战于涿鹿之野，遂禽杀蚩尤。而诸侯咸尊轩辕为天子，代神农氏，是为黄帝。天下有不顺者，黄帝从而征之，平者去之，披山通道，未尝宁居。”从以上记载来看，黄帝时代曾经发生过两

---

① 沈长云：《再说黄帝与石峁古城——回应陈民镇先生》，载《光明日报》2013年4月15日第15版。

② 沈长云：《黄帝之时以玉为兵》，载《光明日报》2015年10月12日第16版。

③ 朱鸿：《石峁遗址的城与玉——中华文明探源视野中的文化思考》，载《光明日报》2013年8月14日第5版。

④ 张怀通：《谁的石峁：石峁古城系上古西夏都邑》，载《中国社会科学报》2015年3月18日第A05版。

⑤ 胡义成、曾文芳、赵东：《陕北神木石峁遗址即“不周山”——对石峁遗址的若干考古文化学探想》，载《西安财经学院学报》2015年第4期。

⑥ 以上主要依据南凯仁：《揭破石峁遗址属性之谜》，载《中国社会科学报》2016年7月12日第4版。

次战争，一次为炎帝部族与黄帝部族之间的阪泉之战，一次为黄帝部族与蚩尤部族之间的涿鹿之战。

前述已明，在阪泉之战发生前，东进中原的炎黄二族，由实力更为强大的炎帝部族主宰部族联合体的领导事务，但随着神农氏炎帝部族的日渐衰微，这种领导权便逐渐丧失，“诸侯相侵伐”，即意味着炎帝部族不仅无法控制当时混乱的局面而且自身利益也受到严重威胁。炎帝部族“欲侵陵诸侯”，但“诸侯咸归轩辕”，黄帝部族实际上处于部族联合体的领袖地位。在这种情况下，只有通过武力才能最终解决部族联合体内领导权的归属问题。于是，黄帝“与炎帝战于阪泉之野，三战，然后得其志”。有考证说阪泉在今河北涿鹿境内，“三战”表明曾经过多次武装较量,最后才使炎帝部族放弃了对部族联合体的领导权。但阪泉之战后，炎帝部族并未从此消失，而是被黄帝部族所融合。阪泉之战使炎帝部族在华夏集团中的地位发生了改变，从而形成了以黄帝部族居于主导地位的新格局。

阪泉之战后，黄帝部族取得了以炎黄部族为主体的部族联合体的领导权，并与炎帝部族结成由相争到相亲的攻守同盟。后来，“蚩尤（据说是东夷族群的部族首领）乃逐帝，争于涿鹿之阿（有考证说地点在今河北涿鹿境内），九隅无遗”。这是说蚩尤要把炎帝赶出他的地盘，不留任何余地，炎帝的核心根据地涿鹿也面临着丧失的危险。在这种情况下，“炎帝大慑，乃说于黄帝”，即是说炎帝对蚩尤的进攻非常害怕，只好向黄帝部族求救。于是炎黄二族联合出兵，与蚩尤部族大战于涿鹿，结果蚩尤被擒杀，黄帝也因此进一步确立了在部族联合体中的领袖地位，这就是文献所说的“诸侯咸尊轩辕为天子”。此后，炎帝部族的影响力日趋式微，但以炎黄二族为主体的华夏集团却进一步巩固。由此开始，黄河中下游地区原始文化趋于一致，原来分散隔离的部族之间加强了交流，各地优秀文化得到广泛的传播，华夏集团正式登上历史舞台。

炎黄部族之间、黄帝与蚩尤部族之间爆发冲突除了前面提到的原因之外，还有原始宗教信仰的差异。原始宗教可能在仰韶时代晚期发生了一些变化，原本没有的职业——巫师开始出现，他们或以渊博的知识和才能获得了能与上天沟通的唯一代言人的资格，或本身就是某一氏族或部族的首领，黄帝本人很可能就是集世俗与宗教权力于一身的首领人物。各部族内部原本就存在祖先、神祇、自然物崇拜对象的差异，二者相遇必然会引起冲突，更何况当炎黄联盟与蚩尤部族相遇时，他们还处在民神杂糅、神人相混阶段。所谓黄帝以仁义感化蚩尤未能奏效，其实是黄帝为维持自己唯一上帝代言人的地位无法与蚩尤媾和，才导致了战争的发生。

炎黄时代大体肇始于仰韶时代早期，终于龙山时代晚期，它是我国原始社会末期社会经济、思想文化发生大变革的时期，随之而来的夏商周三代文明之花就盛开在炎黄时代开垦的沃土上。崛起于渭水流域和黄河中游地区的炎、黄部族，经过融合形成了炎黄联盟，又整合了其他部族的文化形成了华夏集团，促成了中国早期文明社会的形成。（见图 11-3）

图 11-3 黄帝陵远眺

（杨亚长提供）

结语

陕西从蒙昧到文明的历程

本书主要是根据考古文化所揭示的各种物质文化遗存，阐明在陕西地区我们的祖先从蒙昧到文明所经历的各个阶段及其所创造的文化业绩。在分章叙述之后，我们再把这一漫长的历史过程做一综述。

从大约二百多万年前的蒙昧时代早期开始，中华大地就有人类群体的活动，在艰难地与自然的斗争中，经过蒙昧、野蛮等各个发展阶段，逐渐走向文明。在这漫长的岁月中，他们的足迹和有限的遗存，都已被尘土掩盖。那时没有文字记载，他们的活动只能留在人们朦胧的记忆中，用口头传诵的方式，万千年来，一代一代传诵下来。进入文明时期后，我们的祖先就用文字把这些口头传说记录下来，这就是我国典籍中那些充满历史辩证法的古史传说。这些传说，朦胧但却形象地记述了我们的祖先在洪荒的蒙昧时代到文明时期各主要发展阶段的重要史实。这是史前时代为我们留下的最宝贵的文化遗产。

在蒙昧时代的早期，大约二百多万年前，我国就出现了最早的人类群落。他们刚与动物分离，凭借解放了的双手、刚能直立的腰杆和站稳的双足，艰难但却不断前行，走在开拓人类文明的征途上。他们拿着天然的石块和木棒，从大自然的仓库里猎采食物，像类人猿一样居住在穴巢里或山洞中，没有储藏，也不知道用火，想吃时即去采食，过着茹毛饮血、游群觅食的生活。这就是我国古籍中记载的“昔者先王，未有宫室，冬则居营窟，夏则居橧巢，未有火化，食草木之实，鸟兽之肉，饮其血，茹其毛，未有麻丝，衣其羽皮”。

经过漫长发展，我们的祖先进入了人类发展的第二阶段——血缘家族时代，即以蓝田人为代表的文化时代。这个时期，是人类发展史上的第一个飞跃发展时代。从人类本身发展来说，完成了“形成中的人”的演化过程，开始了历史创造活动。这个时期的第一阶段是直立人时代，从180多万年前到30万年前后，文化分期为旧石器时代早期。这个时期，陕西地区是我国人类聚居及人类文化发展的中心地区之一。除蓝田直立人外，还有龙岗寺早期文化、甜水沟文化、锡水洞文化和洛南龙牙洞文化的创造者。他们集中地活动于秦岭南北及山间盆地的山麓地带。当时的秦岭还较低，他们之间往来也方便。大地被森林草原覆盖，气候温暖湿润，林木茂盛，动物成群，人们生活在背山面水的环境中，凭借粗糙、简单的几种多功能的原始石器生产和生活。

蓝田人时代人们已经知道用火，用火烧烤食物，防寒取暖，防御并驱赶野兽，与自然界斗争的力量得以加强，扩大了生活空间。人们多是十几人组成一个小的群团活动，过着采猎生活，已能直立行走，族群之间已能用简单的语言进行交流。用火对人类本身的发展至关重要，因为熟食缩短了食物的消化过程，增强了人类的体质，特别是对脑的发展和完善起了很大作用，加速了人类的进步。

到距今 30 万年前后，我们的祖先便从直立人阶段发展到早期智人阶段，文化时代进入旧石器时代中期。这时，陕西地区的人类包括大荔人、涝池人和长武人，尤以大荔人最有代表性。这时，他们的体质特征已具有不少现代人类的特征，直立人时代的原始特征逐渐消失。大荔人的体征比蓝田人要进步得多：脑容量增大，手足灵活，能自由地行动和进行各种生产活动，适应自然界的能力进一步增强。活动地域也逐渐扩大，离开了满布森林的秦岭山地，而发展到渭北的泾水、洛水流域的平野。

这时，生产力有了发展，工具进步，并趋于多样化、小型化，制造技术也较精巧，能根据不同用途、形制大小及功能，选择合适的石料。对自然界的认识也进一步提高，积累了一些自然知识，特别是选用燧石制造小型工具。在制石过程中发现并掌握了打石生火的取火方式，终于能灵活取火，让火成为人类与自然斗争的强大助力。

由于生产力的发展，征服自然的力量的增强，人口逐渐增加，社会组织也在发展，血缘家族开始分化成简单的原始公社，形成了不同的血族婚姻集团，初次实行族外婚，这使人类的体质进一步增强，社会结构也发生了变化。

到距今 5 万年前后，人类进入了晚期智人阶段，体质形态和特征已非常接近现代人类，文化时代发展到了旧石器时代晚期。这时，陕西南北各地都发现了我们祖先的活动痕迹，发现遗骸的有黄龙人、河套人、金鼎人和南郑疥疙洞人类化石，他们代表了新人时代各个不同的发展阶段。河套一带有广阔的草原、湖泊、森林，关中是草原森林环境，陕南是茂密的森林草原环境，陕西各地虽然在气候环境方面有所不同，但很多湖滨、河滨地带都是水草丰美，气候温和的，是进行采猎捕鱼生产的最良好的生态环境。

这时，社会发展处于蒙昧时代的高级阶段，人类社会已进入氏族公社初期，血缘婚姻已被禁止，人们结成小的群体，选择适宜的生活场地，在洞穴居住或构巢而居，按年龄性别分工劳动，由族外群婚逐渐向对偶婚过渡。在最近的两三万年期间，人类对自然的认识增多了，人们想出各种办法以获取生活资料，工艺较前进步，发明了弓箭和投掷器，人类的力量更加强大，可以远距离捕获猎物，这为人类战胜自然，度过寒冷的冰期提供了有力的保障。这是以渔猎生产为主要生产方式的历史时代。

距今1万年前后，大地冰消，气候回暖，进入地质史上的全新世时期。这时活动于陕西地区的是洛水下游沙苑地区的人们（沙苑人）。他们过着属于高级采猎经济的采集农业生活，处于农业文化萌发与肇始阶段。他们发明并广泛地使用复合工具——将细小、薄利的石刃片与木柄、木棍等组合成各种不同功用的工具和用具，如刀、锯、矛等，以适应生产和生活的各种需要。这个时期的文化，一般称细石器文化，因为他们用的工具是用细石器制作工艺制成的。

距今9000—7000年期间，是属于前仰韶文化的老官台和白家人时代。这时已从采集农业发展到耕植农业，人们从沙丘、山麓进入河谷平野，经营定居的小的聚落生活，种植粟类、黍类和油菜、白菜等粮食和蔬菜作物，驯化了猪、狗、鸡等家畜家禽，创造了陶器并发明了彩陶，成为东方世界彩陶的发明者和创造者，为黄河流域氏族公社文化的发展奠定了基础。

距今7000年到5000年，是仰韶文化时期，仰韶人继承了白家文化的传统并发扬光大，进入母系氏族公社繁荣发达的时期。在将近2000年的发展历程中，经过了发展、繁荣、衰落三个阶段，即半坡、福临堡早期、福临堡晚期三个相续的时代。在发展繁荣时期，人们过着典型的氏族部落生活，在一定地域内形成了氏族部落和部落联盟，以氏族为单位，聚居在内聚式的圆形聚落内，实行图腾制度，尤以鱼类图腾最为发达。经营锄耕农业，饲养家畜，并从事一定的渔猎和采集活动。这一时期，彩陶文化发展到繁荣阶段，制石、制陶、制骨和纺织等工艺技术有长足的发展。在氏族部落制度下，过着共同劳动、共享劳动果实、人人平等的具有原始共产主义色彩的氏族部落生活。

从老官台和白家人到半坡人、史家人，是我们的祖先创造中华原始文化共同体过程最艰难但成果最辉煌的时代，百工制作、百谷种植、建造屋宇和各种工艺等一系列创造发明，奠定了中华原始文化共同体的基础。这个时期大体相当于我国古史传说中的三皇五帝时代。其图景就如古史传说中神农氏时代的情景那样，处于“公耕而食，妇织而衣，刑政不用而治，甲兵不起而王”“无私耕私织，共寒其寒，共饥其饥”“无有相害之心”的质朴的原始共产主义社会。

距今6000—5500年，属于仰韶时代中期，亦即陕西关中地区的福临堡聚落早期。考古资料反映，这个时期社会已明显开始出现分化。如高陵杨官寨环壕聚落遗址，总面积已超过80万平方米，其与周邻地区的小型聚落在规模方面形成了巨大反差。灵宝西坡遗址曾发现建筑面积超过500平方米的大房子，在当时可谓豪宅；西坡墓地中还发现5米×3.5米的大型墓葬；据此推测当年那些住豪宅和使用大墓的人，显然已非普通的氏族成员，而是拥有一定财富和权力的新贵。以上情况表明，这一时期社会已经失去了以往的平等和谐，并且开始出现等级分化。这一时期令人瞩目的文化现象是，该文化独具特征的花瓣纹彩陶，不断向四周呈现出强大的辐射力，在史前中国掀起了一场波澜壮阔的彩陶文化浪潮，形成了一种前所未有的文化大一统格局。

距今5500—5000年，属于仰韶时代晚期，亦即福临堡聚落的中晚期。这一时期随着社会分化的日趋严重，一些中心聚落出现了宫殿式大型建筑，从而表明当时已经出现了早期国家，当时社会已经跨入了古国文明阶段。

距今5000—4000年，属于龙山时代。目前可能由于考古发掘不够充分等原因，我们对关中和陕南地区这一时期社会文明的发展程度尚不够了解。但随着近年来延安、榆林地区考古工作的逐步开展，从而揭开了陕北黄土高原地区区域性文明的神秘面纱。延安芦山峁宫殿式建筑群落的发现，表明当时这一地区社会分化已经相当严重。神木石峁遗址是目前东亚地区已知最大的石城遗址，作为一处超大型的中心聚落，显然应为当时该区域内政治、经济、文化和宗教中心。权贵阶层居住的区域名曰皇城台，位于城内核心位置，已经具备了早期宫城的性质，不仅被内外城墙所环绕，而且四周还建有阶梯状护墙，气势巍峨。城墙全部用石块在山峁上垒筑而成，超过20万方的用石方量，显示出统治集团具备对社会资源的控制和调动能力。除石峁古城外，在榆林地区还发现多处属于同一文化的石城，但规模较小，说明当时已经形成了以石峁聚落为核心，由诸多中小型聚落所构成的金字塔式社会结构。考古实证表明，距今 4300 年前的龙山时代，陕北地区已明确出现国家形态，从而进入了区域文明的发展新阶段。

距今 5000—4000 年期间，是父系氏族公社向阶级社会过渡的青铜时代初期。这时，周、秦两大民族的发祥地——秦陇黄土高原形成了一个青铜文化中心。创造这一文化业绩的是分布于洮河、大夏河流域的齐家文化和分布于陇东、关中地区泾渭河谷地带的客省庄二期文化的先民。他们继承并发展了马家窑文化和仰韶文化。此时正处于诸族群融合变化的时代，西北青铜文化正在孕育着周族方国。福临堡氏族部落向西发展，与当地氏族文化相结合而形成马家窑文化。马家窑文化既有浓厚的仰韶文化因素，也富强烈的地域性文化特征。

距今 5000—4500 年期间，马家窑文化分化而发展成半山和马厂两个血缘关系密切，但各有特点的氏族部落文化，主要分布在黄河上游西宁、兰州间的黄河两岸及其支流洮河、大夏河以及河西走廊一带。这些文化一直与泾渭流域的原始文化保持着密切的关系。

在距今 4500—4000 年间，马厂文化分化为两支：东支为齐家文化，西支为火烧沟文化。齐家文化这时发展到泾河上游，与同时期发展起来的关中地区的客省庄二期文化相接触，互相融合渗透。火烧沟文化从马厂文化分化出来后向西发展，分布于永昌以西的河西走廊、酒泉、嘉峪关、张掖地区。

齐家和火烧沟文化之后，距今 4000 年左右，西北地区相继出现了四个不同的民族文化族群，即卡约文化、沙井文化、辛店文化和寺洼文化，其中辛店文化和寺洼文化与泾渭流域的氏族部落有极为密切的联系，在周文化形成过程中起了很大的作用。

在黄河上游诸族群与泾渭流域氏族部落融合与发展的同时，在关中西部泾渭中、上游地区，形成了与周文化血缘关系密切的文化族群，即孕育产生了周文化的原始共同体，我们称其为“先周文化族群”：他们是扶风的刘家文化族群，宝鸡的斗鸡台、石嘴头和晁峪文化族群，长武、彬州的碾子坡文化族群，武功的郑家坡文化族群和渭河以南长安的丰镐文化族群。（见结语图 1）这些族群的共同文

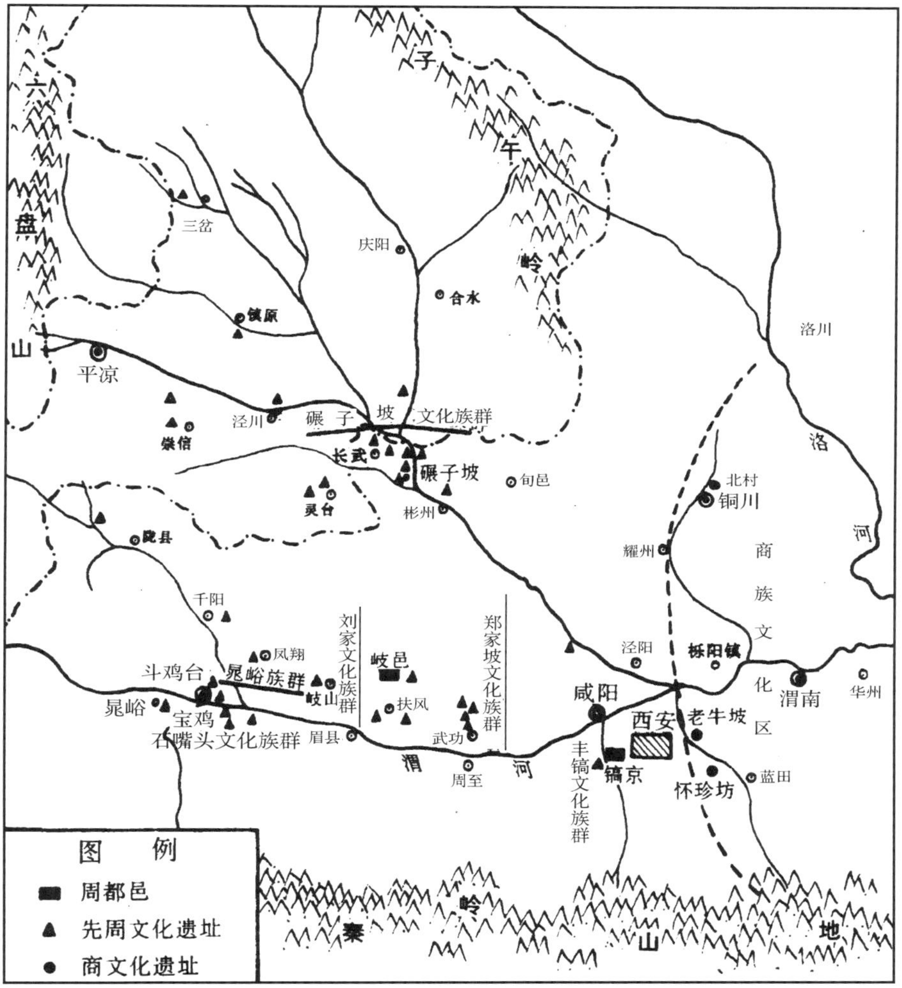

结语图 1　先周部分文化族群分布情况

（石兴邦提供）

化特点是：①有一组相同的文化类型品：高领袋足鬲、瘪裆鬲和联裆鬲、带耳罐、单耳杯和簋、豆、尊等礼器，以及盂、壶、甑、瓿、瓮等食器。②出土了同类型的或相似的青铜兵器和容器。③住地穴式房屋，并有壁龛。④占卜之俗盛行。多用牛胛骨钻灼占卜。⑤墓葬形制为长方形侧室竖穴坑和口小底大的覆斗形地穴，仿居室建造，也设壁龛。

这些文化特点，融合了西北地区青铜文化的寺洼、辛店文化因素，具有“戎狄化”成分，同时也孕育了西周文化的一些基本内涵，如联裆鬲、瘪裆鬲、尊、簋、豆等礼器，成为西周文化形成的基本要素。

西周文化就是在这些先周文化的基础上，吸收西北草原青铜文化的成果和东方殷商青铜文化的先进技术而发展起来的。

参考文献

References

[1] 陕西省考古研究所，大荔县文物管理委员会．大荔－蒲城旧石器：大荔人遗址及其附近旧石器地点群调查发掘报告［M］．北京：文物出版社，1996.

[2] 陕西省考古研究院，洛南县博物馆．花石浪（II）：洛南花石浪龙牙洞遗址发掘报告［M］．北京：科学出版社，2008.

[3] 中国社会科学院考古研究所．临潼白家村［M］．成都：巴蜀书社，1994.

[4] 中国科学院考古研究所，陕西省西安半坡博物馆．西安半坡：原始氏族公社聚落遗址［M］．北京：文物出版社，1963.

[5] 西安半坡博物馆，陕西省考古研究所，临潼县博物馆．姜寨：新石器时代遗址发掘报告［M］．北京：文物出版社，1988.

[6] 中国社会科学院考古研究所．宝鸡北首岭［M］．北京：文物出版社，1983.

[7] 北京大学历史系考古教研室．元君庙仰韶墓地［M］．北京：文物出版社，1983.

[8] 宝鸡市考古工作队，陕西考古研究所宝鸡工作站．宝鸡福临堡：新石器时代遗址发掘报告［M］．北京：文物出版社，1993.

[9] 北京大学考古学系．华县泉护村［M］．北京：科学出版社，2003.

[10] 甘肃省文物考古研究所．秦安大地湾：新石器时代遗址发掘报告［M］．北京：

文物出版社，2006.

［11］中国社会科学院考古研究所．武功发掘报告：浒西庄与赵家来遗址［M］．北京：文物出版社，1988．

［12］中国科学院考古研究所．沣西发掘报告：1955—1957 年陕西长安县沣西乡考古发掘资料［M］．北京：文物出版社，1963.

［13］陕西省考古研究所，榆林市文物保护研究所．神木新华［M］．北京：科学出版社，2005．

［14］陕西省考古研究所，陕西省安康水电站库区考古队．陕南考古报告集［M］．西安：三秦出版社，1994.

［15］陕西省考古研究所．龙岗寺：新石器时代遗址发掘报告［M］．北京：文物出版社，1990.

［16］许顺湛．五帝时代研究［M］．郑州：中州古籍出版社，2005.

［17］徐旭生．中国古史的传说时代［M］．桂林：广西师范大学出版社，2003．

［18］胡长康，齐陶．陕西蓝田公王岭更新世哺乳动物群（《中国古生物志》新丙种第 21 号）［M］．北京：科学出版社，1978.

［19］中国社会科学院考古研究所陕西工作队．陕西华阴横阵遗址发掘报告［M］//《考古》编辑部．考古学集刊（4）．北京：中国社会科学出版社，1984.

［20］西安半坡博物馆．陕西岐山双庵新石器时代遗址［M］//《考古》编辑部．考古学集刊（3）．北京：中国社会科学出版社，1983.

［21］吴汝康．陕西蓝田发现的猿人头骨化石［J］．古脊椎动物与古人类，1966（1）.

［22］安芷生，高万一，祝一志，等．“蓝田人”的磁性地层年龄［J］．人类学学报，1990（1）．

［23］戴尔俭，许春华．蓝田旧石器的新材料和蓝田猿人文化［J］．考古学报，1973（2）．

［24］戴尔俭．陕西蓝田公王岭及其附近的旧石器［J］．古脊椎动物与古人类，1966（1）．

［25］阎嘉祺．陕西汉中地区梁山龙岗首次发现旧石器［J］．考古与文物，1980（4）.

[26] 汤英俊，宗冠福，雷遇鲁．汉水上游旧石器的新发现［J］．人类学学报，1987（1）．
[27] 黄慰文，祁国琴．梁山旧石器遗址的初步观察[J]．人类学学报，1987，6(3)．
[28] 吴新智，尤玉柱．大荔人及其文化［J］．考古与文物，1980（1）．
[29] 盖培，黄万波．陕西长武发现的旧石器时代中期文化遗物[J]．人类学学报，1982（1）．
[30] 刘士莪，张洲．陕西韩城禹门口旧石器时代洞穴遗址[J]．史前研究，1984(1)．
[31] 王社江，李厚志．安康关庙旧石器地点［J］．考古与文物，1992（4）．
[32] 安志敏，吴汝祚．陕西朝邑大荔沙苑地区的石器时代遗存［J］．考古学报，1957（3）．
[33] 西安半坡博物馆，大荔县文化馆．陕西大荔沙苑地区考古调查报告［J］．史前研究，1983（1）．
[34] 王志俊．关中地区仰韶文化刻画符号综述［J］．考古与文物，1980（3）．
[35] 西安半坡博物馆，渭南县文化馆．陕西渭南史家新石器时代遗址[J]．考古，1978（1）．
[36] 陕西省考古研究院．陕西高陵县杨官寨新石器时代遗址[J]．考古，2009(7)．
[37] 陕西省考古研究院，白水县文物旅游局．陕西白水县下河遗址仰韶文化房址发掘简报［J］．考古，2011（12）．
[38] 郑州市博物馆．荥阳点军台遗址1980年发掘报告[J]．中原文物，1982(4)．
[39] 西北大学历史系考古专业82级实习队．宝鸡石嘴头东区发掘报告［J］．考古学报，1987（2）．
[40] 陕西省考古研究所康家考古队．陕西临潼康家遗址发掘简报［J］．考古与文物，1988（5/6）．
[41] 西北大学历史系考古专业77级实习队．陕西华县梓里村发掘收获［J］．西北大学学报（哲学社会科学版），1982（3）．
[42] 陕西省考古研究院，榆林市文物考古勘探工作队，神木县文体局．陕西神木县石峁遗址［J］．考古，2013（7）．

[43] 陕西省考古研究院，榆林市文物考古勘探工作队，神木县文体局 . 陕西神木县石峁遗址后阳湾、呼家洼地点试掘简报 [J] . 考古，2015 (5) .
[44] 西安半坡博物馆 . 陕西神木石峁遗址调查试掘简报 [J] . 史前研究，1983 (2) .
[45] 中国社会科学院考古研究所山西工作队，临汾地区文化局 .1978—1980 年山西襄汾陶寺墓地发掘简报 [J] . 考古，1983 (1) .
[46] 陕西省考古研究院，榆林市文物考古勘探工作队，神木市石峁遗址管理处 . 石峁遗址皇城台地点 2016 ~ 2019 年度考古新发现 [J] . 考古与文物，2020 (4) .
[47] 陕西省考古研究院，榆林市文物考古勘探工作队，神木市石峁遗址管理处 . 陕西神木市石峁遗址皇城台大台基遗迹 [J] . 考古，2020 (7) .
[48] 孙周勇，邵晶 . 石峁是座什么城 [N] . 光明日报，2015-10-12 (16) .
[49] 杨亚长 . 炎帝、黄帝传说的初步分析与考古学观察 [J] . 史前研究，1987 (4) .
[50] 沈长云 . 石峁古城是黄帝部族居邑 [N] . 光明日报，2013-3-25 (15) .
[51] 陈民镇 . 不要把考古与传说轻易挂钩：也说石峁古城 [N] . 光明日报，2013-4-15 (15) .
[52] 沈长云 . 再说黄帝与石峁古城：回应陈民镇先生 [N] . 光明日报，2013-4-15 (15) .
[53] 沈长云 . 黄帝之时以玉为兵 [N] . 光明日报，2015-10-12 (16) .
[54] 朱鸿 . 石峁遗址的城与玉：中华文明探源视野中的文化思考 [N] . 光明日报，2013-8-14 (5) .
[55] 张怀通 . 谁的石峁：石峁古城系上古西夏都邑 [J] . 中国社会科学报，2015-3-18 (A05) .
[56] 胡义成，曾文芳，赵东 . 陕北神木石峁遗址即“不周山”：对石峁遗址的若干考古文化学探想 [J] . 西安财经学院学报，2015 (4) .
[57] 南凯仁 . 揭破石峁遗址属性之谜 [N] . 中国社会科学报，2016-7-12 (4) .
[58] 裴文中 . 中国史前时期之研究 [M] . 上海：商务印书馆，1948.
[59] 贾兰坡 . 河套人 [M] . 北京：龙门联合书局，1951.

[60] 孙建中，赵景波，等 . 黄土高原第四纪 [M] . 北京：科学出版社，1991.
[61] 陈恩志 . 中国化石古人类和旧石器文化考古发现与研究（1901—1990）：西北地区卷 [M] . 西安：陕西科学技术出版社，1992.
[62] 陕西省考古研究院，商洛地区文管会，洛南县博物馆 . 花石浪（Ⅰ）：洛南盆地旷野类型旧石器地点群研究 [M] . 北京：科学出版社，2007.
[63] 中国社会科学院考古研究所，陕西省考古研究院 . 龙王辿遗址第一地点：旧石器时代晚期遗址发掘报告 [M] . 北京：文物出版社，2018.
[64] Boule M, Breuil H, Licent E, etal. Le Paleolithique de la Chine [M] . Archives de L' Institut de Paleontologie Humaine，1928，4：1-138.
[65] 德日进，杨钟健 . 山西西部和陕西北部蓬蒂纪后黄土期前之地层观察 [J] . 地质专报，1930.
[66] 贾兰坡 . 蓝田猿人头骨发现经过及地层概况 [J] . 科学通报，1965（6）.
[67] 贾兰坡，盖培，黄慰文 . 陕西蓝田地区的旧石器 [C] // 中国科学院古脊椎动物与古人类研究所 . 陕西蓝田新生界现场会议论文集 . 北京：科学出版社，1966：151-156.
[68] 盖培，尤玉柱 . 陕西蓝田地区旧石器的若干特征 [J] . 古脊椎动物与古人类，1976（3）.
[69] 王永焱，薛祥煦，赵聚发，等 . 大荔人化石的发现及初步研究 [J] . 西北大学学报（自然科学版），1979（3）.
[70] 吴新智，尤玉柱 . 大荔人遗址的初步观察 [J] . 古脊椎动物与古人类，1979（4）.
[71] 张森水，周春茂 . 大荔人化石地点第二次发掘简报 [J] . 人类学学报，1984（1）.
[72] 陈铁梅，原思训，高世君 . 铀子系法测定骨化石年龄的可靠性研究及华北地区主要旧石器地点的铀子系年代序列 [J] . 人类学学报，1984（3）.
[73] 高星 . 陕西大荔育红河村旧石器地点 [J] . 考古学报，1990（2）.
[74] 尹功明，赵华，卢演俦，等 . 大荔人化石层位上限年龄的地质学证据 [J] . 第四纪研究，1999（1）.

[75] 尹功明，孙瑛杰，业渝光，等．大荔人所在层位贝壳的电子自旋共振年龄[J]．人类学学报，2001（1）．
[76] 薛祥煦，于学锋，李永项．大荔人头骨化石产地地层的再研究［J］．地层学杂志，2000（3）．
[77] 魏明建，李虎侯．早期智人古老型：智人大荔亚种的年代［J］．地学前缘，2000（增刊）．
[78] 吴文祥，刘东生．大荔人遗址黄土－古土壤序列［J］．地质科学，2001（3）．
[79] 吴新智．大荔颅骨在人类进化中的位置［J］．人类学学报，2014（4）．
[80] 王令红，李毅．陕西黄龙出土的人类头盖骨化石[J]．人类学学报，1983（4）．
[81] 杨福新，任剑璋，张景昭，等．陕西志丹县发现的古人类化石[J]．史前研究，1998（1）．
[82] 张森水．陕西省旧石器时代考古的几个问题［M］// 陕西省文物局．中国史前考古学研究．西安：三秦出版社，2003：45-85.
[83] 陕西省考古研究院史前考古研究部．陕西史前考古的发现和研究［J］．考古与文物，2008（6）．
[84] 陕西省考古研究院史前考古研究室．2008 ～ 2017 陕西史前考古综述［J］．考古与文物，2018（5）．
[85] 王社江，胡松梅．丹江上游腰市盆地的旧石器［J］．考古与文物，2000（4）．
[86] 王社江，张小兵，沈辰，等．洛南花石浪龙牙洞 1995 年出土石制品研究[J]．人类学学报，2004（2）．
[87] 王社江，沈辰，胡松梅，等．洛南盆地 1995—1999 年野外地点发现的石制品［J］．人类学学报，2005（2）．
[88] 王社江，刘顺民．东秦岭山地商洛市和山阳县新发现的两处旧石器地点[J]．考古与文物，2011（1）．
[89] 王社江，张小兵，鹿化煜，等．丹江上游商丹盆地新发现的旧石器及其埋藏黄土地层［J］．人类学学报，2013（4）．
[90] 王社江，孙雪峰，鹿化煜，等．汉水上游汉中盆地新发现的旧石器及其年

代［J］. 人类学学报，2014（2）.

［91］王社江，鹿化煜. 秦岭南麓汉水上游旧石器考古研究现状与契机［J］. 人类学学报，2014（3）.

［92］王社江，鹿化煜，张红艳，等. 陕西蓝田地区新发现黄土地层中的旧石器及其年代［J］. 科学通报，2014（14）.

［93］王社江，鹿化煜. 秦岭山区更新世黄土地层中的旧石器埋藏与环境［J］. 中国科学：地球科学，2016（7）.

［94］于青瑶，王社江，Shen Chen，等. 洛南盆地槐树坪地点 2013 年出土的石制品［J］. 人类学学报，2017（2）.

［95］夏文婷，王社江，夏楠，等. 汉中盆地龙岗寺遗址第 3 地点出土的石制品［J］. 人类学学报，2018（4）.

［96］夏文婷，王社江，王先彦，等. 汉中盆地洋县范坝旧石器地点出土石制品研究［J］. 人类学学报，2022（3）.

［97］中国社会科学院考古研究所，陕西省考古研究所. 陕西宜川县龙王辿旧石器时代遗址［J］. 考古，2007（7）.

［98］王小庆，张家富. 龙王辿遗址第一地点细石器加工技术与年代：兼论华北地区细石器的起源［J］. 南方文物，2016（4）.

［99］胡松梅，杨苗苗，王小庆，等. 陕西宜川龙王辿旧石器遗址动物化石研究［J］. 华夏考古，2017（4）.

［100］张改课，王社江，鹿化煜，等. 陕西南郑疥疙洞旧石器洞穴遗址［C］// 国家文物局. 2019 中国重要考古发现. 北京：文物出版社，2020.

［101］张改课，王社江，李钊，等. 黄河中游晋陕峡谷延安段新发现的石制品［J］. 人类学学报，2020（1）.

［102］张改课. 黄河中游晋陕峡谷地区旧石器考古研究现状与思考［J］. 考古与文物，2021（6）.

［103］张改课，郭小宁，弋双文，等. 黄河中游晋陕峡谷陕西侧龙门至壶口段新发现的石制品［J］. 人类学学报，2022（3）.

［104］张改课，王社江，王小庆．陕西旧石器时代考古的百年探索与成就［J］．考古与文物，2024（1）．

［105］中国社会科学院考古研究所河南一队，河南省文物考古研究所，三门峡市文物考古研究所，等．河南灵宝市西坡遗址发现一座仰韶文化中期特大房址［J］．考古，2005（3）．

［106］中国社会科学院考古研究所河南一队，河南省文物考古研究所，三门峡市文物考古研究所．河南灵宝市西坡遗址庙底沟类型两座大型房址的发掘［J］．考古，2015（5）．

［107］中国社会科学院考古研究所，河南省文物考古研究所．灵宝西坡墓地［M］．北京：文物出版社，2010.

［108］郑州市文物考古研究院．河南巩义市双槐树新石器时代遗址［J］．考古，2021（7）．

［109］甘肃省文物考古研究所，中国人民大学历史学院，西北工业大学文化遗产研究院，等．甘肃庆阳南佐新石器时代遗址 F2 发掘简报［J］．文物，2024（1）．

［110］韩建业，张小宁，李小龙．南佐遗址初识：黄土高原地区早期国家的出现［J］．文物，2024（1）．

［111］王小庆．西安太平遗址：关中地区文明诞生的前夜［N］．光明日报，2023-9-17（12）．

［112］陕西省考古研究院，西北大学文化遗产学院，延安市文物研究所．陕西延安市芦山峁新石器时代遗址［J］．考古，2019（7）．

大事年表

Chronology

考古学时代	地质时代	绝对年代	名称	地点	文化遗物
旧石器时代早期	早更新世	距今212万—126万年	上陈旧石器	蓝田上陈村	鹿、牛、猪等动物化石和82件人工打制的石制品。石制品包括石核、石片、刮削器、凹缺器、尖状器、钻器等
	早更新世	距今约150万年	龙岗寺第四地点	南郑龙岗寺第五级阶地部位	石制品102件，包括石锤，石核、石片、刮削器、凹缺器、砍砸器等
	早更新世至中更新世早期	距今120万—70万年	龙岗寺第三地点	南郑龙岗寺第四级阶地部位	石制品4000余件，包括石核、石片、刮削器、雕刻器等
	早更新世	距今115万—100万年	公王岭蓝田人及其文化	蓝田公王岭	大量动物化石，其中含直立人头盖骨化石1件；石制品有石核、石片、砍砸器、刮削器
	早更新世	距今100万年?	甜水沟文化	大荔甜水沟	动物化石16属14种；石制品包括石核、石片、刮削器、尖状器、砍砸器、石球等，数以2000计
	早更新世	?	锡水洞遗址	蓝田锡水洞	一些动物化石，疑有灰烬，石制品若干件

续表

考古学时代	地质时代	绝对年代	名称	地点	文化遗物
旧石器时代早期	中更新世早期	距今65万年	陈家窝蓝田人及其文化	蓝田陈家窝	大量动物化石，含直立人下颌骨化石1件；石制品包括石核、石片、砍砸器、刮削器等
	中更新世中期	距今50万—25万年	洛南人及其文化	洛南龙牙洞	大量动物化石，其中含直立人牙齿化石；另有人类用火遗迹、生活居住面以及石锤、石砧、石核、石片、刮削器、尖状器、雕刻器、砍砸器等7万余件石制品
旧石器时代中期	中更新世晚期	距今30万—18万年	大荔人及其文化	大荔甜水沟洛河岸边	基本完整的早期智人头骨化石，仅缺下颌骨部分。文化遗物以小型石制品为代表，主要有石核、石片、大量的刮削器、尖状器以及一些砍砸器、雕刻器和石球等
	中更新世晚期至晚更新世早期	距今25万—7万年	南洛河上游旧石器地点群	洛南张豁口、郭塬等旷野地点	数以万计的石制品，包括石核、石片、砍砸器、刮削器、尖状器、石球、手斧、手镐、薄刃斧、大型石刀等
	中更新世晚期至晚更新世早期	距今25万—7万年	汉水上游旧石器地点群	南郑梁山龙岗寺第一地点（第4—2层）、南郑何家梁等	大量石制品,包括石锤、石核、石片、砍砸器、刮削器、尖状器、石球、手斧、手镐等
	中更新世晚期	距今20万±1.5万年	岐山鱼家山地点	岐山鱼家山	为数不多的动物化石及20余件石制品
	晚更新世早期	?	长武窑头沟、鸭儿沟地点	长武窑头沟、鸭儿沟	许多哺乳动物化石及打制石器制品。同时，在当地群众出售的“龙骨”中获得智人牙齿化石1枚
	晚更新世早期	?	横山油坊头地点	横山油坊头芦河岸边	石片、刮削器、尖状器等6件石制品
	晚更新世早期	?	发扫河湾地点	府谷县麻镇与杨家湾附近	刮削器等一些石制品

续表

考古学时代	地质时代	绝对年代	名称	地点	文化遗物
旧石器时代中期	晚更新世早期	?	永兴堡地点	神木市东北	石制品数件
	晚更新世早期	?	宋家川地点	吴堡县宋家川	刮削器等石制品数件
旧石器时代晚期	晚更新世中期	距今53600±5400年前	金鼎人	志丹县金丁镇广中寺村	晚期智人头盖骨化石1件
	晚更新世中期	距今5万—3.7万年	河套人及其文化	陕西、内蒙古交界的河套地区	包括晚期智人化石在内的大量哺乳动物化石，石制品有尖状器、刮削器、雕刻器、钻具等
	晚更新世中期（？）	?	禹门口旧石器文化遗存	韩城市禹门口	破碎的动物化石；1600余件人工石制品，种类有石核、石片、大量的刮削器、尖状器等
	晚更新世中期	?	黄龙人	黄龙县徐家坟山	人类头盖骨化石1件，为早期智人向晚期智人的过渡类型
	晚更新世晚期	距今2.6万—2.1万年	龙王辿遗址	龙王辿遗址第一地点	3万余件石制品，包括石锤、石砧、砺石、细石核、细石叶、刮削器、端刮器、尖状器、雕刻器、钻、锯、石磨盘、磨制石铲等；另有少量蚌器和动物骨骼
	晚更新世中晚期	距今6万—1万年	育红河文化	大荔育红河	发现于洛河二级阶地堆积中，出土有大量细小类型的石制品
	晚更新世中期	?	乾县大北沟地点	乾县大北沟	9种哺乳动物化石，数件石制品
	晚更新世中晚期	距今7万—1.5万年	南郑疥疙洞遗址	南郑疥疙洞第7—3层	包括晚期智人牙齿化石在内的大量哺乳动物化石；石制品2000余件，类型有石锤、石核、石片、刮削器、尖状器、雕刻器、石锥等

续表

考古学时代	地质时代	绝对年代	名称	地点	文化遗物
旧石器时代晚期	晚更新世中晚期	?	商洛黄龙架地点	商洛黄龙架附近沙河右岸第二级阶地	石核、石片、刮削器、砍砸器、尖状器、雕刻器、手斧、手镐、石球等800余件
旧石器时代晚期	晚更新世晚期	?	关庙旧石器地点	安康关庙附近汉江第二阶地	石核、石片、刮削器、尖状器、雕刻器、石锥等石制品60余件
新石器时代早期	全新世早期	?	沙苑文化	大荔县沙苑地带	采集到石片、石器3000余件。细石器中有石核、石叶、小石片、尖状器、石镞、刮削器等；石片石器中有石片、刮削器和尖状器，而石片石器为典型产物。石镞表明当时已发明了弓箭
新石器时代早期 老官台文化	全新世	距今8000年左右	老官台文化早期	渭南北刘下层、临潼白家、渭南白庙、商州紫荆下层等	生产工具较少，有石铲、凿、锛、刀、镞及石磨棒，石器多为打制。骨器有矛、锥、镞、针及刻刀等，均为磨制。生活用具有陶制的圜底钵、圈足碗、三足钵、三足罐及小口鼓腹罐等。当时人们已建立了长期固定的村落和居室，开始种植粟类作物和栽培蔬菜，并发明了彩陶
新石器时代早期 老官台文化	全新世	距今7100—6895年	老官台文化晚期	宝鸡北首岭下层、华州老官台、华州元君庙下层、西乡李家村、何家湾下层、南郑龙岗寺等	发现房屋建筑一座及土坑墓和瓮棺葬。在遗址中发现的生产工具有磨制的石铲、石斧、尖状器、刮削器等；生活用具有陶制的平底钵、碗、三足罐、三足钵等
新石器时代中期 仰韶文化 早期	全新世	距今6790—6240年	半坡类型	西安半坡（早期）、宝鸡北首岭（中期）、临潼姜寨（一期）、华阴横阵村、华州元君庙墓地、南郑龙岗寺等	在半坡、北首岭及姜寨都发现了保存较好的原始村落，有房址、灰坑和墓葬。出土的生产工具有磨制的石斧、锛、铲、磨石、网坠等；生活用具主要有陶圜底钵、平底盆、尖底瓶、平底瓮、平底罐，还有碗、甑、盂等，彩陶较多，彩绘纹饰多以人面纹、鱼纹、蛙纹、网纹、三角纹等为主

续表

考古学时代			地质时代	绝对年代	名称	地点	文化遗物
新石器时代中期	仰韶文化	早期	全新世	距今6140—6035年	史家类型	渭南史家、临潼姜寨（二期）、南郑龙岗寺（晚期）、半坡、宝鸡北首岭、彬州下孟村、华州姜村、铜川吕家崖等	发掘出比较多的墓葬，一人一次葬非常少，多人二次葬是这一文化类型的主要埋葬制度。石制的生产工具出土较少，陶质生活用具数量多，基本的器型有圜底或平底钵、盆、平底罐、瓮、小口葫芦瓶、细颈壶等。彩陶较多，彩绘全部饰于器表，纹饰有弧线、圆点、鱼纹、鸟纹、人面纹等
新石器时代中期	仰韶文化	中期	全新世	距今6000—5500年	庙底沟类型	华州泉护村、渭南北刘（上层）、彬州下孟村、武功游凤等	地面上建筑已经普遍，居住面处理相当讲究。墓葬发现较少。这一时期的生产工具发现不少，以磨制石器居多，有斧、锛、铲、纺轮等。作为生活用具的陶器类型复杂，有曲腹碗、盆、双唇口尖底瓶、平底瓶、釜、灶、杯等。彩绘有一定的比例，纹饰富于变化，以条纹、涡纹、三角涡纹、圆点、方格、鸟纹较常见
		晚期	全新世	距今5500—5000年	半坡晚期类型	西安半坡（晚期）、临潼姜寨（四期）、宝鸡北首岭（上层）、宝鸡福临堡（上层）、陇县边家庄、岐山王家嘴、扶风案板、临潼义和村、渭南单家堡、西安鄠邑区甘河村等	这一文化类型的房屋建筑技术大有进步，地面木构建筑居多，分间房屋出现。墓葬发现较少。生产工具制作技术有较大进步，钻孔技术提高，出现了石镰等新器类。生活用具仍以陶器居多，有单唇鼓肩尖底瓶、喇叭口束腰尖底瓶、浅腹盆、深腹盆、带流盆、鸡冠耳罐等。纹饰以绳纹、附加堆纹居多，篮纹已开始出现

续表

考古学时代			地质时代	绝对年代	名称		地点	文化遗物
新石器时代晚期	龙山文化	早期	全新世	距今 4965—4405 年	庙底沟二期		华阴横阵，华州泉护村、虫陈村，武功浒西庄、赵家来，扶风案板，商州紫荆，绥德小官道等	在关中东部，陶器有鼎、斝、罐、盆、甑、豆、尖底瓶等；在关中西部，陶器有罐、瓶、盆、斝、鼎、釜、灶、壶、杯、碗、缸、瓮、器盖等。纹饰以篮纹为主，绳纹、附加堆纹常见。遗址中还发现有房址、窖穴、陶窑、墓葬等。已有资料表明当时已开始种植小麦，在建筑方面则开始烧制和使用石灰
新石器时代晚期	龙山文化	晚期	全新世	距今 4410—4105 年	陕西龙山文化	康家类型	长安客省庄（二期），西安米家崖，临潼姜寨（五期）、康家，商州紫荆（四期）等	发现大量房屋基址、大批窖穴及少量墓葬。出土的陶器有大量的罐、鬲、斝，其他如碗、盆、瓮、豆、盘、盉较少
						双庵类型	岐山双庵、武功赵家来、宝鸡石嘴头、凤翔大辛村等	发现房屋基址、窖穴及墓葬。出土的陶器有平底罐、三足罐和圈足罐，斝、瓮、碗、盆、鬲、盉、盘、豆等
			全新世	距今 4300—3800 年	石峁类型		陕北神木市黄河支流秃尾河洞川沟南岸山梁上	发现城址、房屋、石椁瓮棺葬等。出土的陶器有罐、鬲、盆形斝，三足瓮数量次之，碗、盆、杯、瓶、盉、尊数量较少。纹饰以篮纹最多。出土的玉器不仅有锛、铲等，而且有牙璋和大型多孔玉刀等

索引

Index

后记

Epilogue

2016 年 3 月的一天，陕西师范大学出版总社文史出版中心侯海英邀我参加《陕西通史 · 原始社会卷》的编撰与修订工作，我答应了。于是，在本书主编和编辑人员的帮助和指导下，我便开始了对书稿内容及图片的增补工作。我所负责的这卷原名《陕西通史 · 原始社会卷》，根据编委会的意见更名为《陕西通史 · 史前卷》。

《陕西通史 · 原始社会卷》由石兴邦先生担任主编，该书的总体架构是由石先生所设计的。当年参与编写的人员有王社江、周春茂、段清波、秦小丽，我也是编写者之一。该书于 1997 年正式出版发行。本次编撰与修订工作是在 1997 版基础上进行的，因此要特别向当时参与者表示敬意与感谢。陕西师范大学出版总社的编辑王森、熊梓宇认真负责，不辞辛劳为本书的编辑出版付出了辛勤努力，在此表示感谢。

本次编撰由张改课对原著第一至四章进行了重点修订，并对南郑龙岗寺旧石器时代遗址，洛南盆地张豁口、郭塬、夜塬等旧石器时代遗址，宜川龙王辿遗址，南郑疥疙洞人类化石与文化遗存做了补充介绍。杨亚长对原著第五至十一章进行了修订，并补充介绍了高陵杨官寨遗址、白水下河遗址、西安太平遗址、神木新华遗址和神木石峁等遗址的考古新发现。《陕西通史・史前卷》不仅补充介绍了近年来的考古新发现并增加了相关图片，还添加了注释和参考文献等内容，希望能够方便读者阅读。

本书插图除由编著者所提供外，还有一些插图是由王社江、周春茂、张明惠、何周德、张鹏程、杨利平、王小庆、邵晶同志所提供，特此申明并表示感谢。

需要特别申明的是：石兴邦、尹盛平先生生前都很关注本次编撰与修订工作，并尽力提供帮助，如今两位先生都已离世，谨以本书的出版作为纪念。

杨亚长

2024 年 4 月于西安